シリーズ〈古代史の探求〉⑬

邪馬壹国の歴史学

「邪馬台国」論争を超えて

古田史学の会 編

ミネルヴァ書房

古田武彦
（2011年８月，『俾弥呼』刊行の頃に自宅近くの竹林にて）

自伝『真実に悔いなし』刊行記念講演会にて
（2013年９月，京都教育文化センター）

古代史セミナーにて
（2007年11月，大学セミナーハウス）

はじめに——追悼の辞

古田史学の会・代表　古賀達也

昭和四六年（一九七一）十一月、日本古代史学は「学問の夜明け」を迎えた。古田武彦著『「邪馬台国」はなかった——解明された倭人伝の謎』が朝日新聞社より上梓されたのである。この歴史的名著はそれまでの恣意的で非学問的な「邪馬台国」論争の風景と空気を一変させ、学問的レベルをまさに異次元の高みへと押し上げた。

それまでの「邪馬台国」論争における全論者は、『三国志』倭人伝原文の「邪馬壹国」を「邪馬台国」と論証抜きで原文改訂（研究不正）してきた。邪馬壹国ではヤマトとは読めないから「邪馬台国」と原文改訂し、延々と「邪馬台国」探しを続けてきたのである。それに対して古田氏は、原文通り「邪馬壹国」が正しいとされ、古代史学界の宿痾ともいえる、自説の都合にあわせた論証抜きの原文改訂（研究不正）を厳しく批判されたのである。

また、帯方郡（ソウル付近）から女王国（邪馬壹国）までの距離が倭人伝には「万二千余里」とあり、一里が何メートルかがわかれば、その位置は自ずと明らかになる。そこで古田氏は『三国志』の記述から実証的に当時の一里が七五〜八〇メートル（魏・西晋朝短里説の提唱）であることを導き出し、その結果、「万二千余里」では博多湾岸までしか到達せず、およそ奈良県などには届かないことを明らかにされた。

さらには倭人伝の記述から、倭人が南米（ペルー・エクアドル）にまで航海していたという驚くべき地点へと到達された。その後の自然科学的研究や南米から出土した縄文式土器の研究などから、この古田氏の指摘が正しかったことが幾重にも証明され、今日に至っている。

こうした古田氏の画期的な邪馬壹国博多湾岸説は大きな反響を呼びおこし、『「邪馬台国」はなかった』は版を重ね、洛陽の紙価を高からしめた。その後、古田氏の学説（九州王朝説など）は古田史学・多元史観と称され、多くの読者と後継の研究者を陸続と生み出し、今日の古田学派が形成されるに至ったのである。

名著『「邪馬台国」はなかった』が世に出て既に四四年の歳月を迎えたのであるが、その邪馬壹国論の新段階の集大成として、本書は古田氏の講演録・論文とともに、氏の学問を支持する古田学派研究者による最先端研究論文を収録した。本書が『「邪馬台国」はなかった』の「続編」として、広く読み継がれることを期待する。

本年十月十四日、古田武彦氏は永眠された。享年八九歳であった。日本古代史学界の至宝にして真の歴史学者を失った。わたしたちはかけがえのない師を失い、本書に収録された一文は遺稿となった。しかし、古田氏はわたしたちに多元史観とフィロロギーという学問を残された。

大和朝廷一元史観が跋扈する中、これからわたしたちは亡師孤独のいばらの道であっても、古田氏の残した「論理の導くところへ行こうではないか。たとえそれが何処に至ろうとも。」との覚悟を持って古田史学を継承し、古代日本の真実を明らかにする決意を、氏に捧げるものである。

最後に『「邪馬台国」はなかった』の掉尾を飾った次の一文を銘記し、本書を全ての古代史ファンと歴史研究者に贈りたい。

（二〇一五年十月三十日）

今、わたしは願っている。

古い「常識」への無知を恥とせず、真実への直面をおそれぬ単純な心、わたしの研究をもさらにのり越えてやまぬ探求心。――そのような魂にめぐりあうことを。

それは、わたしの手を離れたこの本の出会う、もっともよき運命であろう。


（古田武彦）

「短里」と「長里」の史料批判——フィロロギー

古田武彦

一

「古田説はなかった」——いわゆる「学会の専門家」がこの四〜五十年とりつづけた〝姿勢〟である。けれども、この一書（『邪馬壹国の歴史学——「邪馬台国」論争を超えて』）が出現し、潮目が変わった。新しい時代、研究史の新段階が出現したのである。

「短里」と「長里」という、日本の古代史の、否、中国の古代史の〝不可欠〟のテーマがその姿をキッパリと姿を現した。

この八月八日（二〇一五）はわたしの誕生日だ。この一書は、永年の「待たれた」一冊である。

二

驚いた。再読し、三歎せざるを得なかった。自分の講演で語ったところ、それが見事にテープにとり、活用されている。

それだけではない。学会が「古田説はなかった」ことにしなければ、この百数十年の日本の歴史が成り立ちえないこと、それが明示されている。

すぐれた研究と新しい視点の一書である。

三

学会の「専門家」がわたしの本を〝読まず〟にいるはずはない。『「邪馬台国」はなかった』（朝日新聞社、昭和四十六年刊）以来、すでに四十余年を経た。その間、出版社を変えつつも、絶えず出ている。角川文庫、朝日文庫、ミネルヴァ書房など。いわゆる「専門家」がわたしの説にふれないのは、あたかもわたしがこの世を去るのを待ちうけているかに見える。

しかし、神籠石山城は「大和」（奈良県）ではなく、「筑紫」と「防府」（福岡県・山口県）を取りまいている。

やがてわたしはこの世を去る。確実に。しかし人間の命は短く、書物や情報のいのちは永い。著者が死んだ時、書物が、情報が、生きはじめるのである。

四

今、波多野精一さんの『時と永遠』（岩波書店、昭和十八年）を読んでいる。この時期から今まで、ようやく「短里」と「長里」問題を、実証的かつ論証的に論ずることができる。具体的にそれを証明するための、画期的な研究史にわたしたちは、今巡り合うたのである。

平成二十七年八月八日校了

邪馬壹国の歴史学——「邪馬台国」論争を超えて　目次

Ⅱ　「邪馬壹国」の文物　91

序　「邪馬台国」から「邪馬壹国」へ

古田武彦

「邪馬台国」というのは間違いである。教科書に書いてあっても、偉い学者さんが、口を揃えてそう言われても、それは間違いである。

「邪馬壹国」が正しいのだ。これがわたしの根本の考えでございます。そうは言っても、「邪馬台国」と教科書に書いてあるし、テレビでもそう言っているのに、問違いだと言われても困るよ。そう皆さん言われると思う。

しかしわたしがゴタゴタ言うよりも、ちゃんとした証拠がありまして、巻末資料をご覧ください。『三国志　魏志倭人伝』(《宮内庁書陵部、紹熙本《しょうきぼん》》の写真版)がありまして、三番目の五行目から六行目にかけて「邪馬壹國」と書いてあり、続いて「女王之所都」と書いてある。見ましたら、「臺(台)」はないですね。そこには「豆」の入った「壹《いち》」、「邪馬壹国」と書いてあるのが『三国志　魏志倭人伝』の原文です。

それでは、なぜ「邪馬台国」と言うのかと言いますと、理由ははっきりしていまして、「我が国の歴史は天皇家が中心である。天皇家は奈良県大和に居られた。だから『ヤマト』と読めなければならない。読めなければ直して読めるようにすればよろしい。」これは無茶な論法と思いませんか。

しかしそういう論法で、「邪馬壹國」と書いてあるのは間違いだ。「邪馬臺(台)國」の間違いだ。

「吉」に「ワ冠」を付けて「至」を付けてある。これが「臺」という古い字で、その略字が「台」です。これなら「ヤマト」と読めるから「邪馬臺（台）國」に直してしまえ。それが現在の「邪馬台国」です。本・教科書・学界からテレビまで全部、今言った理屈に立っている。

まず天皇家が（三世紀に）奈良県大和に居たのは決まっている。「ヤマト」に読めなければ直して、読めるようにすればよろしいと。わたしの理解では、これは学問とは言えない。自分の結論・イデオロギーがまず決まっていて、それに合わせて手直しする。そういうやり方です。わたしの見方では、これはよろしくない。

わたしのやり方は、どう見たって原文には、「邪馬壹國」と書いてある。だから邪馬壹国として、女王国がどこにあるかを見ていくべきだ、というのがわたしの哲学です。どちらが正しいか。どちらが筋が通っているか。これも少し考えれば直ぐ分かることです。「邪馬台国」と覚えているという話から始まらずに、今言ったことを考えれば、それは古田の言っているほうが、話は通っているよ。そう言ってくださったら、「考える人間」の道に足を踏み込んでおられる。

今言った書き換えを一番初めにおこなったのは、江戸時代の京都に住んでいた学者で、お医者さんであった松下見林です。お医者さんでなかなか勉強家の方ですが、『異称日本伝』という本を書いて、今言った理屈を述べた。

> 「昔、舎人《とねり》親王、日本書紀を撰す。……当《まさ》に我が国記を主として之（これ　異邦之書）を徴し、論弁取舎（捨）すれば、則ち可とすべきなり」

その次に皆さんご存じの新井白石。彼が出てきて、九州の「山門　ヤマト」にした。九州にも「山門ヤマト」がある。福岡県と佐賀県の境に近いところ、筑後山門、ここだろう。この論理は、先ほどの松下見林の論理より、もっと悪い。もっと悪いと言うのは、見林は「天皇家は大和に居られる」に合わせて直した。その直した「邪馬台　ヤマト」の発音だけ採用し移動させて、九州にも「山門　ヤマト」と読めるところがある。これは話が混線しているのではないか。失礼だが、新井白石は秀才と言われているが頭が悪い。

これらが元になって明治維新の後、受け継がれた。松下見林と同じく、京大の有名な内藤湖南の近畿説。それと九州の熊本県肥後などにある「ヤマト」、そこではないか。これが東大の白鳥庫吉の九州説として受け継がれていった。その二つの説、京大の近畿説、東大の九州説が、明治・大正・昭和・平成と、受け継がれていった。

ところが最近というか、二〇一〇年に現役の東大教授大津透氏が出した『神話から歴史へ』では、東大教授なのに、近畿説に従って邪馬台国は近畿だと書いてある（大津透『天皇の歴史01　神話から歴史へ』「第一章　卑弥呼と倭の五王――邪馬台国に関する二つの説」講談社、二〇一〇年、四三頁）。

東大、京大あい揃えて、めでたく邪馬台国は近畿となった。それが一年前から現在（二〇一二年）の状況です。しかしわたしは両方とも間違い。二〇一一年三月一一日に起こった原発事故問題のように、東大教授が言っているから、正しいと誰も思わなくなりましたが、この問題はもっと奥が深く酷い。東大、京大が一緒になって、近畿大和が邪馬台国と言ってもアウト。それは違うというのが、わたしの立場でございます。

（二〇一二年七月十五日、愛知サマーセミナーにて）

Ⅰ　短里で書かれた『三国志』

1 「邪馬壹国」はどこか

――博多湾岸にある――

古田武彦

皆さん、よくご存知の『三国志』倭人伝の最初の文面です（全文は巻末に掲載）。

倭人は帯方の東南大海の中にあり、山島に依りて国邑《こくゆう》をなす。旧《もと》百余国。漢の時、朝見する者あり、今、使訳通ずる所、三十国。郡より倭に至るには、海岸に循《したが》いて水行し、韓国を歴《ふ》るに、乍《たちまち》南し、乍《たちまち》東し、その北岸、狗邪韓国《くやかんこく》に至る、七千余里。始めて一海を度《わた》る、千余里、対海国《たいかいこく》に至る。その大官を卑狗《ひこ》といい、副を卑奴母離《ひぬもり》という。居る所絶島、方四百余里ばかり。土地は山険しく深林多く、道路は禽鹿《きんろく》の径《けい》の如し。千余戸有り。良田無く、海物を食して自活し、船に乗りて南北に市糴《してき》す。また南、一海を渡る千余里、名づけて瀚海《かんかい》という。一大《いちだい》国に至る。官をまた卑狗《ひこ》といい、副を卑奴《ひぬ》母離《もり》という。方三百里ばかり、竹木・叢林多く、三千ばかりの家あり。やや田地あり、田を耕せどもなお食するに足らず、また南北に市糴《してき》す。また一海を渡る、千余里、末盧《まつろ》国に至る。四千余戸有り。山海にそうて居る。草木茂盛し、行くに前人を見ず。好んで魚鰒《ぎょふく》を捕え、水深浅と無く、皆沈没して之を取る。東南の陸行、五百里にして、伊都《いと》国に至る。官を爾支《にし》といい、副を泄謨觚《せもく》・柄渠觚《へこく》という。千余戸有り。世に王有るも皆女王国に統属す。郡使の往来、常に駐まる所なり。東南奴《ぬ》国に至ること、百里。官を兕馬觚《じまく》といい、副を卑奴母離《ひぬもり》という。二万余戸有り。東行、不弥《ふみ》国に至ること、百里。官官を多模《たも》といい、副を卑奴母離《ひぬもり》というう。千余家有り。南、投馬国《つま》に至ること、水行二十日。官を弥弥《みみ》といい、副を卑奴母離《ひぬもり》といいい、副を弥弥那利《みみなり》という。五万余戸なる可し。南、邪馬壹国《やまいちこく》に至る、女王の都する所。。

帯方郡、いまのソウル近辺、その広さとかは別として、そこを出発点としまして、女王国へ来る道筋が「何里、何里」と里程で書いてある。「里」というのは中国の人が発明した距離の単位だから、中国の使者が通ってきたところが里程で書いてあり、そうでないところは里程で書いてない。「使節の通ったところが里程」。どこまでか。

帯方郡から始まって不弥国で里程がストップ。不弥国は博多の姪浜《めいはま》あたりだと考えられており、わたしもそう思う。それ以後は里程がない。さきに定義した「使節の通ったところが里程」によれば、中国からの使節が来たのは博多湾岸まで、そこから先は行ってない。よって、「倭は、女王・卑弥呼がいたところは、博多湾岸である」。お話を始めてから、もう結論が出てしまった。

みなさんは、邪馬台国論争というのをご存知でしょう。その位置は九州か大和か、判からんと思っている方もあるだろうし、本にも「分からん」と書いてあるし、二〜三分で結論が出ては困ると思われるかも知れないが、先入観から出発して「邪馬台国はここでないと困る」と思っている人は困るが、先入観を持たずに書いてある通りに理解すると、当たり前ですが、女王国は博多湾岸になるわけです。

ここは考古学的出土物からしても、いわゆる三種の神器が集中するところ。三種の神器はすべてこの近辺から出ている。糸島には三雲・平原《ひらばる》、吉武高木《よしたけたかぎ》、太宰府の方へ寄って須玖岡本《すぐおかもと》、これは春日市にあります。これで全部です。

「里程」だけで到達したところと、三種の神器が出た遺跡の範囲が一致している。これほど確かな根拠はない。女王のまわりは「矛《ほこ》」をもって取り巻かれていると書かれている。矛がたくさん出るはずである。一本、二本ではしょうがない。矛には鉄矛、銅矛とありますが、当時、鉄矛というのはめったにない。銅矛はヤタラに出ている。どこからか。博多湾岸からです。

邪馬台国の所在をどこか行きたいところとして決める、たとえば奈良へ、あるいは朝倉へ、筑後山門へ、とすると文献と出土物が一致しないが、先入観には従わないと腹を決めれば文献と出土物が一致するところは博多湾岸しかない。

ここが女王国であると。こんな簡単なことをなぜ受け入れないのか。江戸時代の松下見林は、天皇家のいらっしゃった奈良県へ持ってゆきたい。そうならないのは外国人が知らずに間違えたのだから直せばよろしい、ずいぶん乱暴な論理なんですが、それからすると、邪馬壹国では困るが、『後漢書』の邪馬臺国なら読める、と書き換えた。これも乱暴な話。

『三国志』魏志倭人伝と『後漢書』倭伝では文章が全然違う。倭人伝では邪馬壹国は七万戸の国として書いてあり、『後漢書』では邪馬臺国は大倭王の居すところとして書かれている。邪馬壹国を邪馬台国と書き換える、壹を台に直す、というのは、東京都を皇居と書き換えるようなもの。ムチャクチャであるが京大派が死守している。

東大派の筑後山門説、これもありにしようと書いてある。しかし第一に邪馬壹国を邪馬臺国に直したこと自身がおかしい。後漢書の文章を（後漢書の著者）范曄《はんよう》が書いたのは（三国志の著者）陳寿《ちんじゅ》より一五〇年あと。当然范曄は『三国志』を読んでいる。読者も読んでいる。既定の事実。倭人伝では七万戸のことはあるが、倭王の居る場所は書いてないということで、『後漢書』はそれを書き加えた。「邪馬壹国」と「邪馬臺国」は違う概念。違う部品を差し替えたら自動車だって動きません。

言ってしまえば簡単な話なんですが、明治以来、邪馬臺国。わたしが言っても知らん顔をし続けているのが現状でございます。

もう一言いうと、なんで知らん顔をしているか、あえていえば天皇家を大和にしたい人は他の候補地は恐くない。筑後山門、朝倉、あんなところに三種神器は出ない、矛も出ない、そうしたい人たちは痛くも痒くもない。

大和なら矛が出ないことはお互い様だし。しかし古田のような議論を許してはダメ。負けちゃう。だからそんな説は教科書には載せない。ケチくさい話ですが論理的であると、最近の様子を見て感じているところです。一番バカにされているのは国民ですよね。バカにされても怒らない、我慢強いのが日本国民であると、教科書を作る人たちに見られている。毒舌で申し訳ないですが。

（二〇〇七年十月二十一日、豊中市ステップホールにて）

2 『倭人伝』の里程記事は正しかった
――「水行一日五百里・陸行一刻百里、一日三百里」と換算――

正木 裕

1 『魏志倭人伝』の行程記事

『魏志倭人伝』（陳寿二三三～二九七）には、魏使が帯方郡《たいほう》を出発し邪馬壹国《やまゐ》に至るまでの距離・方位・行程等が詳細に記され、総里程も「邪馬壹国に至る。女王の都する所なり。水行十日、陸行一月。郡より女王国に至ること、万二千余里」とある。

『魏志倭人伝』（『三国志』魏書・東夷伝倭人条）

《倭人は帯方の東南大海の中に在り、山島に依りて国邑を為す。旧百余国。漢の時朝見する者有り。今、使訳通ずる所三十国。

郡より倭に至るは、海岸に循《したが》い水行し、韓国を歴るに、乍《たちま》ち南し乍《たちま》ち東し、其の北岸狗邪《こや》韓国に到ること、七千余里。

始めて一海を度ること、千余里、対海国に至る。其の大官を卑狗《ひこ》と曰い、副を卑奴母離《ひぬもり》と曰う。居所は絶島にして、方四百余里可《ばか》り。土地は山険《けわ》しく、深林多く、道路は禽鹿《きんろく》の径の如し。千余戸有り。良田無く、海物を食して自活し、船に乗りて南北に市糴《してき》す。

又南一海を渡ること、千余里、名づけて瀚海《かんかい》と曰う。一大国に至る。官を亦卑狗と曰い、副を卑奴母離と曰う。方三百里可《ばか》り。竹木・叢林多く、三千許《ばか》りの家有り。差々《やや》田地有り、田を耕せども猶食するに足らず、亦南北に市糴す。

又一海を渡ること千余里、末盧《まつら》国に至る。四千余戸有り。山海に濱《そ》いて居る。草木茂盛し、行くに前人を見ず。好んで魚鰒《ぎょふく》を捕え、水深浅と無く、皆沈没して之を取る。

東南に陸行すること五百里、伊都国に到る。官を爾支《にき》と曰い、副を泄謨觚《せもこ》・柄渠觚《へくこ》と曰う。千余戸有り。世々王有るも、皆女王国に統属す。郡使の往来常に駐《とど》まる所なり。

東南、奴国に至ること百里。官を兕馬觚《じまこ》と曰い、副を卑奴母離と曰う。二万余戸有り。

東に行き不弥《ふみ》国に至ること、百里。官を多模《たも》と曰い、副を卑奴母離と曰ふ。千余の家有り。

南、投馬《つま》国に至ること、水行二十日。官を弥弥《みみ》と曰ひ、副を弥弥那利《みみなり》と曰う。五万余戸可り。

南、邪馬壹《やまゐ》国に至る。女王の都する所なり。水行十日、陸行一月。郡より女王国に至ること、万二千余里。官に伊支馬《いきま》有り。次を彌馬升《みまし》と曰い、次を彌馬獲支《みまかき》と曰い、次を奴佳鞮《ぬかて》と曰う。七万余戸可り。

女王国より以北は、その戸数・道里は得て略載すべきも、その余の旁国は遠絶にして得て詳らかにすべからず。》（訳文・ルビは筆者）

このように距離も方位も所要日数も記されているのだから、「一里」の距離と、一日に進む里程（速さ）を知ることが出来れば、邪馬壹国の位置は自ずから明らかになるはずだ。

それにもかかわらず、通説では「原文」を「信用できない」とし、「距離は何倍にも誇張されている」とか「南は東の誤り」などと解釈改訂し、邪馬壹国を大和その他「自説の主張する場所」に持ってこようとしている。しかし、こうした手法が許されるなら、「日本中どこでも」邪馬壹国に比定できることになる。

この点、古田武彦氏は著者の陳寿を信じ、原文を改定することなく『倭人伝』を解釈し、邪馬壹国の中心領域を博多湾岸であるとされた。本稿では、氏に準じ陳寿を信じて『倭人伝』を解釈し、その里程記事の正しさを示していく。

2 行程記事解釈の基本原則

古田氏は、『「邪馬台国」はなかった』(1)において『倭人伝』の記述は魏使による「実地踏査」を基にしたものとし、「原文を改定しない」ことを前提に、次のような「行程記事解釈の基本原則」を示された。

(1)(短里)里程は〝短里〟(一里約七五~七七m程度)で書かれている。

(2)(万二千余里は総里程)「万二千余里」は、帯方郡治より邪馬壹国までの総里程であり、各国間の部分里程の和は総里程に等しい。

(3)(島廻り半周読法)総里程には対海国の半周八百里(「方」すなわち一辺四百里)と一大国の半周六百里(一辺三百里)が含まれ、対海国は対馬の南島(下縣)に限定される。

(4)(道しるべ読法)「方位」は出発時点で魏使が〝向かう方向〟すなわち「始発方向」である。

(5)(道行き読法)距離数の前に「歴・行・渡(度)」などの「動詞」がある場合は、魏使が〝実際に行った〟経路で、ない場合には、魏使が実際に行っていない〝傍線経路〟である。

(6)(階段式読法)韓国内は陸行であり「乍南乍東」とは〝階段状の行程〟を意味する。

(7)(「到(至)」は国の中心に至る意味)伊都国・奴国・不弥国への陸路の里数は「政庁・宮などのある

国の中心」までの距離であり、「到る」とは〝政庁・宮に至る〟ことを意味する。
(8)（最終行程ゼロの論理）最終行程の「不弥国」と「邪馬壹国」は〝隣接〟しており距離は「ゼロ」となる。

以下、順次こうした「基本原則」をもとに行程記事を検討しよう。

3　『魏志倭人伝』は「短里」で書かれている

「短里」とは何か

秦・漢代は「六尺一歩・三百歩一里制」がとられ、秦代の尺を記す出土物（物指）から一尺は約二三cmとされ、したがって一歩は約一三八cm、一里三百歩で約四一五mとなる。ただし尺は後代に下るにつれて伸び、漢代では約二四cm、「一里」も約四三五mとなり、これを「長里」と呼んでいる。

しかし、周代（紀元前十世紀頃〜）以前では、中国最古の天文算術書『周髀算経《しゅうひさんけい》』により、一里はその約六分の一の七五〜七七m程度（約七六m）だったことが知られ、秦・漢代の長里に対してこれを「短里」と呼んでいる。ちなみに、周代も三百歩一里制だったから（《周制三百歩、里と為す》『孔子家語』）、「歩」はその三百分の一で約二五cmの「短歩」となり、これは「人足」すなわち「つま先から踵まで」の長さと一致する。

魏・西晋朝の「短里」採用

そして、魏の明帝《めいてい》は暦を「殷正《いんせい》（丑月・十二月を正月とする）」とするなど、「古聖（古の聖人たち）」の定めた「古法」（夏・殷・周制）に復帰することを目指した。そして、これは魏から禅譲を受けた西晋にも引き継がれた。

《景初元年春正月壬辰、山茌県《し》黄龍を見ると言う。是に有司、「魏は地統を得るを以て、宜く建丑《けんちゅう》（2）の月を以て正とすべし」と奏す》

（『三国志』魏書、明帝紀）。

また、「里・歩」についても周を滅ぼした「秦」の制を変え、周代以前の短里・短歩に復帰したことが魏・西晋朝の譙周《しょうしゅう》（二〇〇頃〜二七〇）の『史記』の注釈や、陳寿の『三国志』諸葛亮伝から知られる。

《譙周曰く「歩は、人足を以て数と為す。独り秦制のみ然るに非ず」と。》

（『史記』秦始皇本紀、注）

《（夏王朝・周王朝の聖人を列挙・略）「陛下（西晋の第一代武帝）、古聖に邁蹤《まいじゅう》（厳密に従う）し、蕩然として忌む無し。」

（『三国志』諸葛亮伝）

「地図」が裏付ける『三国志』の「短里」

この魏・西晋朝の「短里」採用は、『三国志』の次の記述からも裏付けられる。

《韓は帯方の南にあり、東西は海を以って限りとなし、南は倭と接し、方四千里ばかり。三種あり、一を馬韓といい、二を辰韓といい、三を弁韓と曰ふ。辰韓は、古の辰国なり。》

（『三国志』魏志東夷伝、韓）

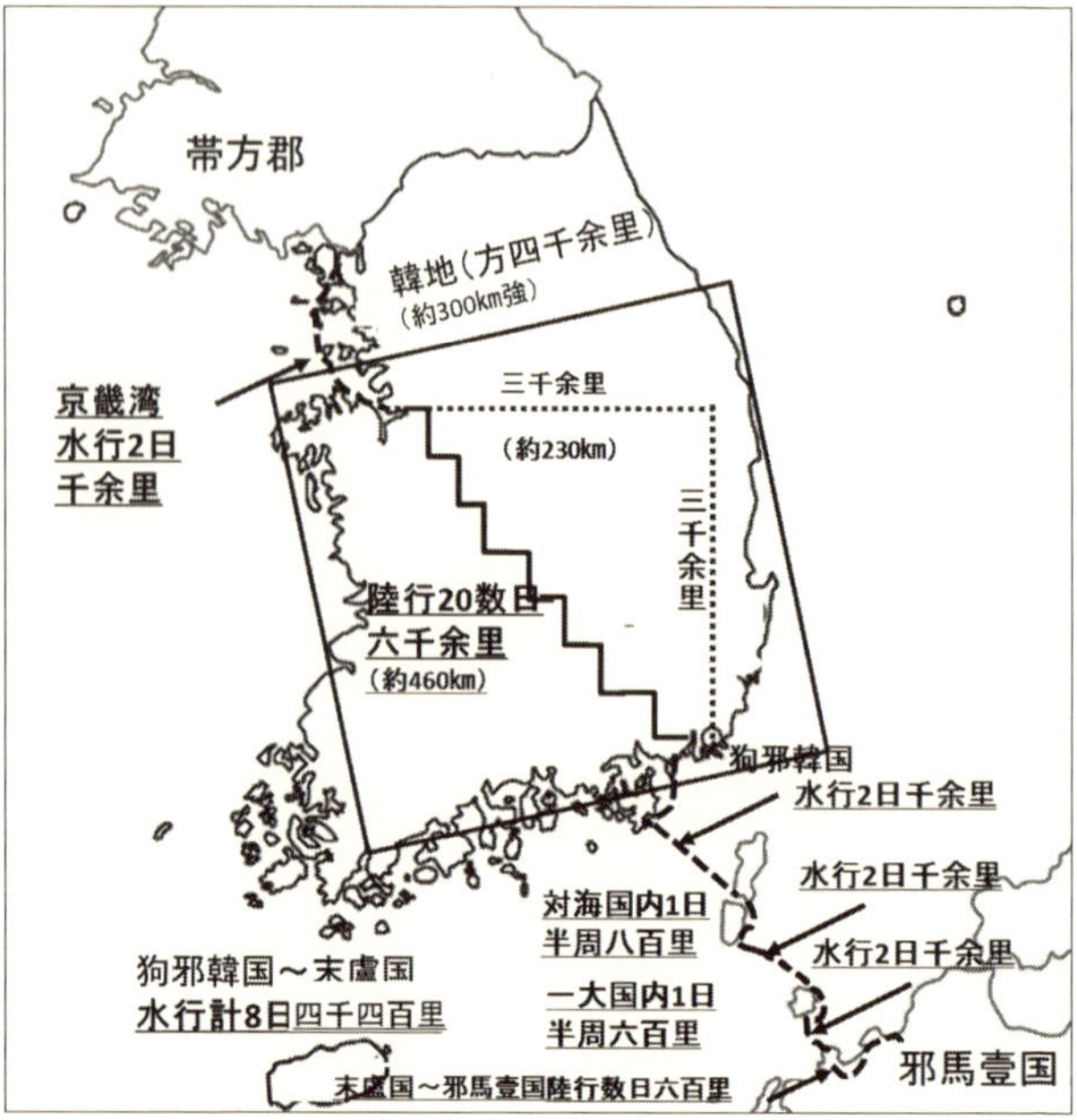

図1　『魏志倭人伝』における魏使の行程

韓は「方四千里」とあるが、「短里」では約三〇〇kmで、図1の通り実際の韓地の距離と一致する。

もし「長里」（四三五m）なら、四千里は一七四〇kmという「ソウルから樺太サハリンまで」達するほどの到底ありえない距離となる。したがって『魏志倭人伝』の「里」は「短里」で書かれていることになる。

また『三国志』東夷伝には、他の東夷諸国の地理が次のように記されている。

《夫餘《ふよ》、長城の北に在り。玄菟を去ること千里、南は高句麗と、東は挹《ゆう》婁《ろう》と、西は鮮卑と接す。北に弱水あり。方は二千里可り。

挹婁、夫餘の東北千餘里に在り。大海に濱す。南は北沃沮と接し、其の北は極る所未だ知らず。

高句麗、遼東の東千里に在り。南は朝鮮濊貊《わいばく》と、東は沃沮《よくそ》と、北は夫餘と接す。丸都《がんと》の下に都す。方は二千里可り。

東沃沮、高句麗蓋馬《けま》大山の東、大海に濱して居る。其の地の形は東北に狭く、西南に長い。千里可り。北は挹婁・夫餘と、南は濊貊と接す。》

夫餘は〝長城の北、玄菟を去ること千里〟、高句麗は〝遼東の東千里〟にあるとする。

〝漢末から魏代当時〟の玄菟郡治は現瀋陽市、遼東郡治は現遼陽市付近とされているが、中国社会科学院が作成した『秦漢時代歴史地図』によれば、〝当時〟の長城は瀋陽市から北に一〇〇km弱、遼陽市から東に約一〇〇kmとなっている。いずれも千里単位の概数で記されていることから、「夫餘・高句麗まで千里」の〝千里〟は「短里」となる。

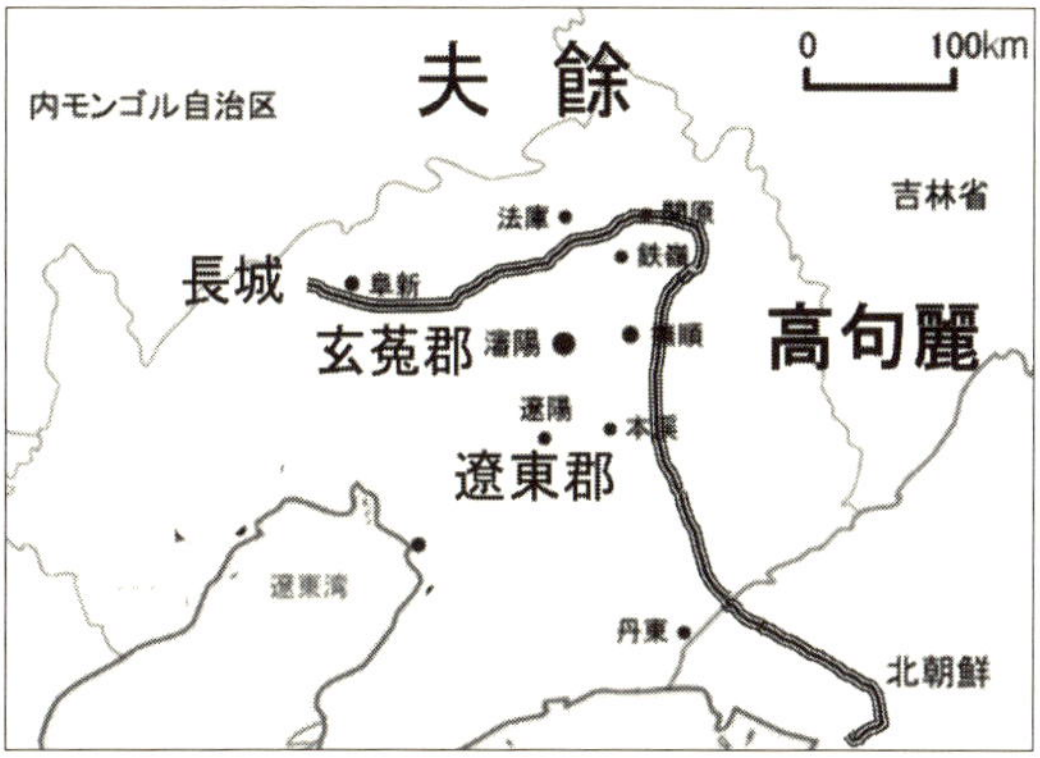

図2 『秦漢時代歴史地図』（中国社会科学院作成）による当時の長城（柵）の位置

さらに、夫餘の北にあるとされる「弱水」は長春市の北方付近を流れる松花江支流で、長城から北に二〇〇km弱にあり、夫餘の「方は二千里可り」とよく一致する。

高句麗も、「方（一辺）」である「西端の長城から東端の沃沮までの二千里可り（二〇〇km弱）」に、その東にある沃沮の「千里可り（一〇〇km弱）」を加えれば〝実距離〟で「日本海」という「大海に濱す（接する）」ことが分かる。

このように、当時の長城や郡治の位置をもとにすれば、「東夷伝」全体が「短里」で書かれていることがよく理解できるだろう（図2）。

4　一日に進む里程（速さ）は「陸行三百里、水行五百里」

倭人は「行程日数」で里数（距離）を計った

ところで、七世紀に我が国と相互に使節を交わし、その報告等をもとに国の実情を記した『隋書』には、

《俀（倭）国は、百済・新羅の東南、水陸三千里に在り、大海の中の山島に依りて居す。魏の時、中国と訳を通じること、三十余国、皆自ら王と称す。夷人は里数を知らず、但《た》だ日を以て計るのみ。》(3)

（『隋書』俀（倭）国伝）

とある。つまり七世紀の一般の倭人は「里数」ではなく、行程に要した「日数」で距離を表していたとしている。そうであれば、三世紀俾弥呼の時代も同様で、魏使が距離を記録する際には、倭人から「里数」は聴取できず、「行程日数」から里数を算出することになる。その場合の「里数」は「直線距離」ではなく、当然に「行程距離（道のりや航路の長さ）」となる。

魏使の邪馬壹国への派遣目的は、俾弥呼への「答礼」だけではなかった。それは軍事上・政治上の視察であり、「直線距離」ではなく、帯方郡（あるいは魏）からどんなルートを通り、何日で人や兵・貨物を送れるかという「行程の情報」すなわち経路・行程距離・所要日数を知ることが重要だった。そして『倭人伝』には、この目的に沿った情報が逐一漏らさず記録されているのだ。

それでは、魏使はどのようにして「行程日数」を「里数」に換算したのだろうか。実はその「換算基

準」が存在していた。

陸行は「一日三百里」

「陸行」の場合、前漢時代の呂后《りょこう》二年（紀元前一八六）に頒布された「二年律令」に、一日に進むべき距離（「当行」という）が「傳送重車、重負日行五十里」と記されており、膨大な下賜品を携えての行程はこの基準に該当する。漢代だからこの五十里は「長里」であり「短里」に換算すると約三百里となる。したがって、「二年律令」の基準によれば「陸行一日を三百里」と換算して距離・里数を求めることになる。

これは実際の「歩速」からも裏付けられる。

今日、平地での標準的な「歩速」は約四km／時、急ぎ足で約五km／時、行軍の際は約六km／時とされる。荷の運搬や当時の道の状況などを考慮すると四km／時弱だったかと思われる。

漢代に始まる一日を十二等分する「十二辰刻法」(4)では、一刻が約二時間となり、歩速を四km／時弱とすると、ちょうど一刻で八km弱、短里で約「百里」となる。「時間の最低単位」が「一刻」で、『倭人伝』の陸行里数の最低単位が「百里」であることを考えれば、「歩行一刻を百里と換算」して距離を算出していたと考えられよう。そして、一日三刻（六時間）の行進で三百里となり、「二年律令」に一致する。

したがって魏使は、「陸行」の場合「歩行一刻を百里、一日三百里」として「里数」に換算したと考えられる。

水行は全て二日間で「一日五百里」と換算

「水行」の場合「基準」となる規定は発見されていないが、実測値から換算基準を導くことができる。当時の手漕ぎ船の航海速度は、古代船の構造や、「野生号」の実験[5]から、約三ノット（約五・四km／時）程度が可能だったと考えられている。

ちなみに「野生号」では漕ぎ手十四人が交代しながら漕ぎ、「朝鮮海峡の『渡海』は〝二日間〟にわたったが、二十一、二十二両日とも潮と風に妨げられ、一部区間はパイロット船にえい航された。自力『渡海』は事実上失敗に終わった」とされ、航海速度も「二ノット以下の日が多かった」という[6]。

「水行」でも「陸行」同様に「航海日数で換算」するしか里数を知る方法はない。そして、『倭人伝』では各海峡の距離は皆「千余里」とあることから、「千里」が割り切れる五百里（三八km）を一日に進む里数として換算するのが、算術としても、また次のように航海速度から考えても適切となる。

五百里を三ノット（約五・四km／時）で航海すれば約七時間、二ノット（約三・六km／時）なら約十時間を要する。つまり朝から日没まで漕げば五百里進むわけで、「航海一日五百里」という換算は妥当といえる。古田武彦氏は、水行一日四五〇里（三四km）が『三国志』の平均速度であるとされるが、これともほぼ整合する。

結局、各海峡の距離が皆「千余里」とあるのは、皆「二日間の航海」であり、これを「航海一日五百里」と換算したからだったと考えられる。

5　『倭人伝』記載の里数の具体的検証

次に、「魏使は水行一日を五百里・陸行一刻を百里、一日三百里と換算した」との仮定をもとに図1

を参照しながら『倭人伝』記載の里数を検証しよう。

帯方郡から韓国までの水行（二日間・千余里）

帯方郡から韓国までの「海岸に循う水行」とは、京畿湾《きょんぎ》北東部から東南部までの湾内の水行であるのは確実だ。湾の広さは南北最大で約一三〇km（約千六百余里）あるが、帯方郡南端の可能性が高いソウル・漢江河口付近から湾の東南端までだと約八〇km（約千余里）、三ノットで進んで約十五時間の距離だ。また京畿湾は「多島海」で夜間航海には危険が伴うことから二日間の航海となる。したがって、魏使はこれを「千余里」と計算したことになる。

韓地内陸行「六千里」

『倭人伝』には「帯方郡から狗邪韓国まで七千余里」とあるが、韓地内を京畿湾東南部から狗邪韓国（金海市付近）まで、「乍《たちま》ち南、乍《たちま》ち東」（南へ行ったり東へ行ったりを繰り返すこと）という〝階段状の行程〟をとれば、図1のように約四六〇km（約六千里）となり、水行距離「千里」との合計は「七千里」で、『倭人伝』の記述と合致する。

「六千里」を一日三百里で、「連日休みなく歩いた」とすれば約二十日、実際には行事や休息日が加わるから二十数日の行程となる。

狗邪韓国から対海国へ（二日間・千余里）

狗邪韓国から対海国へは、対馬海流で東に流されることを避け、まず沿岸を西に辿り、「釜山からかなり西行した地点（古田氏）」すなわち対馬に最も近い巨斉《こぜ》島付近から直接対馬に向かうのが合理的な航路となる。(7)巨斉島までは約三〇㎞だ。

対海国は「方四百里」という形状から、対馬南部を指すと考えられ、その場合の上陸地は浅茅《あそう》湾が最も適している。(8)巨斉島から浅茅湾までは約七〇㎞、計約一〇〇㎞（約一三〇〇里）程度の航海となり、三ノット（約五・四㎞／時）で約二〇時間、「一泊二日の渡海」となる。「航海一日五百里」換算で「千余里」だ。

対海国から一大国（二日間・千余里）

対海国上陸後の壱岐に向かう行程としては、浅茅湾から対馬を「横断」し、地峡「小船越」(9)を通り、東岸に抜けた方が、船で対馬西岸を回るより速いし安全で通常この行路がとられていた。そこから出航し、沿岸流に乗り対馬南端経由で壱岐北端（勝本付近か）を目指すことになる。約七〇～八〇㎞の航海で約一四時間、これも「一泊二日の渡海」で「千余里」と換算できる。

一大国の中心地は、大規模環濠集落や港の遺跡が確認され、国庁の有力候補地である原の辻付近と考えられ、壱岐北端から原の辻に向かい、そこから出航し、末盧《まつら》国を目指すことになる。(10)

一大国から末盧国（二日間・千余里）

原の辻から末盧国へは沿岸沿いを南下し、壱岐の南端を経由する航路で約五〇～六〇㎞、十時間余の航海だ。しかし、この区間の潮流は複雑で、北東方向に流れる最大約一ノット（一・八㎞／時）の主流と、南西方向への反流が六時間程で交代し、また岩礁や小島も多く夜間航海は危険な海の難所だから距離は短くとも壱岐南端およびその間の島等での潮待ち停泊が生じ、航海には二日間を要することになろう。したがって、やはり「千余里」と換算されたと考えられる。

対海国・一大国での滞在行程（各一日）

対海国・一大国に関して、『倭人伝』には「山は険しく、深林多く、道路は禽鹿《きんろく》の径の如し（対海国）」「竹木叢林多く、やや田地有り（一大国）」等の地勢報告もあり、長官名等も記されている。これは魏使に「島内の行程・行事」があったことを裏付けている。そうした島内行程を一日間とすれば両国で計二日の滞在期間となる。

「水行十日、陸行一月」は正しかった

そして、『倭人伝』の狗邪韓国から末盧国までの記述に「水行」とはあっても「陸行」の語は無いから、陳寿はこの区間を「水行日程」として記述していたことになる。したがって水行日数は島内滞在も含め八日間、これに京畿湾水行二日を加えると計「水行十日」となる。「陸行日数」は、先述した帯方郡から狗邪韓国までの「二十数日」に、末盧国—伊都国—不弥国—邪馬壹国間の移動と宿泊に要する数日を加えれば「約一月」となろう。

『倭人伝』には帯方郡から邪馬壹国までの総日程が「邪馬壹国に至る。女王の都する所なり。水行十日、陸行一月」とされているが、この「総日数」の記述は正しかったのだ。

「郡より女王国に至ること、万二千余里」も正しかった

また、総里数も「郡より女王国に至ること、万二千余里」と書かれている。狗邪韓国から末盧国までの渡海里数は計「三千余里」で、これに「島廻り半周読法」による「対海国の二辺八百里」と「一大国の二辺六百里」を加えれば四千四百里となる。これに帯方郡から狗邪韓国までの七千余里を加え、更に「道行き読法」に従って「行という動詞」のある伊都国への五百里・不弥国への百里を加えると「一万

二千余里」となる。
この「総里数」の記述も正確なものだった。

6　「韓国内陸行・最終行程ゼロ」は正しかった

「韓国内陸行」は正しかった

帯方郡から狗邪韓国までを「韓地の西岸を水行した」とする説があるが、もしそうなら、距離は約八〇〇km（二万里）で、一日五百里ならこれだけで「二十日」を要し、「水行十日」を遥かに超えてしまう。方位も半島南端までは「乍南、乍西（南に行ったり西に行ったり）」、以降は「乍北、乍東（北に行ったり東に行ったり）」となってしまう。

一方、先述の通り「韓国内陸行」なら里数も日数も、「乍南、乍東」という方位も『倭人伝』と完全に一致することになる。古田氏の言う魏使の「韓国内陸行」は正しかったのだ。

末盧国の上陸地は呼子付近

魏使の末盧国への上陸地には、唐津・呼子ほか諸説があるが、『倭人伝』に記す末盧国は「山海に濱《そ》いて居る。草木茂盛して行くに前人を見ず」と「荒れ地で人影がない」様子が書かれている。唐津付近は「縄文水田」で有名な菜畑遺跡等がある穀倉地帯・「弥生銀座」でそうした記述にはならない。

一方、玄海沿いの松浦半島先端の呼子・名護屋付近は、海岸から山際までのわずかな土地に集落があるという「僻地」で、この記述によく合う。また、「道しるべ読法」による唐津～伊都国方面への「始発」方向も「東南」となり『倭人伝』と一致する。したがって『倭人伝』の描写による限り末盧国の上陸地は呼子付近となろう。

伊都国と不彌《ふみ》国

呼子から五百里（約四〇km）なら伊都国は加布里《かぶり》湾沿岸で、そこから東南方向に百里・約八kmの傍線経路にある奴国（宮などのある中心地）は、古田氏『「邪馬台国」はなかった』で比定されている通り、怡土平野の三雲・平原《ひらばる》といった弥生遺跡の集積地付近となる。(11)

さらに伊都国から東に百里行った（東行百里）の不弥国は今津湾沿岸の国となる。伊都国・不弥国に「千戸（家）」しかなかったのは、両国が加布里湾・今津湾という邪馬壹国の主要港湾を所掌する「港湾国家」で、その領域も港湾周辺に限定されていたからだと解釈できよう（図3）。

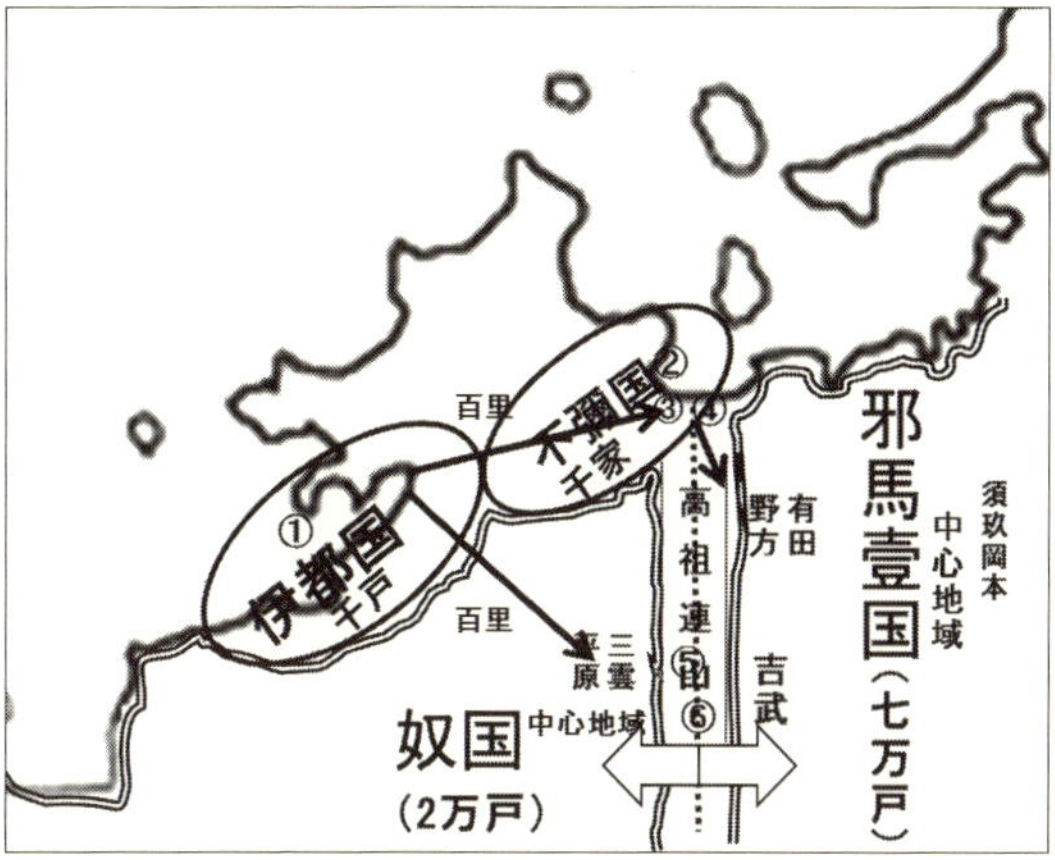

図3　伊都国・不彌国・奴国・邪馬壹国の位置・境界
（注）①加布里湾，②今津湾，③今宿，④長垂山，⑤くしふる山，⑥日向峠

不弥国～邪馬壹国の「最終行程ゼロの論理」も正しかった

古田氏は不弥国～邪馬壹国の距離記載がないことについて、「これは距離ゼロで、不弥国と邪馬壹国が隣接することを表わす」とされている。

不弥国の中心を今宿付近とすれば、今宿から東の海岸沿いは長垂山《ながたれ》が海にせり出し、道が遮られている。そうではなく長垂山と叶山の鞍部を「南」に抜けるのが主要な街道で、そこを通ればわずか一・四km（二十里）で福岡平野に抜ける。

陸行の最小換算単位が「一刻百里」であるから、これに満たず、徒歩でも一時間（半刻）も要しない距離（里程）は記されなかったと考えられる。すなわち「不弥国・邪馬壹国は隣接し距離はゼロ」と扱われて当然だったのだ。

邪馬壹国の中心領域は博多湾岸だった

そして、長垂山と叶山の鞍部を抜ければ、その眼前に開けるのは、弥生時代後期から古墳時代前期（紀元三世紀頃）とされる野方遺跡（福岡市西区野方付近）の大規模集落や、有田遺跡群（同早良区有田付近）であり、その東は古田氏が俾弥呼の墓に比定されている春日の須玖《すぐ》岡本遺跡（春日市岡本付近）に続く。南に行けば室見川流域の吉武高木・吉武大石・吉武樋渡等の吉武遺跡群がある、文字通り「弥生の黄金地帯」だ。したがって、この領域は邪馬壹国の中心・王都（政庁・宮殿の地）に相応しく、『倭人伝』の「南、邪馬壹国に至る。女王の都する所なり」という記述通りになる。(12)

古田氏は『「邪馬台国」はなかった』において、《「長垂山—叶岳—飯盛山—王丸山—西山」の線を西限とし、「西公園—大濠公園—鴻ノ巣山—片縄山」の線を東限とする、室見川流域と周辺の山地が、少なくとも三世紀女王国の中心の、第一の候補地と言えよう。そしてその第二の候補地は那珂川と御笠川の流域である》とされている。

古田氏の、不弥国から邪馬壹国の距離記載がないことをもって、「両国は隣接しており、邪馬壹国の西限線は長垂山—叶岳—飯盛山—王丸山—西山とする」との見解は当を得たものだったといえよう。

7 『倭人伝』は正しかった

このように古田氏の『倭人伝』読解の基本、すなわち「短里」「万二千余里は総里程」「階段式読法」「島廻り半周読法」「道行き読法」「道しるべ読法」「最終行程ゼロの論理」などをもとにし、さらに『隋書』俀国伝の、「倭人は里数を知らず、但だ日を以て計るのみ」という記述や「二年律令」を踏まえ、魏使（あるいは陳寿）は「水行一日五百里・陸行一刻百里、一日三百里」と換算したとすれば、『倭人伝』の里程（里数）記述は決して「誇張」でも「信頼できない」ものでもなく、きわめて正当・正確なものであることが分かる。

そして同時に古田氏の「博多湾岸邪馬壹国説」の正しさを、重ねて証明するものとなろう。

注

（1）『「邪馬台国」はなかった』（朝日新聞社、一九七一年。ミネルヴァ書房から二〇一〇年に復刊）による。

（2）「三」を周期に王朝が循環するという「三統説」では夏＝天統、殷＝地統、周＝人統で、「夏正《かせい》（建寅＝一月が正月）」を用いた「天統」の漢から交代した魏は「地統」となり「殷正（建丑）」を用いるべきことになる。

（3）『隋書』俀国伝は、俀国の「民情」を記す。七世紀の倭国の官僚が「里」を知らないはずはなく、これは庶民のことを記していると考えられる。なお一般に「俀は倭の誤り」とするが、本稿では『隋書』どおり「俀」を採用する。

（4）一日の時刻を、子の刻から亥の刻まで、十二支で表す方法。

（5）一九七五年に古代船を復元しての仁川から博多までの実験航海。野生号は全長一六・五m。設計者（石井謙治氏）の談では全長二〇mの船、漕ぎ手二四人で三ノットの航速が可能という。
（6）古田武彦『邪馬一国の証明』（角川書店、一九八〇年）中引用の朝日新聞記事。
（7）狗邪韓国付近と考えられる洛東江河口付近から直に対馬を目指せば、対馬海流で日本海に流されるため沿岸を西行し巨斉《こぜ》島経由で浅茅湾を目指すのが合理的となる。（『邪馬一国の証明』、『続・邪馬台国のすべて』朝日新聞社、一九七七年）他。野生号は釜山から直接対馬を目指し失敗した。
（8）対海国の「方」は四百里であり、これは対馬南部と考えられる。その場合上陸地は浅茅湾となる。浅茅湾口の豊玉町付近は「和多津美神社」、別名「渡海神社」がある半島への海の玄関。
（9）小船越は浅茅湾東端の地峡で、船は陸上約二〇〇mを陸送で越える。阿麻氏留神社の所在地でもある。
（10）勝本は古来より対馬への窓口で、「天の原　ふりさけみれば春日なる　三笠の山に出でし月かも」と安倍仲麿が歌った天原・天の原遺跡の地。原の辻遺跡は、壱岐における弥生最大の環濠集落。一大国の国庁の最有力地。
（11）奴国の〝中心〟は怡土平野であっても、「二万戸」を一大国（壱岐一三五㎢）の「三千許家」とあるのと比較すれば、単純には面積は約六倍、約八〇〇㎢となる。居住地の限定される広大な背振山脈を除外して考えれば、東は怡土平野から、西は唐津付近、南は佐賀県の有明海沿いから杵島付近まで含んだ領域になる。
（12）同様に「七万戸」の邪馬壹国は〝中心〟が博多湾岸であっても、その領域は福岡全域と大分・熊本北部を含めさらに広大な面積を占める大国となろう。

3　中国内も倭国内も短里

古田武彦

『魏志倭人伝』では、短里で一里＝七五m（七五〜七七m）で書かれている。このことは日本評伝選の『俾弥呼』（ミネルヴァ書房）でも改めて書きましたが、わたしは現在間違いないと考えております。

なぜ間違いないと考えているか。

それは『魏志倭人伝』の中に「女王自郡至女王國萬二千餘里……計其道里當在會稽東治之東」とあり、一万二千余里の後に、「その道里を計るのに会稽東治の東に在り」と書いてあります。

一万二千余里が短里だと、倭国は会稽東治の東にありますと書かれている。

もし一万二千里が長里なら、太平洋の彼方に行き全然合わないが、陳寿は倭国が「会稽東治の東」にある証拠だと見て書いている。

会稽は中国本土にある。そこが洛陽からどれくらい離れているか、陳寿たちはよく知っている。『三国志』の読者もよく知っている。本土のほうも短里でなければ、倭国は会稽東治の東に当たっていると言えるはずがない。

中国本土は長里だという主張の人が未だにいますが、六倍もの長さは、会稽東治《とうや》ぐらいでは収まらず台湾を越え太平洋の海中になる。まったく距離も方角も違っている。中国本土と倭人伝の距離が共通の単位でなければ、あの文章は成り立ちえない。さらに陳寿が書いた『三国志』は、同時に魏の朝廷の正史ですから、官僚が皆見て知っている内容です。読者も魏の時代の人は短里と知って読んでいる。だから今のような長里というとんでない解釈では、正史となるはずがない。

このことから見ましても、中国本土内も短里で書かれていると理解しなければならない。それを後の長里で解釈したものもありますが、今のような結論とまったく矛盾していて、統一できないとわたしは考えています。

中国内も倭国内も共に短里である。それがわたしの理解でございます。

（二〇一二年七月十五日、愛知サマーセミナーにて）

4 「倭地、周旋五千余里」の解明
——倭国の全領域を歩いた帯方郡使——

野田利郎

1 これまでの「周旋五千余里」の倭地

「倭人伝」の「女王国の東」の記事の直後に次の記事がある。

「倭地を参問するに、海中洲島の上に絶在し、或は絶え或は連なること、周旋五千余里ばかり」

この倭地の五千余里は宣長以来、九州の周囲と理解されてきたが、山田孝雄は「周旋」とは自己が旋転して行動することで物の大きさをいう語でないことを『佩文韻府《はいぶんいんぷ》』の用例から示して、郡より狗邪韓国までの七千余里に「周旋五千余里」を加えれば万二千余里となると説明した。

山田説に対し、佐藤広行氏は『古代に真実を求めて 第三集』で、『三国志』の周旋の全用例（二十三例）を示し、周旋とは「ある一定領域を、あまねくめぐる」ことであるから、領域を「ぐるっと一周巡る」意味も含まれると仮定し、そこから、倭地を外周が五千余里となる、一辺が千三百里の正方形と想定し、この正方形の面積には対馬、壱岐、および九州島内の倭地が含まれるとしている。

わたしは、この二つの説の倭地の説明に疑問を感じていた。山田説では海上の距離も「倭地」となっていること、佐藤説は倭地を外周で五千余里とするが、壱岐、対馬の面積を含めるため、外周の意味が説明できないこと等である。

しかし、対案があるかと云えば、万二千余里－七千余里＝五千余里のように、倭人伝の記事から「五千余里」を示す数値を見出すことができないため不明のままとなっていた。

ところが、古田武彦氏が、倭人伝の公理として、「『里程』で記されているところは、中国人（帯方郡使や官吏）が行った（歩を印した）地点である」（「魏志倭人伝の史料批判」『古田史学会報』五十六号）と云われたことから、帯方郡使は万二千余里だけでなく、「女王国の東」までを訪問したと考えて、その間の陸行の距離を合計すると、ちょうど五千余里の数値となった。これが探し求めていた「周旋可五千余里」と考えられるから、ここでその内容を報告する。

2　「周旋」とは端から端まで巡ること

はじめに「参問倭地」と「周旋」の用語を確認する。

「参問」の用例は『三国志』では、この一例のみである。榎一雄《えのきかずお》の説明にあるが、「参問」とは参験問尽の意で、比較検討することである。

「倭地」の用例は、『三国志』の倭人伝にあと一例がある。「倭地温暖、冬夏食生菜」である。この記事は倭国の説明文にあるから、「倭地」とは卑弥呼の支配する倭国の国土を指している。

「周旋」の解釈には、山田説や佐藤説などがあるが、あらためて、『三国志』の「周旋」の全用例（二十三例）から確認する。ただ周旋の字義には、「とりもつ、世話」や「たちふるまい、動作」などの「国土での周旋」と異なる用法があるので、これらを除外して検討する。

「とりもつ、世話」の四例

次の四例は旧友の世話などの人への周旋であるから除外する。

①魏書四「感故友之周旋」、②蜀書十二「周旋經三十年」、③呉書十二「臣周旋之閒」、④呉書十九「周旋禮命」

「たちふるまい、動作」の十五例

次の①から⑬は特定の地域での周旋ではなく、視察や討伐などに従事し各地を周旋する用例であるから除外する。また、⑭と⑮は郡内の周旋であるが、馬の商売や討伐のための周旋で「たちふるまい」などと同様の用法であるから除外した。

①蜀書六「隨先主周旋」、②蜀書八「隨先主周旋」、③蜀書八「後隨從周旋」、④蜀書八「隨從周旋」、⑤蜀書十「遂隨從周旋」、⑥蜀書十一「共周旋游處」、⑦蜀書十一「使命周旋」、⑧呉書二「周旋民閒」、⑨呉書七「周旋征討」、⑩呉書十「擐甲周旋」、⑪呉書十「從征伐周旋」、⑫呉書十「與策周旋」、⑬呉書十一「周旋赴討」、⑭蜀書二「販馬周旋於涿郡」、⑮呉書十「遂周旋三郡平討」

国土での周旋の四例

次の「周旋」の四例が、ここで検討する、国土での周旋の用例である。辞典には「めぐりまわる」とあるが、その地域を一周しているか、それとも、その地域の端から端までかを確認する。訳は筑摩書房の『三国志』を使用した。

①魏書九「後豪傑並起、仁亦陰結少年、得千餘人、周旋淮泗之間」
訳「後年、豪傑がいっせいに蜂起したとき、曹仁もまたひそかに若者を結集して、千人余りを味方につけ、淮《わい》水、泗《し》水の間を周旋した。」

泗水は淮水の支流である。淮水と泗水の間の周旋とは、二つの河を一周することではなく、淮水の下流から泗水の上流までのことと思われ、端から端までの意味である。

②魏書十二「琰既受遣、而寇盜充斥西道不通。于是、周旋青徐兗豫之郊、東下壽春、南望江湖」
訳「（黄巾《こうきん》の乱のため）崔琰《さいえん》は退学をいいわたされはしたが、盗賊どもがのさばっており、四方への道路は通じなかった。そのため、青州、徐州、兗《えん》州、豫州の郊外を周旋し、東に向かって寿春まで下り、南方江・湖の方を眺めやったりした。」

青州から徐州、兗州、豫州まで各州の郊外を東から西に向かって周旋し、豫州から東に下り、寿春に到達したのである。周旋は青州から豫州まで、この地域の一周ではなく、「端から端まで」である。

③魏書三十「參問倭地、絶在海中洲島之上、或絶或連、周旋可五千余里」
④呉書十九「丹楊地勢險阻、與呉郡、會稽、新都、鄱陽、四郡鄰接、周旋數千里、山谷萬重」
訳「丹楊郡は地勢険阻で、呉郡・会稽《かいけい》・新都・鄱陽《はよう》の四郡と隣接しており、周旋は数千里の距離があって、山や渓谷が十重二十重にいりくんでいる。」

この例は距離が示され、③の倭人伝の例と同じ構成になっている。丹楊郡の南辺には東から、呉、会稽、新都、鄱陽の順に四郡が連なり接している。東の呉から西の鄱陽までの距離は約五〇〇kmで、換算すると短里で約六五〇〇里である。「周旋数千里」とは五～六〇〇〇里であるから、呉から鄱陽までの距離とほぼ一致する。つまり、丹楊郡の周旋とは「端から端まで」であり、丹楊郡の外周部を一周することでないことは距離から明白である。

以上の①②④の「周旋」には一周の用例はなく、すべて、端から端までを巡る意味であった。特に④の例では周旋＋距離と、③の「周旋可五千余里」と同じ構成である。「周旋数千里」が端から端までの距離であるから、③の「周旋可五千余里」も「端から端が、およそ五千余里」と解釈できる。

3 「女王国の東」にある倭地

周旋とは「端から端までを巡る」と判明したが、次に倭地の範囲を考えることにする。「参問倭地」の記事の直前に「女王国の東」の記事があるから、陳寿は次の「女王国の東」を含め倭地と考えていたと思われる。

「女王国の東、海を渡る千余里。復《また》た国有り、皆倭種。又侏儒《しゅじゅ》国有り。其の南に在り。人長三・四尺。女王を去る、四千余里。」

ところが、これまでは倭地周旋の五千余里は狗邪韓国《こやかんこく》から女王国までとして、「女王国の東」は考慮されることがなかった。それは、倭人伝では「倭国の首都に到達した」ことを以て「行程記事」は一応終結する。また、「女王国」の「全領域」の指示がないため、女王国の領域の東端から出発することができないと考えて、倭地を女王国までとしている。古田武彦氏も「女王国の東」を、おおよそ次のように説明する。

「女王国の首都は海に面している。そして、その東へと海が広がっている。したがって、東へ千余里とは九州の北岸に沿った海路で、関門海峡近辺の下関付近となる。その南の侏儒国は女王国から海路で四千余里にある足摺岬《あしずり》（高知県土佐清水市）付近である」（前掲「魏志倭人伝の史料批判」を筆者が要約）

そのため、女王国から侏儒国までの四千余里の全ては水行となり、陸行部分はない。また、女王国の東には、卑弥呼の支配する倭国と異なる倭種の国が本州と四国にあったとする。

しかし、わたしは「女王国の東」の海とは、九州島の東にある豊後水道で、千余里の海を渡り、四国へと上陸すると、そこにも卑弥呼の支配する倭種の国々があり、南へと陸行した先は侏儒国（高知県宿《すく》毛《も》市付近）で、女王の宮殿から四千余里にあると考える。つまり、女王国から陸行し、千余里の海を渡り、さらに陸行した先に侏儒国があり、ここまでを倭地と考える。

その理由は次の通りである。

第一に、女王国の全領域が示されなくても、女王国の宮殿を起点に東へ進むことが出来る。なぜなら、「帯方東南大海之中」の文では、帯方郡の全領域は示されてないが、帯方郡治を起点に東南の方向に大海があると書かれ、しかも郡治から大海までの距離は七千余里と長距離であり、その間には韓国の国があった。「女王国の東」の文「女王国東渡海」も同様の構成であるから、女王国の宮殿の東の方向に海があり、宮殿と海の間は相当の距離と国々があったと考えることができる。

第二に、「女王国の東」に書かれている、「渡海千余里復有国」を「海岸に沿って東に千余里すすむ」と古田氏は説明するが、倭人伝には、この文と同じ構成の文が他に三つある。対海国の「度一海千餘里至対馬国」、一大国の「南渡一海千余里名曰瀚海至一大国」そして、末蘆国の「渡一海千余里至末盧国」である。いずれも「出発地」＋「渡海」＋「渡海の距離」＋「目的地」で構成されて、出発地と目的地の間に海があり、海の距離が千余里の意味である。「女王国の東」にある渡海の文も、海岸沿いに千余里ではなく、九州から千余里の海を渡ると四国がある意味と考える。

第三に、これまでは、「女王国の東」の海を渡った先にある「倭種」の国とは、卑弥呼の支配する「倭国」ではなく、倭の異なる種族の国と考え、「女王国の東」は倭地でないとされてきた。

しかし、「倭種」とは「倭の種人」の略と考えられる。『三国志』の「種人」の全用例（五例）は同一種族の人々を指している。また、倭人伝の景初二年十二月に卑弥呼を親魏倭王とするときの詔書には、「汝、それ、種人を綏撫《すいぶ》（安んじ、いたわる）し、孝順に努めるように」とあるが、この「種人」とは、具体的には「倭国の人々」を指し、現代の国民に相当する。倭種とは倭の種人の意味であるから、女王国の東にある倭種の国とは、卑弥呼の支配下にある種人の国であり、そこも倭国であった。このことは次のことからも証明できる。「復《また》た国有り、皆倭種」と書かれた「復」とは「同じことを繰り返すこと」であるから、「女王国の東」の国も、それまでの倭種（倭国）と同じように、皆、倭種（倭国）と書かれている。

さらに、侏儒国も倭種と考えられる。なぜなら、上陸した国と侏儒国とは陸続きであり、「皆」には侏儒国も含まれる。また、女王を去る四千余里の基準を侏儒国としているからである。侏儒国は倭種の国であり、ここまでが倭地である。

裸国、黒歯国は侏儒国から船行一年の先にあり、上陸した四国にある国々と別で、「皆」には含まれないから、倭種ではないと考える。

第四に、「女王を去る四千余里」の「女王」とは卑弥呼のことであるが、距離の起点であるから、「女王の宮殿」のことである。侏儒国は女王の宮殿から四千余里先にあるが、この間に千余里の渡海があるから、残りの三千余里が陸行となる。ここまで里程で書かれているから帯方郡使は侏儒国まで訪問していたのである。

以上から、「女王国の東」とは、女王の宮殿↓（東へ陸行）↓海（千余里）↓上陸した国↓（南へ陸行）↓侏儒国までの四千余里であり、この行程は倭地にあった。

4　「周旋五千余里」の新しい「五千余里」

周旋とは端から端までを巡ることで、女王国の東には、女王の宮殿から侏儒国までの四千余里があり、渡海の千余里を除くと三千余里が陸行の距離であった。このことから「周旋可五千余里」を考えることにする。

「周旋可五千余里」にある「可」は数詞の前に置かれた句法で、概数を推し量る用法である。「およそ」の意味となる。どのようなことを根拠に推量したのかを文中に探すと「参問倭地」とある。つまり、帯方郡使が訪問した倭の地から推量すると、倭地は端から端まで巡ると、およそ五千余里である、との意味となる。帯方郡使は狗邪韓国から侏儒国までは訪問したが、この間の陸行した距離は、次の①から⑤までの距離である。

①対海国の半周の八百余里。

②一大国の半周の六百里。
③末蘆国から伊都国の五百里。
④伊都国から不弥国の百里。
⑤女王国から侏儒国（千余里の渡海を除く）の三千余里。
以上の合計は五千余里。


ようやく、「五千余里」の数値を倭人伝の中から見出すことができた。しかも、この陸行は対馬、壱岐、九州、四国の四つの島での行程であるから、「海中洲島の上に絶在し、或は絶え或は連なること」の表現とも合致している。この陸行の「五千余里」が「周旋可五千余里」であると考える。

陳寿は倭の陸地の総距離を示して、倭の大きさを表現したのである。

「周旋可五千余里」が帯方郡使の陸行の距離に一致したことから、これまで難問であった、次の事項も証明されることになった。

第一は「女王国の東」の侏儒国までが倭地であった。卑弥呼の支配する倭国の全領域が判明した。

第二は、次の事項は「部分里程の総和は総里程」から証明されていたが、倭人伝の異なる記事の「周旋可五千余里」からも証明されて、確実なものとなった。
(1)対海国の八百余里、一大国の六百里の半周行程は明記されないが、万二千余里の部分里程と証明されていた。ただ、反論として、総里程に不足する距離は、部分里程にある「余里」を数値に換算して加算することで充足できるとの説があった。しかし、「周旋可五千余里」にも半周行程があり、二島の半周行程は異なる倭人伝の記事からも証明され、確実なものとなった。

(2)万二千余里の内、「余里」と書かれた行程は六カ所（七千余里、千余里、八百余里、千余里、千余里、万二千余里）があるが、「余里」を加算しない理由が不明であった。しかし、「周旋可五千余里」でも「余里」を加算しないことから、「余里」とは数値には換算できない語句であることが証明された。

(3)奴国への行程は女王国への行程から除外され、放射線式に読まれていたが、「周旋可五千余里」からも証明され、確実なものとなった。

5　『三国志』のフィロロギー
——「短里」と「長里」混在理由の考察——

古賀達也

1　短里の論理

二〇一五年新年賀詞交換会（古田史学の会主催、大阪市）において古田武彦先生が『三国志』の短里や行程について触れられましたので、近年の短里に関する諸論稿にざっと目を通しました。すべての論稿を読んだわけではありませんが、その内容が二十年前当時から本質的に進展していないものも見受けられました。そこで、わたし自身の認識の整理見直しも含めて、『三国志』の短里問題について、フィロロギーの視点から見解を述べてみます。

まず文献史学における研究の手続きとして、史料批判や史料性格の分析が不可欠ですが、『三国志』は古田先生が繰り返し指摘されてきたように、魏王朝の歴史を綴った「正史」であり、かつ三国時代の呉や蜀の歴史も綴られています。『三国志』と命名された由縁です。しかも魏を継いだ次王朝の西晋により編纂されており、同時代史料とみなされ、信頼性の高い史書です。著者の陳寿も歴史官僚としての高い能力や品性の持ち主であったことが、古田先生により紹介されています。

王朝にとって度量衡の統一や施行は、収税や調達、他国との交渉・戦争などにとっても不可欠な行政課題です。ですから魏王朝も当然のこととして、長里であれ短里であれ「里単位」を決定し、その使用を国内（国家官僚・地方役人）に指示したはずです。『三国志』にそうした「里単位」の制定記事がないことをもって、里単位の制定・統一はされなかったとする論者もおられるようですが、こうした理解は王朝（権力者）の支配意志を軽視したものであり、学問の方法論上でも誤りがあります。

すなわち、史料などに「ある事物」の記載があれば、史料事実としてその事物が「存在した」とする根拠に使えますが、不記載・無記載をもって、「存在しない」という根拠には使えないのです。「存在」証明は史料中に一つでも証拠（記載）があればとりあえず可能ですが、「不存在」証明はよほど好条件に恵まれない限りできません。この理屈は自然科学でも同様です。これは学問の基本的な考え方なのです。

したがって、『三国志』に「里単位の制定」記事がないことをもって、魏王朝が統一した里単位を公認制定しなかったとは論理の問題としてできないのです。どうしても存在しなかったことにしたい論者は、「史料に記載が無いことはその時代に存在しなかった」という証明が必要です。逆から言えば、三国時代に存在した制度や事物は全て『三国志』に記載されている、という証明が要求されるのですが、そのようなことがあるはずがなく、証明できるとも思われません。むしろ、王朝（国家権力者）である以上、里単位の公認制定を行ったと考えるのが、国家や歴史に対する真っ当な理解なのです。くりかえしますが、たとえば現代の百科事典に記載されていない事物は現在の世界に存在しない、などという理屈は通用せず、そのような主張は学問的ではありません。

2　陳寿の認識

魏王朝が周の時代の古制を王朝の大義名分として引き継ぎ、その里単位として周代の短里七五～七七

m程度（約七六m）を漢代の長里（約四三五m）に替えて公認したことが古田先生の研究で明らかとなっています。したがって、『三国志』の著者陳寿自身は青年時代を「長里の時代の蜀地方」で過ごしているようですが、その後、『三国志』の編纂にあたっては魏・西晋朝の大義名分にそって正史に短里を採用するのは当然です。

また、長里から短里への変更という歴史時間帯を生きてきたことから、正史に記載する里単位に無関心であったとは到底考えられません。作者（陳寿）の立場（気持ち）になってその史料を再認識するというフィロロギーの学問の方法論をご理解いただいている読者であれば、このことに御賛同いただけることと思います。これは学問の方法論の基礎的な問題でもありますから。

3　短里と長里の混在

短里と長里の混在という問題について、その論理性という視点から考察してみます。

短里（約七六m）は周の時代の里単位と考えられており、その後（秦の始皇帝か）長里（約四三五m）が制定され、漢代まで採用されていたと考えられています。したがって、漢代では国家公認の長里とともにそれまで使用されていた短里が「混在」する可能性があります。

その後、魏・西晋朝で短里が公認里単位として復活しますから、ここでは公認の短里とそれまで使用されていた長里が混在する可能性があります。これらは単純な理屈ですから、ご理解いただけるものと思います。

漢王朝にしても魏・西晋朝においても、それぞれの公認里単位や度量衡で政治・行政が行われ、公的な行政文書に使用されていたはずです。それが国家権力による国家意志というもので、形ややり方は異なっていても古代においても同様と思われます。そしてそれらの王朝の歴史が正史として編纂されますが、その場合に発生する問題として、正史編纂を行った王朝の里単位と、対象となった当該王朝の里単位が異なるケースで、どちらの里単位が公式に正史編纂に採用されるのか、あるいは「混在」してしまうのかという微妙な問題があります。

4　長里混在の理由

『三国志』編纂時代（西晋朝）の公認里単位は短里であっても、漢代の公認里単位である長里が混在しうる論理性については、既に述べた通りですが、それでは『三国志』の中に長里が混在するとしたら、それはどのようなケースでしょうか。今回はこの問題について学問的・論理的に考察したいと思います。なお、ここでわざわざ「学問的・論理的」と断ったのには理由があります。

「古代の中国人などいいかげんだから、史書に短里や長里が混在しても不思議ではない」として、「『三国志』は里単位など無視・無関心に編纂された」とする「論法」や「理解」で済ませてしまうケースがあるからです。これは倭人伝の「邪馬壹国」は「邪馬台国」の間違い、「南」は「東」の間違いとして、全て古代中国人（陳寿や書写者）のせいにし、自説に都合よく原文改訂をして済ませてきた従来の古代史学界と同じ「論法」であり、学問的ではありません。歴史学は学問ですから、「どこかの誰かが間違えたのだろう」などという非学問的な「論断」ではなく、学問的・論理的に考えて論証しなければなりません。

ということで、『三国志』にもし長里が混在するとすれば、どのような場合なのかを学問的・論理的に考えてみます。二〇一五年一月の関西例会でも正木裕さん（古田史学の会・全国世話人）から、同様の問題提起があり、長里が混在する場合の理由についての報告がありました。そのときの正木さんの意見も含めて、次のようなケースが考えられます。

(1)二定点（出発地と到着地の具体的地名）が示されない「里数値」の場合です。陳寿自身もそれが短里による記録なのか、長里による記録なのかが不明な史料に基づいて引用した可能性があり、長里により記された史料を短里に換算せずに『三国志』に使用した場合。

(2)漢代成立の、あるいは魏朝が短里を公認する前の手紙や上表文、会話記録にあった里数値（長里）をそのまま『三国志』に引用した場合（引用せざるを得ない場合）。

(3)長里により成立した「成語」の場合。短里による成語である「千里の馬」（一日に千里走れる名馬）とは逆のケースです。

(4)長里を使用していたと考えられる呉や蜀で成立した記録をそのまま引用せざるを得ない場合。たとえば手紙や会話記録の引用です。

(5)きわめて短距離であり、陳寿自身も長里か短里か判断できない記録を引用した場合。

この他にもあると思いますが、このようなケースにおいては、『三国志』に長里が混在する可能性があります。もちろん、その場合でも陳寿は歴史官僚として公認の短里で『三国志』を編纂するという基本姿勢を貫いたはずです。おそらく長里記事をどのように引用・記載すべきか、天子に進呈する正史にふさわしい編纂方針を考え抜いたことでしょう（短里に換算するべきか、そのまま記載するべきかなど）。正史編纂を任された歴史官僚であれば当然です。このように作者の気持ち（立場）になって、史料を再認識する学問の方法こそ、古田史学の方法でありフィロロギーという学問なのです。

5　上表文の長里

魏・西晋朝で採用された短里により『三国志』を編纂するという困難な任務を陳寿が行うにあたり、おそらく大きな問題の一つが、直前の漢代まで使用されていた長里により記録された史料をそのまま引用するか、短里に換算するべきかを考え抜いたことと思います。『三国志』のように里単位変更の前後を含む時代の正史編纂にはこうした課題は避けられません（里単位以外にも暦法や度量衡でも同様の問題が発生します）。

前節までは短里で編纂された『三国志』に、長里が混在する可能性とその考えうるケースを論理の視点から解説しました。そこで、そうした論理性に基づいて、『三国志』の長里記事の有無を具体例を挙げて解説します。

二〇一五年一月の古田史学の会・関西例会で正木裕さんから「魏・西晋朝短里」は揺るがないとする発表があり、その中で『三国志』の中の長里ではないかと考えられる記事と、なぜ長里が混在したのかという考察が報告されました。そして次の記事について長里ではないかとされました。

「青龍四年（中略）今、宛に屯ず、襄陽を去ること三百餘里、諸軍散屯（後略）」（王昶伝、「魏志」列伝）

この「三百餘里」が記された部分は王昶《おうちょう》による上表文の引用ですが、正木さんは「これは王昶の『上表文』の転記であり、魏の成立以前（漢代）から仕えていた王昶個人は長里を用いていたことがわかる。」とされました。

それに対してわたしは、上表文という公式文書に長里が使われるというのは納得できないと批判したのですが、その後、魏ではいつ頃から短里に変更したのかという質問が参加者から出され、西村秀己さん（古田史学の会・全国世話人）が暦法を変更した明帝からではないかとされたことに触発され、この上表文が短里への変更以前であれば長里の可能性があることに気づいたのです。

明帝の暦法変更時期について、暦法や中国史に詳しい西村秀己さんに調査を依頼したのですが、わたしも少しだけ調べたところ、明帝は景初元年（二三七）に「景初暦」を制定したようですので、もしこのときに短里が公認制定されたとすれば、王昶の上表文が出されたのはその直前の青龍四年（二三六）ですから、「三百餘里」が長里で記載されていても矛盾はありません。もしそうであれば、陳寿は上表文の文面についてはそのまま『三国志』に引用し、短里に換算することはしなかったことになります。もっとも、この「三百餘里」を短里とする理解もありますので、まだ断定すべきではないのかもしれません。

詳しくは西村さんが書かれた次章をご覧いただきたいのですが、魏を継いだ西晋朝の歴史官僚である陳寿はその上表文（あるいはその写本）を見た上で（見なければ『三国志』に引用できません）、皇帝に提出された上表文の文章は変更することはしないという編纂方針を採用したことになります。このように、短里で編纂された『三国志』に長里が混在する可能性について、具体的に個別に検証し、フィロロギーの方法によってその理由を明らかにしていくこと、これが学問なのです。すなわち、「学問は実証よりも論証を重んじる」（村岡典嗣先生）のです。

6　長里への原文改訂

『三国志』に長里が混在する論理性とその理由についてフィロロギーの視点や学問の方法について縷々説明してきましたが、今回はちょっと息抜きに現代中国における『三国志』の「長里への原文改訂」についてご紹介します。

『三国志』が短里で編纂されていることは動かないものの、長里が混在する可能性やその論理性について、十五年ほど前から古田先生と検討を進めていました。その時のエピソードですが、『三国志』の次の記事は長里ではないかと古田先生に報告しました。

『三国志』龐統伝中の裴松之注に「駑牛一日行三十里」とあり、短里では一日に約二・四kmとなり、牛が荷を引く距離としても短すぎるので、これは長里の例（約一三km）ではないかと考えました。このことを古田先生に報告したところ、先生は怪訝な顔をされ、その記事は「三十里」ではなく、「三百里」ではないかと言われたのです。再度わたしが持っている『三国志』（中華書局本。一九八二年第二版・二〇〇一年一〇月北京第十五次印刷）を確認したのですが、やはり「三十里」とありました。ところが古田先生の所有する同書局本一九五九年第一版では「駑牛一日行三百里」とあるのです。最も優れた『三国志』版本である南宋紹煕本（百衲本二四史所収）でも「三百里」でした。なんと、中華書局本は何の説明もなく「三十里」へと第二版で原文改訂していたのでした。

この現象は、現代中国には「短里」の認識が無いこと、そして長里の「三百里」では約一三〇kmとなり、牛の一日の走行距離として不可能と判断したことがうかがえます。その結果、何の説明もなく「三百里」を「三十里」に原文改訂したのです。こうした編集方針の中華書局本を学問研究のテキストとして使用することが危険であることを痛感したものです。同時に、「驁牛一日行三百里」が『三国志』が短里で編纂されている一例であることも判明したのでした。

7　短里説無視の理由

本稿のテーマから少し外れますが、なぜ古代史学界は『三国志』短里説を認めようとしないのかという質問が、二〇一五年一月の古田史学の会・関西例会で姫路市から熱心に参加されている野田利郎さん（古田史学の会・会員）から出されました。学問の本質にも関わる鋭く基本的な質問と思い、わたしは次のように説明しました。

短里説を認めると「邪馬台国」畿内説がまったく成立しないから、「古代中国人の里数や記録などいいかげんであり信用しなくてもよい。だから倭人伝の原文を好きなように改訂してよい」という非学問的な立場に立たざるを得ないのです、と。

「『邪馬台国』畿内説は学説に非ず」（Ⅶ―4章に掲載）で説明しましたように、『三国志』倭人伝には帯方郡（今のソウル付近）から邪馬壹国までの距離を一万二千餘里と記されており、長里（約四三五ｍ）では太平洋の彼方まで行ってしまうので、畿内説論者は倭人伝の里数は六倍ほど誇張されていると解して、里数に意味はないと無視してきたのです。このように長里では一万二千餘里は非常識な距離となり、無視するしかないのですが、短里（約七六ｍ）だと博多湾岸付近となり、邪馬壹国の位置が明確となるのです。ですから、畿内説論者は絶対に短里説（の存在）を認めるわけにはいかないのです。

他方、北部九州説の論者の場合、短里を認めることに問題はないのですが、古田先生のように『三国志』短里説に立つ論者とは別に、倭人伝や韓伝のみを、あるいは東夷伝のみを「短里」とする論者がいます。後者は『三国志』は長里で編纂されており、どういうわけか「短里」が混在するという立場ですが、これは学問的論理的に突き詰めると成立困難な立場なのです。

8　短里混在の無理

『三国志』の倭人伝や韓伝のみを、あるいは東夷伝のみを「短里」とする論者がいます。いわば「短里混在」説ともいうべき立場です。『三国志』は長里で編纂されており、どういうわけか「短里」が混在するという立場ですが、これは学問的論理的に突き詰めると成立困難であることを説明します。

『三国志』に直前の漢代に採用されていた長里が混在する論理的可能性については説明してきたところですが、これとは逆のケース、すなわち長里で編纂された『三国志』に短里が混在するとしたい場合は、直前の漢代で短里が採用されており、魏・西晋朝になって長里が採用されたとしなければなりません。そうでなければ長里の史書に短里が混在することの説明ができないからです（「千里の馬」などの永く使われてきた成語は別です）。しかし、どの立場に立つ論者も漢代は長里であるとしており、そうであれば『三国志』において「短里混在」は論理上の問題として成立できないのです。

このように『三国志』「短里混在」説に立つ論者には肝心要の「短里が混在」した理由が学問的論理的に説明できないのです。したがって、『三国志』はオール長里とする立場（短里を認めない）に固執せざるを得ません。あるいは、倭人伝や韓伝のみ短里とか、六倍に誇張されているとする「古代中国人はいいかげんで信用できない」説という非学問的な立場に陥ってしまうのです。

自説に不都合なことや自説では説明つかないことを「どこかの誰かが間違ったのだろう。だから無視する。好きなように原文改訂する。」という姿勢は非学問的であり、古田史学・フィロロギーとは真反対の立場なのです。

9 『後漢書』の短里混在

漢代では長里が採用されており、魏・西晋朝になって周代の短里[1]が復活採用されたという里単位の歴史的変遷があったため、『三国志』は短里で編纂されたにもかかわらず、前代の長里が混在しうる可能性について考察を続けてきましたが、同様の方法で『後漢書』の里単位についても「思考実験」として考えてみたいと思います。

『後漢書』はその時代を生きた人間が編纂した『三国志』のような同時代史料ではありません。中国では、ある王朝の歴史（正史）を編纂するのは、その後の別の王朝です。その点、近畿天皇家が自らの大義名分（自己利益）に基づいて編纂した『日本書紀』などとはその史料性格が大きく異なります。このように誰が何の目的で編纂した史料なのかという視点は、文献史学における史料批判という基礎的で重要な作業です。

この史料批判の観点からすると、『後漢書』は複雑な史料性格を有しています。それは編纂時期の問題です。後漢（二五～二二〇年）の歴史を記録した『後漢書』は南朝宋（四二〇～四七九年）の范曄《はんよう》（三九八～四四五）により編纂されていますから、『三国志』（魏、二二〇～二六五年）よりも前の王朝の正史でありながら、その成立は西晋（二六五～三一六年）で編纂された『三国志』（著者：陳寿、二三三～二九七）よりも遅れるのです。このような歴史的変遷を経て『後漢書』は成立していますから、今回のように里単位を問題とするとき、次のような論理的可能性を考えなければなりません。

(1)長里を使用していた後漢の史料をそのまま引用・使用した場合は長里となる。
(2)編纂時期の南朝宋も長里を採用していたから、漢代史料の長里記録に対して、「矛盾」や「問題」は発生しない。ただし、漢代の長里（約四三五ｍ）と南朝宋の長里がまったく同じ距離かどうかは別途検討が必要。
(3)したがって、『後漢書』は後漢と南朝宋の公認里単位の長里により編纂されたと考えるのが基本である。
(4)ところが、後漢と南朝宋の間に存在した魏・西晋朝では短里が復活採用されており、その短里に基づいた『三国志』が既に成立している。
(5)その結果、『三国志』や魏・西晋朝で成立した記録を『後漢書』に引用・使用した場合、短里が混在する可能性が発生する。
(6)そこで問題となるのが、『後漢書』の編纂時代の南朝宋において、「魏・西晋朝の短里」という認識が残っていたのか、忘れ去られていたのかである。
(7)著者范曄の短里認識の有無を『後漢書』などから明らかにできるかどうかが、史料批判上のキーポイントとなる。
(8)もし范曄が魏・西晋朝の短里を知っていたとすれば、その短里記事をそのまま採用したのか、長里に換算したのかが問題となり、知らなければ「無意識の混在」あるいは「おかしいなと思いながらも、他に有力な情報がないため短里記事をそのまま転用（せざるを得ない）」という史料状況を示すことが推定できる。

以上のような論理的視点を踏まえて『後漢書』の里単位を論じるのが学問的・論理的な姿勢ですが、

『三国志』長里論者の緒論に、このような厳密な学問的方法に基づいて論じられたものをわたしは知りません。本稿冒頭で、「その内容が二十年前当時から本質的に進展していないものも見受けられました」と述べたのは、このような実態があったからなのです。

10 『後漢書』倭伝の短里

『後漢書』はその複雑な史料性格から、長里で編纂されているにもかかわらず、『後漢書』成立時期よりも早い魏・西晋朝で成立した短里史料、たとえば『三国志』の短里記事が混在する可能性について説明してきました。今回はその具体例について紹介します。

『後漢書』倭伝に、「楽浪郡はその国を去る万二千里、その西北界拘邪韓国を去ること七千余里」と「邪馬台国」への距離が記されています。これは『三国志』倭人伝の次の記事の改訂引用となっています。

「その北岸狗邪韓国に到る七千余里」
「郡より女王国に至る万二千余里」

このように『三国志』倭人伝の短里記事の里程「七千余里」「万二千里」を転載採用していることが分かります。したがって、范曄は『三国志』倭人伝の里程情報(短里による距離)を採用しているのですが、その理由としては倭人伝よりも信頼のおける倭国への里程情報を范曄は有していなかったことが推定されます。すなわち、後漢代における長里による倭国への里程情報が『後漢書』編纂時代(南朝宋)

にはなかったと考えざるを得ません。もしあったのなら范曄はそちらを採用したはずですから。

さらに言えば、范曄は『三国志』倭人伝の里単位（短里）を認識したうえで使用したのか、短里の認識がないまま使用したのかという興味深い問題がありますが、今のところわたしには判断がつきません。おそらく、短里の認識がないまま使用したと推測していますが、今後の課題です。

このように『後漢書』倭伝に短里が混在しているのですが、『後漢書』全体では他にも短里が混在している可能性がありますが、これも今後の研究課題であり、その場合も『三国志』のときと同様に、個別にその検証を行い、混在した事情（范曄の認識、編纂方針）についても判断するべきであることは当然です。

11　質直の人、陳寿

文献史学の学問の基本的方法として史料批判の大切さ、すなわち『三国志』が誰により誰のために何の目的で編纂されたのかという史料性格の検証の重要性を繰り返し説明してきました。さらに著者である陳寿の認識や編纂方針について、フィロロギーの方法論に基づいて分析してきました。そこで陳寿その人について解説したいと思います。

『晋書』陳寿伝には、陳寿の人となりを次のように高く評価した上表文が記されています。

「もとの侍御史であった陳寿は、三国志を著作しました。その言葉（辞）には、後代へのいましめになるものが多く、わたしたちが何によって得、何によって失うか、それを明らかにしています。人々に有益な感化を与える史書です。文章の持つ、つややかさでは司馬相如には劣りますが、『質直』つまり、その文書がズバリ、誰にも気がねせず真実をあらわす、その一点においては、あの司馬相如以上です。そこで漢の武帝の先例にならい、彼の家に埋もれている三国志を天子の認定による『正史』に加えられますように。」

（古田武彦『邪馬一国への道標』講談社、一九七八年、一二八頁）

この上表文を天子が受け入れ、既に没していた陳寿の遺書ともいえる『三国志』が正史として世に出たのです。この上表文で陳寿のことを「質直」と評していますが、「質直」とは、飾り気なく、ストレートに事実を述べて他にはばかることがない、という意味で、出典は『論語』です。

「達とは質直にして義を好み、言を察し、色を観《み》、慮《おもんばか》りて以て人に下るなり。」

（『論語』顔淵篇）

古田先生はこの文を次のように訳されています。

「あくまで真実をストレートにのべて虚飾を排し、正義を好む。そして人々の表面の『言葉』や表面の『現象』（色）の中から、深い内面の真実をくみとる。そして深い思慮をもち、高位を求めず、他に対してへりくだっている。」

わたしたち古田学派の研究者は、陳寿がそうであったように「質直」であらねばなりません。このことを最後に述べて、本稿の結びとします。

※本稿は「古田史学の会」のホームページの「洛中洛外日記」に連載したものを加筆修正し、転載したものです。

注

（1）本稿執筆を契機に、西村秀己さん（古田史学の会・全国世話人、高松市）と短里の淵源などについて、意見交換を続けています。その中で、短里の淵源は殷代に遡るのではないかとの仮説が浮上しました。（Ⅰ―6章参照）

6 短里と景初
――誰がいつ短里制度を布いたのか――

西村秀己

魏晋朝短里あるいは魏西晋朝短里というこの概念は古田武彦氏が三国志の分析から生み出したものだ。古田氏によれば、漢代は長里、魏になってから短里を採用し、これが少なくとも西晋時代まで続いた、という。ではその魏のどの皇帝の何時の時代に短里制度は布かれたのか。これが本稿のテーマである。

景初元年春正月壬辰、山荏縣言黄龍見。於是有司奏、以爲魏得地統、宜以建丑之月爲正。三月、定曆改年爲孟夏四月。（中略）改太和曆曰景初曆。

景初元年（二三七）春正月壬辰の日（十八日）、山荏県から黄龍が出現したと報告してきた。このとき担当官吏が上奏し、魏は地統を得ているゆえ、建丑の月を正月とすべきだと主張した。三月に暦を改定し年号を改めて孟夏（初夏）四月とした。（中略）太和暦を改めて景初暦と名づけた。

（三国志魏書明帝紀・ちくま学芸文庫）

魏書曰。初、文皇帝卽位、以受禪于漢、因循漢正朔弗改。帝在東宮著論、以爲五帝三王雖同氣共祖、禮不相襲、正朔自宜改變、以明受命之運。（中略）今推三統之次、魏得地統、當以建丑之月爲正月。

『魏書』にいう。そのむかし、文帝が即位して、後漢から禅譲を受けたとき、漢王朝の暦に従って改定しなかった。明帝は太子であったころ論を著述し、五帝三王は同一の霊気を有し先祖を同じくする（黄帝を先祖とする）とはいっても、互いに礼を踏襲することはない、したがって、暦は当然改変し、そのことによって受けた天命がいかなるめぐりあわせに当たるかを明らかにすべきだと主張した。（中略）いま三統の順序を推しはかると、魏は地統にあたるゆえ、建丑の月（十二月）をもって正月とすべきである。

（同じ条の裴松之の注）

このように明帝（曹叡）は若い頃から改暦を主張し、景初に至ってその暦を商（殷）と同じ月に正月に置くものとしたようだ。

ちなみに三統とは天統・地統・人統の三種で、天統は夏で正月は建寅月（雨水を含む月）、地統は商（殷）で正月は建丑月（大寒を含む月）、人統は周で正月は建子月（冬至を含む月）となる。漢は周の後を受けて天統を用いた。そこで明帝は漢の後の地統に従ったのである（これを一般的には「正朔を改める」といい、この三種をそれぞれ夏正・殷正・周正ともいう）。

さて、以上は暦のことで短里とは何の関係もないように思える。ところが、暦の改定と度量衡の変更は密接な関係があるようなのだ。

獻帝傳曰。（中略）遂制詔三公「上古之始有君也、必崇恩化以美風俗、然百姓順教而刑辟厝焉。今朕承帝王之緒、其以延康元年爲黄初元年、議改正朔、易服色、殊徽號、同律度量、承土行、

『献帝伝』にいう。（中略）かくて三公に対して詔勅を下した、「はじめて君主が出現した上古の時代には、必ず恩愛による教化を尊重し、それを基に風俗を美しくした。その結果人民は教化に従い刑罰は実施されなかったのである。今、朕は帝王の緒業を継承した。よって延康元年をもって黄初元年

となし、正朔（正月の月）を改め、服色を変え、称号を異にし、音律・度量を統一し、土徳の五行に従うことを論議せよ。（文帝紀延康元年十一月の裴松之の注）

文帝（曹丕）は結局正朔を改めることはなかったが、正朔を改めることと度量衡の変更がセットであると考えられていたことが判る。では明帝が暦の変更と短里の制定を同時にしたかどうか、どうしたら確認できるだろうか。

漢は長里であった。陳寿が三国志を書くに当たり、漢代の長里をどう取り扱ったのだろうか。本来、一つの書物に説明なしで二つ以上の異なる単位が用いられることは考えられない。とすれば陳寿は長里で書かれた史料は短里に換算して三国志に記載したに違いない。これは漢の後継王朝と主張した劉備の漢（蜀）や呉、そして短里採用以前の魏も同様だ。

さて、長里は短里の五・四〜五・六倍だから、長里を短里に換算するにはもともとの長里の数字に五ないし六を掛ければよい。ところが、そうすると有効桁数二以上の里が大半を占めるようになると想像できるが、現実はそうではない。三国志の本文中に現れる有効桁数二以上の里は、二例（建安年間の十七里と二百六十里及び倭人伝中の萬二千餘里）しかないのだ。

長里を短里に換算する方法のうち最も簡単なものは、一里を数里、十里を数十里、百里を数百里、千里を数千里とする方法だ（陳寿が他にどんな方法を取ったかは不明である）。もし陳寿が里の換算のいくつかにこの方法を用いたとすれば、本来長里を用いていた国あるいは時代では「数〇里」の出現比率が換算の必要がない短里の時代と比べて大きくなるに違いない。

そこで三国志の陳寿の本文から、行政単位の里及び固有名詞としての里（百里・東里という姓、百里州という地名）さらに慣用句として使われる里（遥か彼方を表す万里、長い距離を表す千里、県令を表す百里）を除くすべての「里」を年代別に並べてみた（本紀はともかく、列伝は年号を明記していないものが比較的多い。特に対象の人物の若いころのエピソードははっきりどの年代なのか判別できないものも多いので、間違いがあるかも知れないが、大勢には影響がないと思われるのでご容赦願いたい）。

表をご覧戴ければお判りのように、「数〇里」の出現比率は、

漢＝二一・三％
蜀＝三三・三％
呉＝四〇・〇％
魏の黄初〜青龍＝三七・五％

ところが、

魏の景初以降＝五・三％

つまり、短里の施行は景初初頭という仮説にピタリと一致しているのである。もちろん、これでこの仮説が決定と言うつもりは毛頭ない。この結果はあくまでも状況証拠に過ぎないからだ。だが、この仮説がやや現実味を帯びてきたことには間違いないであろう。

さて、古田武彦氏は短里を周の制度と位置づけてきた。谷本茂氏の「周髀算経」の研究にも見られるように、短里が周代に用いられたことは間違いないだろう。しかし、短里が周代から始まったかどうかの根拠はない。本稿での、景初の正朔と度量の地続との関わりを考えると、短里制度は商（殷）代にそ

表1 三国志にみる「數○里」の出現比率

国	年号	「里」記事	紀・傳	備考	數有(A)	総数(B)	A/B	A/B
漢	中平 184～189	使水渟滿數十里	董二袁劉傳	數○里	1	4	25.0%	21.3%
		行未十里	鍾繇華歆王朗傳					
		出城西五六里止屯	程郭董劉蔣劉傳					
		行四五里	二李臧文呂許典二龐閻傳					
	初平 190～193	布有別屯在濮陽西四五十里	二李臧文呂許典二龐閻傳		0	3	0.0%	
		去魯陽百餘里	孫破虜討逆傳					
		拒雒九十里	孫破虜討逆傳					
	興平 194～195	南去此數十里而道之要徑也	宗室傳	數○里	1	1	20.5%	
	建安 196～219	雖日行數里	武帝紀	數○里	8	39	20.5%	
		東西數十里	武帝紀	數○里				
		宿紹營北四十里	武帝紀					
		乃塹山堙谷五百餘里	武帝紀					
		未至二百里	武帝紀					
		横山築城十餘里	武帝紀					
		宿烏巣去紹軍四十里	董二袁劉傳					
		去鄴五十里	董二袁劉傳					
		爲塹周四十里	董二袁劉傳					
		去鄴十七里臨滏水	董二袁劉傳					
		地方數千里	董二袁劉傳	數○里				
		布於沛西南一里	呂布臧洪傳					
		去冀二百餘里	諸夏侯曹傳					
		反覆四千里	諸夏侯曹傳					
		去遂二十餘里	諸夏侯曹傳					
		圍擊紹三十餘里營	荀彧荀攸賈詡傳					
		去柳城二百餘里	袁張涼國田王邴管傳					
		又通運渠二百餘里	劉司馬梁張溫賈傳					
		高峻二十餘里	張樂于張徐傳					
		太祖迎晃七里	張樂于張徐傳					
		行百餘里	二李臧文呂許典二龐閻傳					
		仁使惪屯樊北十里	二李臧文呂許典二龐閻傳					
		去代二百餘里	任城陳蕭王傳					
		署軍復前四十里	和常楊杜趙裴傳					
		行數里	方技傳	數○里				
		從百餘里來	方技傳					
		未至二百里	方技傳					
		未至百餘里	烏丸鮮卑東夷傳					
		去成都三百六十里	劉二牧傳					
		身去鄴二百里	先主傳					

国	年号	「里」記事	紀・傳	備考	數有(A)	総数(B)	A/B	A/B
漢	建安 196～219	日行十餘里	先主傳					
		一日一夜行三百餘里	先主傳					
		輕騎一日一夜行三百餘里	諸葛亮傳					
		尋循渚岸五千餘里	許麋孫簡伊秦傳					
		經數十里	劉繇太史慈士燮傳	數○里				
		不居者各數百里	宗室傳	數○里				
		地方數千里	周瑜魯肅呂蒙傳	數○里				
		投縣上流十餘里淺瀨	程黃韓蔣周陳董甘淩徐潘丁傳					
		常去大兵數十里	程黃韓蔣周陳董甘淩徐潘丁傳	數○里				
	延康 220				0	0	-	
	小計				10	47		
	他に慣用句：萬里4件　千里11件　百里2件　計17件							
呉	黄武 222～228	彌漫數百里	程黃韓蔣周陳董甘淩徐潘丁傳	數○里	2	5	40.0%	40.0%
		到魏上流五十里	程黃韓蔣周陳董甘淩徐潘丁傳					
		卒得仁進軍拒濡須七十里問	朱治朱然呂範朱桓傳					
		令入五六百里	陸遜傳					
		去江數百里	是儀胡綜傳	數○里				
	黄龍 229～231				0	0	-	
	嘉禾 232～237	去城一里所	朱治朱然呂範朱桓傳		1	2	50.0%	
		周旋數千里	諸葛滕二孫濮陽傳	數○里				
	赤烏 238～250	紀南去城三十里	朱治朱然呂範朱桓傳		0	1	0.0%	
	太元 251				0	0	-	
	建興 252～253	行數十里	諸葛滕二孫濮陽傳	數○里	1	1	100.0%	
	五鳳 254～255				0	0	-	
	太平 256～257				0	0	-	
	永安 258～263	垂二千里	賀全呂周鍾離		0	1	0.0%	
	元興 264				0	0	-	
	甘露 265				0	0	-	
	宝鼎 266～268				0	0	-	
	建衡 269～271				0	0	-	
	鳳凰 272～274				0	0	-	
	天冊 275				0	0	-	
	天璽276				0	0	-	
	天紀 277～280				0	0	-	
	小計				4	10		
	他に慣用句：萬里10件　千里6件　五百里1件　百里1件　計18件							

国	年　号	「里」記事	紀・傳	備考	數有(A)	総数(B)	A/B	A/B
魏	黄　初 220～226	樹柵連營七百餘里	文帝紀					
		豈有七百里營可以拒敵者乎	文帝紀					
		旌旗數百里	文帝紀	數○里				
		西行七百餘里	諸夏侯曹傳					
		船本歷適數百里中	程郭董劉蔣劉傳	數○里				
		去江四百餘里	劉司馬梁張溫賈傳		4	11	36.4%	
		左右周數百里歳略不收	韓崔高孫王傳	數○里				
		去虜十餘里結屯營	滿田牽郭傳					
		行數十里乃知之	滿田牽郭傳	數○里				37.5%
		追討二十餘里	滿田牽郭傳					
		往返七里	滿田牽郭傳					
	太　和 227～232	行二百里得生賊	劉司馬梁張溫賈傳		0	2	0.0%	
		舍船二百里來	滿田牽郭傳					
	青　龍 233～236	帝軍未至數百里	明帝紀	數○里				
		其西三十里	滿田牽郭傳		2	3	66.7%	
		其屯衞兵去城遠者數百里	滿田牽郭傳	數○里				
	小　計				6	16		
	他に慣用句：萬里２件　千里８件　百里２件　計12件							
	景　初 237～239	四千里征伐	明帝紀					
		圍塹二十餘里	二公孫陶四張傳					
		去玄菟千里	烏丸鮮卑東夷傳					
		方可二千里	烏丸鮮卑東夷傳					
		在遼東之東千里	烏丸鮮卑東夷傳					
		方可二千里	烏丸鮮卑東夷傳					
		可千里	烏丸鮮卑東夷傳					
		千里擔負致之	烏丸鮮卑東夷傳					
		去南沃沮八百餘里	烏丸鮮卑東夷傳					
		在夫餘東北千餘里	烏丸鮮卑東夷傳					
		方可四千里	烏丸鮮卑東夷傳					
		七千餘里	烏丸鮮卑東夷傳		0	25	0.0%	
		千餘里至對馬國	烏丸鮮卑東夷傳					
		方可四百餘里	烏丸鮮卑東夷傳					
		又南渡一海千餘里	烏丸鮮卑東夷傳					
		方可三百里	烏丸鮮卑東夷傳					
		又渡一海千餘里	烏丸鮮卑東夷傳					
		東南陸行五百里	烏丸鮮卑東夷傳					
		東南至奴國百里	烏丸鮮卑東夷傳					
		東行至不彌國百里	烏丸鮮卑東夷傳					
		萬二千餘里	烏丸鮮卑東夷傳					
		渡海千餘里	烏丸鮮卑東夷傳					5.1%

国	年　号	「里」記事	紀・傳	備考	數有(A)	総数(B)	A/B	A/B
魏	景　初 237～239	去女王四千餘里	烏丸鮮卑東夷傳					5.1%
		周旋可五千餘里	烏丸鮮卑東夷傳					
	正　始 240～248	入谷行數百里	諸夏侯曹傳	數○里	1	4	25.0%	
		相去二十餘里	韓崔高孫王傳					
		去襄陽三百餘里	徐胡二王傳					
		過沃沮千有餘里	王毌丘諸葛鄧鍾					
	嘉　平 249～253	不過六百里	桓二陳徐衞盧傳		0	2	0.0%	
		去艾屯六十里	王毌丘諸葛鄧鍾					
	正　元 254～255	發十餘里	徐胡二王傳		0	1	0.0%	
	甘　露 256～259				0	0	-	
	景　元 260～263	卻還三十里	王毌丘諸葛鄧鍾		1	7	14.3%	
		入北道三十餘里	王毌丘諸葛鄧鍾					
		出劍閣西百里	王毌丘諸葛鄧鍾					
		去成都三百餘里	王毌丘諸葛鄧鍾					
		行無人之地七百餘里	王毌丘諸葛鄧鍾					
		未至百里	王毌丘諸葛鄧鍾					
		數百里中首尾相繼	王毌丘諸葛鄧鍾	數○里				
	咸　熙 264～265				0	0	-	
	小　計				2	39		
	他に慣用句：萬里５件　千里１件　計６件							
蜀	章　武 221～222	黃氣見自秭歸十餘里中	先主傳		0	1	0.0%	33.3%
	建　興 223～237	出亮營十里	劉彭廖李劉魏楊傳		3	4	75.0%	
		行數十里	劉彭廖李劉魏楊傳	數○里				
		裔已入永安界數十里	霍王向張楊費傳	數○里				
		羣寮於數十里逢迎	蔣琬費禕姜維傳	數○里				
	延　熙 238～257	去涪垂千里	黃李呂馬王張傳		0	4	0.0%	
		去郡八百餘里	黃李呂馬王張傳					
		三縣去郡三百餘里	黃李呂馬王張傳					
		彌亙百餘里	蔣琬費禕姜維傳					
	景　耀 258～262				0	0	-	
	炎　興 263				0	0	-	
	小　計				3	9		
	他に慣用句：萬里３件　千里３件　計６件							

※全182件中，慣用句と判断できる61件は表から省略した。

の淵源を持つのではなかろうか。少なくとも魏代にはそう信じられていたのではあるまいか。ひとつの提案としてお考えくだされば幸甚である。

なお、この短里景初説には先行説がある。金沢大学准教授の半沢英一氏だ。半沢氏はその著書『邪馬台国の数学と歴史学』（ビレッジプレス、二〇一一年）で短里制度は景初の改暦と同時に施行された、と主張している。その理由は筆者とほぼ同様である。ところが半沢氏は短里制度は景初の三年間のみであると仰っている。これは正始元年には殷正を取りやめ、漢と同じ夏正に戻したことが理由のようだ。

ところがこれでは、陳寿の三国志執筆時代には長里が使われていたことになってしまい、陳寿は逆に景初時代の短里を長里に換算しなければならなくなる。しかも、梯儁や張政が倭国に使いした時は既に正始年間なのであるから、倭人伝が短里で書かれるはずがない。この点、半沢氏はどうお考えなのだろうか。

7 古代の竹簡が証明する魏・西晋朝短里

——「張家山漢簡・居延新簡」と「駑牛一日行三百里」——

正木　裕

1 「張家山漢簡」と「二年律令」

一九八三年十二月、中国の湖北省江陵県張家山（現在の湖北省荊州市荊州区）の二四七号漢墓から大量の漆器等と共に一二三六枚の竹簡が出土した。これは「張家山漢簡《ちょうかざんかんかん》・張家山漢墓竹簡」といわれ、漢代の政治、法律制度を知る上での重要な史料となっている。

その竹簡中に前漢時代に頒布された律令が記載されており、「頒布年」の呂后《りょこう》二年（紀元前一八六）にちなみ「二年律令」と呼ばれている[1]。

2 「二年律令」の逓送・傳送規定

「二年律令」には二八種の律令[2]の条文が収録されているが、その中に、逓送・傳送等に関する律（行書律・徭律）があり、守るべき「ノルマ」として、「距離に応じた所要時間」が「日数と里数」で記されている。そして、この規定に違反すると罰則が与えられることになっていた。

たとえば、「張家山漢簡・行書律（逓送に関する律）（簡二七三）」では、《郵人の書を行すは、一日一夜二百里とす。程に中《あた》らざること半日なれば、笞五十、半日を過ぎ一日盈《みつ》るに至るまでは、笞百。一日を過ぎれば罰金二両》などと定められている[3]。

そして、「徭律（徭役に関する律）（簡四一二）」には、《伝送を発するに、縣官（地方の長官）車牛足らざれば、大夫以下の訾《し》（財貨）有る者をして、貲を以て車牛を共出せしむ（發傳送、縣官車牛不足、令大夫以下有訾者、以貲共出車牛）》とあるように、「傳送（運搬）」には「車牛（牛車）」が用いられ、また簡四一二には、《重車・重負を伝送すれば日行五十里、空車では七十里。徒行では八十里」（傳送重車・重負日行五十里、空車七十里。徒行八十里）》と、「一日の距離ノルマ」（「当行」という）が定められていた。

漢代の「里」は、「一尺約二三～二四cm、六尺一歩・三百歩一里で約四一〇～四三〇m」という「長里」が採用されていたから、二〇〇里では約八二～八四km、五〇里では約二一～二二kmとなる。

したがって、二年律令には、車駕に重荷を積んで牛に曳かせる場合は一日五〇里（約二一～二二km）、空車なら七〇里（約三〇km）、徒歩なら八〇里（約三四km）を行かなければならないという規定があったことになる[4]。

3 『三国志』龐統伝の「駑牛一日行三百里」

ところで、『三国志』龐統《ほうとう》伝（宋紹興本・百衲本とも）には、龐統が弟子の陸績《りくせき》と顧邵《こしょう》の能力を比較する箇所があり、裴松之の注が付されている。その中で西晋の張勃《ちょうぼつ》の著『呉録』が引用され、「駑《ど》牛一日行三百里」と書かれている。

《統（龐統）曰く、「陸子（陸績）、駑馬と謂ふ可くも逸足の力有り。顧子（顧邵）、駑牛と謂う可くも能

く重きを負いて遠きを致すなり」という。》
（大意）陸績は駑馬と謂っても逸足の力がある。顧邵は駑牛と謂っても重荷を負って遠くに運ぶことが出来る。（其々違いがあっても共に優れている意味）
（裴注）《張勃の『呉錄』に曰う、或る者統に問いて曰く、「所目の如く、陸子が勝らんか」と。統曰く、「駑馬は精（強精）と雖も、一人を致すのみ。駑牛は一日三百里を行く。豈に一人の重に致せんや。」》
（大意）張勃は『呉録』で、次の様に言っている。「或る者が龐統に、『陸子の方が優れているということか』と尋ねた。すると、龐統は、「馬は俊敏だが一人しか運べない。しかし、牛は一日三百里を運べる。なんで一人の重さと比べられようか」と言った。
（宋紹興本『三国志』蜀書七龐統法正傳）

この箇所は、「中華書局本」では「駑牛一日行三十里」と改定され、「三百里」だと約一二六〇kmもの距離になるから、一見「三十里（約一二km）」が正しいように見える。しかし古田武彦氏、古賀達也氏は「宋紹興本」が正しく、かつ、この「三百里」は一里七五〜七七mの「短里」だと指摘している（I—5章参照）。
そして、先に述べた「二年律令」によれば、以下の通り両氏の指摘が正しいことが分かるのだ。

4　「二年律令」が示す「駑牛一日行三百里は短里」

龐統伝を「二年律令」に照らして検討してみよう。「駑牛が重きを負い（重負）致す」とは、「徭律」に記す「車牛」による「重負」に該当するから、「当行」（伝送のノルマ）は「重負日行五十里」が適用される。

この「五十里」は、漢代の律令による数字だから、明らかに「長里」の「五十里（約二一～二二km）」であり、短里では約六倍の「三百里」（約二二・五～二三・一km）と一致するのだ。

つまり、「駑牛一日三百里」とは、「二年律令（徭律）」に長里で示された「当行」の「重負日行五十里」を「短里換算」したものだったことになる。

5 「居延新簡」と『九章算術』

そして「傳送重車、重負日行五十里、空車七十里、徒行八十里」という律の基準は、漢代において広く適用されていたことが「居延新簡」や『九章算術』から知られる。

一九三二年に中国の居延地方（内モンゴル自治区・甘粛省）で一万余点に及ぶ漢代の木簡「居延漢簡《きょえんかんかん》」が発見され、そこには紀元前一〇二年～紀元九八年の西域地域の行政等に関する記録が残っていた。そして、一九七二年から一九七四年にかけて、さらに一万九千四百枚の漢簡「居延新簡」が出土し、これらの木簡は、貴重な歴史資料・文字資料として珍重されている。

その「居延新簡」には「一日一夜百六十里」とある。当時の記録から、「傳送に関する一日一夜（昼夜）」は漢代では「十六時（一時は現在の一時間半）」だったとされているから、「一時＝十里」と換算していたことになる[5]。そして「一日（昼）」は「一日一夜」の半分「八時（現在の十二時間）」だから、「一日八十里」となり、「二年律令」の「（傳送・日行）徒行八十里」と一致する[6]。

さらに、一九八三年に湖北省・荊州で発見された、紀元前一、二世紀頃に成立した算数書である『九章算術』にも、「粟の運搬に関し費用等を計算する問題」として《車載。二十五斛《さか》（石の意味）、重車日行五十里、空車日行七十里」》（巻六―均輸）とあり、これも「二年律令」と一致する。『九章算術』は計算問題を扱うものとはいえ、「律」に則った出題となっている。

　このように「居延新簡」や『九章算術』からも、「駑牛一日三百里」は漢代の常識であった「二年律令」の傳送規定の「短里換算」であることがさらに裏づけられるのだ。

6　『魏志倭人伝』の里程換算法と「駑牛一日三百里」

　そして、これは『魏志倭人伝』の里程の検証にも資する。

　本書の、「『倭人伝』の里程記事は正しかった」で『魏志倭人伝』の里程記事は「短里」で記述され、かつ「陸行一日で三百里」と換算されていること、そして、これによれば原文を改定することなく博多湾岸邪馬壹国に至ることになると述べた。魏使の行程は、銅鏡百枚ほか貴重で膨大な下賜品を「傳送」するもので、車駕が用いられたのは確実だから、まさに「傳送重車、重負日行五十里」が当てはまり、短里換算で「一日三百里」となるのだ。

　『呉録』に「駑牛一日三百里」と記した張勃は、二六六年に没した張儼《ちょうげん》の子とされるから、陳寿（二三三～二九七）と同じ魏（二二〇～二六五）～西晋時代（二六五～三一六）の人物だ[7]。

　したがって『三国志』龐統伝、裴松之の注に引く「駑牛一日三百里」は、張勃が陳寿と同じ「短里」を用いて『呉録』を記したこと、すなわち「魏・西晋朝短里」を示す資料となる。そして、それは同時に陳寿の記述の正確性と博多湾岸邪馬壹国説を証明する資料でもあるのだ。

注

（1）「二年律令」の分析は、早稲田大学簡帛研究会「張家山第二四七号漢墓竹簡訳注」（『長江流域文化研究所年報』水間大輔ほか）による。呂后（呂雉とも。～前一八〇）は漢の高祖劉邦の皇后。同墓所からは、漢高祖五年から呂后二年に至る暦譜が出土しており、竹簡の文中にある「呂宣王」は呂后の父呂文叔平の諡号で、呂后元年からのものだから、この律令の「二年」は呂后二年（前一八六）に該当する。

（2）「賊律・盗律・具律・告律・捕律・亡律・収律・襍律・銭律・置吏律・均輸律・伝食律・田律・□市律・行書律・復律・賜律・戸律・效律・傅律・置後律・爵律・興律・傜律・金布律・秩律・史律・津関令」の二八。

（3）「張家山漢簡」の文面は「張家山漢簡《二年律令》読記」（武漢大学簡帛研究中心）による。

（4）「一日一夜」は「昼間＋夜間」で、「一日」は「昼間」と考えると、「文書」を持って徒行する「郵人」の場合は、昼夜兼行で二〇〇里行き、「荷」を持って徒行する「傳送」では「昼間」のみで八〇里を行けとの極めて合理的な規定となる。なお、実際に要した日時数を「定行」といい、「当行」と「定行」の差が「留遅」として、程度に応じて罰則の対象となる。

（5）「一日一夜」が「十六時」であることは、中園尚也『漢代の「程」による「行」の速度規定―出土文字資料を中心に』（『アジアの歴史と文化』山口大学アジア歴史・文化研究会、二〇〇七年三月）の中で、宋會群・李振宏氏の業績として紹介されている。

（6）「居延漢簡」に「界中八十里、書定行九時。留遅一時」、つまり本来八〇里は八時で行かねばならないが、実際は一時遅れで九時になった」とある。また、「行書」は「徒歩で書簡を運ぶこと」を意味し、荷を運搬する「傳送」と異なり「一日一夜二百里」が基準であったことが分かる。したがって「郵人」は昼夜兼行で八四kmを歩くことになる。

（7）唐の司馬貞による『史記』の注釈書『史記索隠《しきさくいん》』に「張勃、晋人、呉鴻臚厳之子也。作呉録、裴氏注引之是也。」とある。

8 「短里」の成立と漢字の起源

――「短里」の成立は殷代に遡る――

正木　裕

『魏志倭人伝』に用いられている「里」が一里約七五〜七七mの「短里」であり、魏・西晋朝で採用されていたことは既に述べられてきたところだ。それではこの「短里」はいつの時代に起源を持つのだろうか。

本稿では、『礼記』『礼記正義』『三国志』明帝紀や古代の「尺」出土物、漢字の起源などから、短里は「殷制」に由来する可能性が高いことを明らかにする。

1 『礼記』『礼記正義』に見る「古尺」と「周尺」

中国古代の「長さ」について、『礼記』では次のように記す。

《古《いにしへ》は周尺八尺を以て歩とし、今は周尺六尺四寸を以て歩とす。古の百里は、百二十一里六十歩四尺二寸二分に当る。（古者以周尺八尺爲歩、今以周尺六尺四寸爲歩、古者百里、当百二十一里六十歩四尺二寸二分）》（『礼記』王制編）(1)

『礼記』は前漢の戴聖《たいせい》が周～前漢にかけての「礼」に関する書物を纏めたもので、注釈者の鄭玄《じょうげん》は後漢の人物だ。したがって「今」とは漢代を指すことになる。

それでは「古」とは何時の時代を指すのか。「古」が周代なら、周代の尺（周尺）や里（周里）は漢代の約一・二倍長かったことになるが、この点、唐代に孔穎達《こうえいたつ》等が記した注釈書『礼記正義』には次のように書かれている。

《古は八寸を尺とし、周尺八尺を歩とする。則ち一歩は六尺四寸なり。（古者八寸爲尺、周尺八尺爲歩、則一歩六尺四寸）》（『礼記正義』）

『礼記正義』では「六尺四寸」は「今」ではなく「古」の「一歩」の長さであり、「古」は「八進法」だったという解釈だ。これなら「今」の尺が短くなったことにはならない。一方、周代は『礼記』の疏に「十寸為尺」とあり、他の史書にも「九寸」という語が見えるのを信じれば、「八進法」から「十進法（十寸一尺）」に変っていたことになる。そうであれば、「八寸を尺」としていた「古」とは周代以前の殷（商）時代（それ以前も含む）を指すことになる。

2 殷（商）代の一尺は遺物から約一六cm

近年、中国で古代の物差（牙尺・骨尺・銅尺等）が出土し、殷代（古）の一尺は約一六cmの「短尺」であることが確認されており、また一寸は「八進法（古者八寸爲尺）」で約二cmとなる。(2)

そして、周末の春秋（東周）・戦国期～秦漢代では、同じく出土物から、一尺は約二三cmと確認されている。したがって、周代に一尺は約一六cmから約二三cmまで伸びたことになる。

3　『礼記』の「古」は「殷代」

「古」すなわち殷代が「八進法」で、周代が「十進法」に変わる、すなわち一寸が約二cmのまま「八寸一尺」から「十寸一尺」になったなら、「周尺」の一尺は二〇cm強となる。逆に言えば周尺が十進法で約二〇cmなら、殷代の一尺は八進法で約一六cm強となり、出土物と一致することになる。

一方、「今」（秦・漢）の出土物から知られる一尺は、先述の通り約二三cmで、秦・漢代は「六尺一歩制」だったから、「今」の一歩はその六倍、約一三八cmとなる。そして、『礼記』の「今は周尺六尺四寸を以て歩とす」によれば、周尺はその六・四分の一で約二〇cmとなる。

このように「古」を殷代とすれば、「古（殷代）」と「今（秦漢）」両方の尺から導いた「周尺」の一尺は、いずれも約二〇cmとなる。

したがって、周代の明確な物差は未発見だが、殷代の「八進法」が周代には「十進法」に変わったと考えれば、『礼記』『礼記正義』の記述及び殷代、春秋戦国・秦漢代の尺出土物の長さが矛盾なく理解でき、二〇cm強の「周尺」が存在したことになる[3]。

4　「周尺八尺を歩とする」は正しいか

しかし、「周尺」が約二〇cmで、「十尺一歩（十進法）」なら一歩は二mとなる。一方、周代では「三百歩一里」制を執っていたとされるから（『孔子家語』「周制三百歩一里とす」）、一里は六〇〇mになり一里約七五～七七mの「短里」と合わない。また「殷尺」の約一六cmを基準としても、一歩は八進法で約一二八cm、一里が約三九〇mとなりやはり「短里」と合わない。

5　殷代の尺と寸は「漢字の字義（起源）」にあう

この矛盾を解く鍵が「身体長」を起源とする「漢字の字義」にある。

先に導いた「殷代」の「一寸は約二cm・一尺は約一六cm」という長さとは、どういう性格のものだったのだろうか。

以下では角度を変えて「漢字の字義」から考えてみることとする。

「尺・寸」そのものの甲骨文字や金文は未発見だが、秦の篆書《てんしょ》体が金文を受け継ぐものとされており。そこから各文字の起源が推測できる。

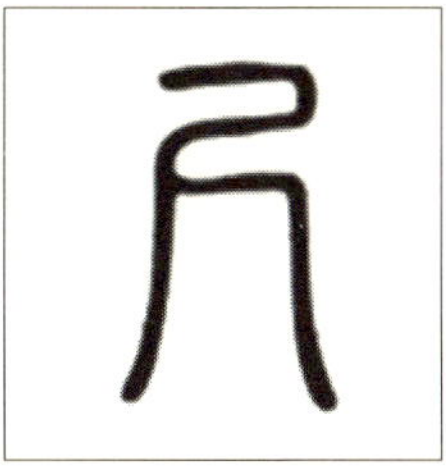

字図1　「尺」

字図2　「寸」

そして、「尺」の文字は親指と人差指を広げた形で（字図1）、「上部は手首、下部は両指を又状に開いた形」を表わすとされ（白川静『字通』）、身長一六〇cmの人でおおむね一六cmとなり、これは殷代の「短尺」と一致する[4]。

一方「寸」の文字は親指を突き出し、手首を添えた形を表わしており、これは「親指の太さ」を意味し（字図2）、二cm強となる。『礼記正義』に言うように、「古は八寸を尺」としていたなら、一尺は、約二cm強の八倍で約一六cm強となり、「親指の太さの寸・親指と人差指間の幅の尺」という「手の指を基にした長さの系」として成立する。

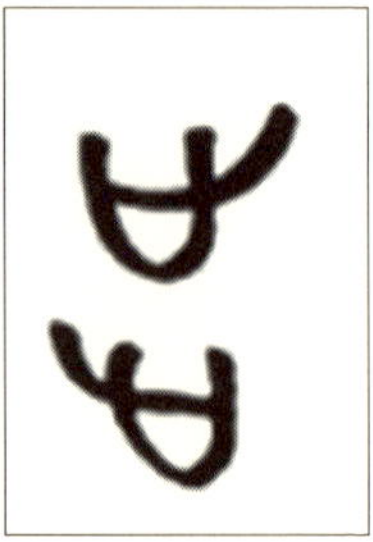
字図3　「歩」

つまり殷では、「漢字の字義」にあう「寸＝親指の太さ＝約二cm」「尺＝手の指先間の幅＝約一六cm」という「身体寸尺」が使われ、かつ「八寸一尺」という「八進法」が用いられていたことになる。

また周尺の二〇cm強は、手のひらを広げたときの、親指から中指（小指も同じ）の先まで、すなわち「親指の太さの寸（二cm）・親指と中指間の長さの尺（二〇cm）」となり、「十進法」に変わっても「手の指を基にした長さの系」であることには変わりがなかったことになる（文字の図は『字通』等による）。

6　漢字の「歩」の起源と長さ

一方、漢字の「歩」は、金文や甲骨文字では左足（親指が右上に出た形。「止」にあたる）と、右足（同じく左上に出た形。「少」）の「足跡（足型）」を繋げた形をしている（字図3）。これは「歩幅」を示すとされているが、象形文字（金文）どおり左右の足跡を繋げるように出すのが一歩なら、歩幅は足跡の長さと一致する（不二井伸平氏はこれを「静歩」とされている）。その平均は約二五cmで、「三百歩一里」なら一里は約七五mとなり、『周髀算経』から導かれる「短里」（約七五〜七七m）とよく一致する[5]。

こうしたことから、本来の「尺（短尺）」が「手の平の長さ」であるのと同様に、本来の「歩」は「足の親指の先から踵までの長さ（以下「人足」という）」を示すもので、「手と足」の違いはあっても、いずれも「親指」を基点とする長さだったと考えられる。つまり「手の平」に基づく短尺・短寸と同様に、「一歩約二五cm[6]の短歩」と「一里約七五〜七七mの短里」は、「人足」に基づく長さ（短里・短歩）だったと考えられよう。

7　「短尺・短寸」と「短里・短歩」は別の系

結局、「短尺・短寸」と「短里・短歩」は「漢字の起源の時代」すなわち殷代（あるいはそれ以前）の「身体の長さ」を基本とする「長さの系・単位」であり、「短尺・短寸」は短い長さを測る「手」の系で、「短里・短歩」は長い距離を測る「足」の系（「地の系」とも）だったことになる。

そして、この考察が正しいなら、短里の起源は周代ではなく、殷代に遡ることになる。漢代においては、この「寸・尺」と「歩・里」が「別の系」であるとの認識が既に失われていた。このため、『礼記』等では「周尺八尺を歩とする」というように「尺と歩」を「同一の系」と見なし、無理に結び付けることとなった。その結果、「古」の「尺・寸」が「今（秦漢）」より短いのは出土物により明確なのに、「周尺八尺を以て歩とし、今は周尺六尺四寸を以て歩とす。古の百里は、百二十一里六十歩四尺二寸二分に当る」など「歩や里が縮んだ」という「変な」記述になったのだ。

8　『三国志』明帝紀に「魏は殷礼を用いる」

「短里・短歩」が「殷代」に遡る制であることは、『三国志』明帝紀からも裏付けられる。

《景初元年春正月壬辰、山茌《し》縣黄龍を見ると言う。是に有司、「魏は地統を得るを以て、宜く建丑《けんちゅう》の月を以て正とすべし」と奏す。三月、暦を定め年を改め、孟夏四月とす。服色は黄を尚《たっと》び、犠牲《ぎせい》に白（獣）を用い、戎事（軍事）には黒首の白馬に乗り、大なる赤き旂《き》（はた）を建て、朝會に大白の旗

を建つ。太和暦を改むるは景初暦と曰う。（『三国志』魏書三、明帝曹叡《そうえい》紀第三）

〈裴松之注〉《臣松之按ずるに、魏は土行為るが故に服色は黄を尚び。殷の時行なうを以て建丑（十二月）を正（月）とす。故に犠牲旂旗《きき》、一に殷礼を用いる。礼記に云う（中略）殷人白を尚び、戎事（軍事）に翰《かん》（白馬）に乗り、（犠）牲に白を用いる。（中略）周人赤を尚び、戎事（軍事）に騵《げん》（白腹の赤馬）に乗り、（犠）牲に騂《せい》（赤馬）白を用いる。（中略）今、魏は殷礼を用い、周の制を変える。故に大白を建て朝し、大赤即ち戎（軍）とす。》

「建丑の月を以て正とすべし」とは、「三正」すなわち夏正・殷正・周正のうち、「殷正（建丑）」すなわち十二月（丑月）を年始とするというものだ。秦・漢は「夏正（建寅）」すなわち一月を年始としたから、「三月は孟夏四月」に代わることになる。裴松之の言うように「魏は殷礼を用い、周の制を変え」たのだ。

したがって、魏は「暦」同様に「周制」ではなく「殷の里制」を想定し短里・短歩を採用した可能性があろう（I―6章、西村秀己氏による）。

9　「二つの系」の混在を解消する度量衡統一

ただ、短い長さを測る手の系「短尺（約二〇cm）・短寸（約二cm）」と、長距離を測る足の系「短里（約七五～七七m）・短歩（約二五cm）」が混在すれば、非常な不都合が起きる。

それは二つの系の「換算」が困難になることだ。「寸・尺・歩・里」が「十寸一尺、六尺一歩、三百歩一里」と換算できれば簡単に計算も出来ようが、一尺約二〇cm、一歩約二五cmでは換算は非常に困難となる。

生活上では地上の距離と日常使う長さの単位を換算する必要はほぼないと言えるが、国家統治上では簿記・記帳が重要であり、また天文観測・暦法の制定にも「算術」が不可欠になってくる。現に、紀元前の算術書『九章算術』では、方程式による高度な計算術が示され、尺と里の換算が必要な問題も扱われている。(7) 長さの単位系が混在していては、こうした「国家統治に必要な計算」は非常に困難なものとなろう。

秦の始皇帝が「度量衡の統一」を実施したのは、この困難を解消し、中国全土の一元統治を進めるためであり、春秋代に用いられてきた一尺約二三cmを「公定尺」とし、これ以降「身体尺」から離れた「公定単位」が用いられるようになったと考えられる。(8)

以上のように身体尺である「短寸・短尺」と「短歩・短里」は殷代（あるいはそれ以前）に淵源を持つもので、互いに連続しない独立した系だったと推測される。

もし、二つの系を最初に統一したのが始皇帝であれば、周代の「歩・里」も殷代同様「人足長」で短里だったことになり、『礼記』『礼記正義』の言う「尺八尺を以て歩とし」は「二つの系」の存在を理解していなかったため生じた誤りとなろう。そして、『周髀算経』の「一寸千里の法」は、「短寸・短尺」と「短歩・短里」の二つの系を連続させるための算術・測定術だったと言えよう。

10 「三百歩一里」制の起源

なお「三百歩一里」制の起源も「短歩」にあると考えられる。秦代（紀元前四世紀）に司馬穰苴《じょうしょ》が書いたとされる兵法書『司馬法』に《一挙足を跬《き》といい三尺にあたる》とある。「一挙足」は今の半歩に当るが、人の歩幅は速足で約七五㎝とされ、これは「短歩（人足）」約二五㎝の三倍だから、「三百短歩＝百跬＝一里」となるはずだ。穰苴は、正しくは「一挙足を跬といい三短歩にあたる」と言うべきであった。

そして「人足」による測定は、事前にその長さが確定でき、かつ「個人のくせ」によらないため精度は高いが、長距離を測るのにいちいち足跡を続けるわけにはいかない。簡便には「三短歩（二五㎝の三倍）」にあたる左右の歩幅、すなわち一挙足を「跬」とし、百跬単位で里を測ったものと考えられる。

秦漢代には手の系と足の系を「無理」に統一した「六尺一歩制」が公定され、一歩が約一三八㎝となるが、「三百歩一里」の考え方は引き継がれ、約四一五mの「長里」が成立したことになる。十進法から外れた「三百歩一里」制は、「短歩」時代の「百跬一里」による里程測量法を引き継ぐものだと考えられよう。

以上本稿では「短里」が殷代以前に淵源を持つ可能性が高いことを述べた。殷の歴史は長く、かつ滅亡後もなお相当の支持勢力があったとされるから、周も当初は殷制を引き継いだ可能性が高い。ただ、西周・東周（春秋戦国期）を含めれば、名目上の周代は中国史上最長の王朝となり、秦による度量衡の統一を待たず「短里」も変更された可能性は十分にある。「短里」がいつ廃止されたのかは、未発見の周代の物差しの探索などにより今後解明すべき課題といえる。

注

（1）ただし、百里が「百二十一里六十歩四尺二寸二分」となるのは、六尺四寸ではなく六尺六寸であり、『周礼』の一編で、中国最古の技術書である『考工記』にも「六尺有六寸輿歩」とあるから四寸は六寸の誤記と考えられる。新井宏「『考工記』の尺度について」（『計量史研究』一九巻、一九九七年。日本計量史学会編）による。

(2)『中国歴代度量衡考』などによると「牙尺」で一尺一五・七八cm強（中国歴史博物館、伝殷墟出土）・一五・八cm強（上海博物館、同）、「骨尺」で一六・九五cm強（故宮博物院、同）、一七cm強（伝安陽出土。南京博物館蔵）などとなっている。

(3) 清末の金石学者、呉大澂（一八三五〜一九〇二）は一九・六cm強、中国の近代計量学の祖、呉承洛（一八九二〜一九五五）は一九・八cm強とする。我が国でも、岩田重雄氏は東京国立博物館他で収蔵されている遺物（模造尺）から約一九〜二二cm強の「周尺」を復元されている（岩田重雄『中国における尺度の変化』The Society of Historical Metrology、Japan）。また、先述の新井宏「『考工記』の尺度について」も周尺について詳しく触れている。

(4) 殷代の牙尺は長さ一六cm強前後で、ちょうど身長の一六〇cm程度である人の親指と人指し指とを開いた長さに当たる（『中国古代度量衡史の概説』中国国家技術監督局管理研究所、丘光明、楊平）とされている。

(5)『周髀算経』は周代に行なわれた天文観測の方法を記載する中国最古の天文算術書といわれている。その中で「一寸千里の法」という測量術が記され、これにより「一里七五〜七七m程度」の短里の存在が明らかになった。

＊「一寸千里の法」…《周の地で夏至の日（南中時）に、地面に垂直に立てた八尺の周髀（棒）の影の長さは一尺六寸である。南に千里の地においては、影は一尺五寸、北に千里の地においては影は一尺七寸である。よって、八尺の股（周髀）に対する勾（影）の差一寸は、地上の距離にして千里に当たる。》（『邪馬一国の証明』角川書店、一九八〇年、谷本茂「解説にかえて　魏志倭人伝と短里――『周髀算経』の里単位」）による。

(6) このことについて、谷本茂氏は『古代史の「ゆがみ」を正す』（谷本茂・古田武彦著、新泉社、一九九四年）の中で、次のように述べられている。

《「歩」は歩幅を起源とする（「長歩」に相当）ものではなく、足の長さ（つま先からかかとまで）を起源とする単位（「短歩」に相当）ではないかと推測される。（中略）尺・寸は手を起源とする単位系、里・歩は足を起源とする単位系なので、両単位系は本来独立のものである。》

（7）　たとえば、『九章算術』勾股（三角法の問題）に、

《有山居木西、不知其高。山去木五十三里、木高九丈五尺。人立木東三里、望木末適與山峰斜平。人目高七尺。問山高幾何

答曰：一百六十四丈九尺六寸、太半寸。

術曰：置木高減人目高七尺、餘、以乘五十三里為實。以人去木三里為法。實如法而一、所得、加木高即山高》などとある。

（8）　王莽時代に製作され、後代の標準器となった青銅製枡の測定では漢尺一尺は二三・〇九cmであった。なお、「一尺二三cm強」は、「手指」ではなく「手首から肘まで」という「腕の系」と考えられる。これは尺骨の語源でもある。

［追記］　本稿は谷本茂氏が『古代史の「ゆがみ」を正す』において述べられた見解によるところが大きい。また、短歩と長歩の関係については不二井新平氏が「静歩・両足動歩・片足動歩」として整理されている（「『動歩』と『静歩』」『古田史学会報』八九号、二〇〇八年一二月）。両氏に改めて感謝したい。

9　『三国志』中華書局本の原文改定

古賀達也

『「邪馬台国」はなかった』発刊三十周年記念講演会[1]にて、古田武彦氏は周代に成立した四書五経などが短里で記載されているとする説を用例を示して発表された。これは『「邪馬台国」はなかった』において、『三国志』に現れる里単位は全て短里（一里約七六ｍ）であることを指摘され、したがって魏・西晋朝が漢代の長里（一里約四〇〇～五〇〇ｍ）ではなく、周代に淵源を持つ短里を採用したとされて以来、論理的必然性を持つ到達点であった。このことは谷本茂氏による『周髀算経』の研究[2]によっても裏づけられていたのであるが、さすがに周代成立文書全てが基本的に短里と断定するまでには至っておられなかった。したがって今回の発表により、その論理性の徹底化が進められたとも言えよう。

わたしも今までに「成語」中の短里について論じたことがあり、それらを今回改めてご紹介するとともに新たに発見した問題についても触れてみたい。

1　千里眼

『魏書』（北魏）楊逸伝に「楊使君千里眼あり」という表現が見えるが、北魏の時代であるから、長里使用時代の例であるが、「千里眼」という言葉自体の成立はさらに古い時代と思われる。この千里が短里であれば約七六㎞であり、長里であればその六倍の約五〇〇㎞となろう。もしこの千里が具体的な人間の「視力」の表現であるなら、それは短里の方が妥当だ。

なぜなら、地表には球面視差という問題があり、水平線の先はどんな望遠鏡でも物理的に見ることが困難である。人間の場合、その目の位置が約一・五mの高さとすれば、球面視差の限界範囲は約三㎞で、標高五〇〇mなら千里（短里）先の五〇〇m程度の山や島の頂《いただき》が何とか見える。これが長里であれば、不可能である。もっとも、高い山の頂部分は、球面視差を超えていれば見える。一例を挙げれば、韓国南岸から対馬は約千里（魏志倭人伝）であり、現在でも韓国南岸から対馬の山頂を肉眼で見ることができる。このように、球面視差ぎりぎりの遠方が見える視力の持ち主を、本来の意味で千里眼と呼んだのではあるまいか。

こうした観点から、千里眼という成語の成立は短里の時代であったと理解されるのである。千里という表現を単なる遠い彼方という抽象的なものとする捉え方もあるかもしれないが、そうであれば千里眼ではなく万里眼でも億里眼でもよいはずだが、そうした成語は聞いたことがない。やはり、千里眼は短里であれば見える具体的な距離に基づいた成語と思われるのである(3)。

2　五里霧中

辞典などの解説では、五里四方の霧がかかった状態と説明されているが、これもこの用語使用のあり方からすると、素直に納得できるものではない。五里霧中とは深い霧の中で先が見えずに困窮している状態を指す用語であるのだから、五里先が霧で見えない状態を意味する言葉と考える方が妥当である。そもそも、霧の中で先が見えずに困っている人にとって、その霧の範囲が五里四方かどうか分かるはずもない。

そうすると、この五里は短里だろうか長里だろうか。当然、短里のはずだ。長里とすれば二〜二・五km先が霧で見えないこととなり、これだけ先が見えれば別に問題となるような霧ではない。もっとはっきり言えば、その程度の霧であれば、はたして霧と呼べるのだろうか。やはり、呼べないと思う。せいぜいモヤかカスミであろう。これが短里であれば、四〇〇m先が見えない状態であり、霧と呼ぶにふさわしい。したがって、五里霧中も短里の時代に成立した成語と思われるのである。

なお、『後漢書』張楷伝に「張楷、字は公超、性道術を好む。能く五里の霧をなす。」とあるが、この場合は霧の中で困惑しているような場合の五里霧中という成語とは異なり、五里四方の霧をかける能力を述べている記事なので、ただちに短里か長里かは判断しにくい。『後漢書』記述対象の後漢時代であれば長里ということになろうが、道術士の能力表現としての成語であれば、その成立はさらに遡り、したがって短里の可能性も出てこよう(4)。

3 百里雷を共にせず

冒頭述べた記念講演会において、古田武彦氏が紹介された周代の短里の例として、『周易』中の「震驚百里」という記事があった。これは短里であれば百里先の雷に驚くが、長里では離れすぎていて妥当ではないため、短里の適切な表現であるとされたのであるが、これと相対応する例が王充の『論衡』に見える。

「千里風を同じうせず、百里雷を共にせず。」

この場合の千里と百里は長里と思われる。特に「百里雷を共にせず」は、先の『周易』の場合とは逆に、百里離れた雷は聞こえないという比喩だ。長里であれば五〇km も離れていることになり、これでは雷も聞こえない。また、王充は後漢の人だから、時代的にも長里使用時期であり、矛盾はない。このように、短里と長里に対応した類似表現があることは興味深い。

4　千里の馬を却《しりぞ》く

千里の馬という成語が短里を背景として成立した用語であり、実際の駿馬の走行可能距離に対応していることについては、古田武彦氏が『「邪馬台国」はなかった』において、既に触れておられるところであるが、『資治通鑑綱目』(5) 孝文紀（北魏）に次のような記事が見える。

「時に千里の馬を献ずる者あり。帝曰く、鸞旗前に在り、属車後に在り、吉行には五十里、師行には三十里。朕千里の馬に乗じて独り安《な》んぞこれに先んぜんやと。（中略）詔を下して曰く、朕は献を受けざるなり。」

ここでの五十里・三十里は当然長里であり、千里の馬とは本来短里として成立した駿馬の表現だが、孝文帝は長里の千里と理解し、そのような馬はいらないと拒絶している。これなどは短里と長里の存在が前提として初めて発生しうるエピソードであろう。

5 百里に米を負う

孔子の弟子、子路が貧しい中、親に孝養を尽くす説話が『孔子家語』致思篇(6)に紹介されている。

「仲由、字は子路。(中略)昔、由の二親に事《つか》えし時、常に藜藿《れいかく》の実を食い、親のために米を百里の外に負いたりき。」

百里の遠き所より(あるいは、所へ)米を背負って運んだというのであるから、長里(約五〇km)でも日数はかかるが運べないことはない。しかし、やはりここは短里(約八km)であれば親孝行の例として、よりリーズナブルである。また、孔子の時代であれば当然短里だし、『孔子家語』編纂時期も魏の時代であり、短里が穏当であろう。

6 百里の才

『三国志』蜀志の龐統《ほうとう》伝に「百里の才」という表現が見える。『三国志』であるから短里と考えるのが、まずは道理であるが、これについては長里の可能性もありそうである。ちなみに、龐統は諸葛孔明と並ぶ蜀の名参謀だ。

「統を以て、耒陽《らいよう》の令となす。縣に在りて治めず、免官さる。呉の将、魯粛《ろしゅく》、先主(劉備)に書を遺《おく》りて曰く、『龐士元《ほうしげん》は百里の才に非ず。治中別駕《じちゅうべつが》の任に処《お》らしめば、始めて当にその驥足《きそく》を展《のば》すのみと。』」

わずか百里四方の耒陽の県令に任ぜられた龐統は不満だったようで、「不治」により免官されるが、呉の将軍魯粛が劉備に手紙を出し、龐統は百里の才ではなく、もっと重要な地位（治中別駕：地方官の職名）につけるべきと進言した記事だ。この百里ははたして短里だろうか。もし短里とすれば、約八km四方の地となり、「縣」としては狭すぎるのではあるまいか。また、呉の魯粛が劉備に宛てた手紙の文面であるから、彼らは長里を使用していたのではあるまいか。なぜなら、短里は宿敵の魏が制定した里単位であり、その短里を魯粛や劉備が使用したとは思われないからだ。

『三国志』の著者、陳寿は長里での記事も短里に書き改めたと思われるが、こうした手紙の文面に現れる成語の可能性を持つ「百里の才」という表現をも短里に書き改めたとは、ちょっと考えにくいように思われる。もし、本来長里で書かれていた文を短里に換算して百里としたのであれば、もともとの文面はその六分の一に当たる「十六里の才」とでも書いてあったことになる。これでは比喩としては不自然である。やはり、当時の耒陽縣の面積にほぼ匹敵する比喩、長里による「百里の才」と表現されていたのではあるまいか。

この件については、耒陽縣の広さが不明なので、ただちに断言するものではないが、『三国志』に現れた長里の可能性を持つ例として、指摘しておきたい。

7 驁牛一日三十里を行く

同じく『三国志』龐統伝中の裴松之注に「驁牛一日行三十里」とあり、当初、これも長里の例ではないかと注目したのだが、とんでもない間違いであることが判明した。というのも、わたしが見た『三国志』は上海の書店（上海書城）で購入した中華書局本（一九八二年第二版・二〇〇〇年一〇月北京第十五次印刷）であるが、古田氏にお尋ねしたところ、氏の所有する同書局本一九五九年第一版では「驁牛一日行三百里」とある他、最も優れた『三国志』版本である南宋紹熙本（百衲本二四史所収）でも「三百里」であった。なんと、中華書局本は「三十里」へと第二版で原文改定をしていたのだ。しかも、何の注も説明もなしに改定がなされており、「不用意」という他ない。中華書局本に問題が多いことは既に聞き及んでもいたが、(7)今回のような露骨な改悪は初めてのことだ。これは、現代中国の学者たちの短里認識の欠落を示す典型的事例ではあるまいか。必要にして十分な論証なしに現代人の認識によって原文を改めてならないという、フィロロギーの学問的原則を今一度思い起こさせるものであった。

注

（1）古田武彦講演「東方の史料批判――中国と日本」。二〇〇一年十月八日、朝日ホール（東京）にて開催。古田史学の会、多元的古代研究会・関東、古田武彦と古代史を研究する会の主催。

（2）谷本茂「中国最古の天文算術書『周髀算経』之事」『数理科学』一九七八年三月所収。周代に淵源を持つ『周髀算経』（成立は三世紀初頭）に記されている「一寸千里の法」の計算により、そこで使用されている一里が七六～七七mであることを証明された。

（3）「千里眼」「順耳風」という神名が『絵本西遊記』などにあり、三星堆遺跡から出土した目が飛び出た仮面がそれに当たるのではないかとのご指摘を水野孝夫氏より得た。氏はそれを根拠に、千里眼という用語成立が三星堆以前であり、周代より古い可能性もあるとされた。大変興味深く重要な指摘と思われる。

（4）この点、古田史学の会・関西例会（十月二十日）にて西村秀己氏の御教示を得た。

（5）南宋の朱熹が、司馬光の『資治通鑑』を要約し、別に義例を作って完成したもの。五九巻。

（6）三国魏の王粛が、孔子の言行及び門人との論議などを収録したもの。十巻。

（7）中華書局本『旧唐書』貞元二十一年（八〇五）条に、「日本国王ならびに妻蕃に還る」という記事があり、従来から注目していたが、古田氏の研究により、これは中華書局本の「誤読」であり、「方《まさ》に釋《ゆる》すの日、本国王（吐蕃国王）ならびに妻《め》とり蕃（吐蕃）に還る。」と読むのが「正解」であることが判明した。古田武彦「歴史ビッグバン」『学士会会報』第八一六号、一九九七年所収。

Ⅱ 「邪馬壹国」の文物

1　女王国はどこか
――矛の論証――

古田武彦

『魏志倭人伝』の次の部分の解釈ですが、

兵用矛、楯、木弓。木弓短下長上、竹箭或鐵鏃或骨鏃。所有無
……宮室樓觀、城柵嚴設、常有人、持兵守衛。
女王國東、渡海千餘里、復有國、皆倭種。……去女王四千餘里
（読み下し文）
兵に矛・盾・木弓を用う。木弓は下を短く上を長くし、竹箭は或いは鉄鏃《やじり》、或いは骨鏃なり。
……宮室・楼観・城柵、厳《おごそ》かに設け、常に人有り。兵を持して守衛す。
女王国の東、海を渡ること千余里。また国有り。皆倭種なり。……女王を去る四千余里。

従来は、「……兵を持して守衛す。女王国の東、……」と読みます。岩波文庫版をはじめ、私の知っている範囲の方が、すべての解釈はそう読んでいます。わたし自身も岩波文庫に従ってそう読んできていた。
今度高校生・中学生の方に分かり易くと思って、わたしの読み下し文を書いていた。その時に、この箇所は従来の読みでは、違っているのではないかと気付きました。

この時は、従来の読みから代えて「女王を守衛す」と読み、「女王」という言葉が「守衛す」の目的語になると考えた（発端は二〇一二年六月二十九日夜発見）。ところがこれがさらに進展した。

（新しい解釈）

宮室・樓観・城柵、厳かに設け、常に人有り、兵を持して、女王國を守衛す。東、海を渡ること千余里。復國有り。皆倭種なり。……女王を去る四千余里。

つまり「女王」だけを護るのでなく、「女王國を守衛す」と読む、「守衛す」は自動詞でなくて他動詞。他動詞は目的語を持たなければならないので、それが「女王國」は目的語である。そして次が「東、海を渡ること千余里。復《また》國有り」と続く。このように考えた。

これは現在では確定していると考えています（新解釈は、同年七月四〜五日夜発見）。なぜならば四書五経の一つである『詩経』の中に、「以て中国を守衛す」という言葉が出てくる。これは大越邦生さんに教えてもらった。

『詩経（十三経索引）』中国科学出版社
遣戍役成。文王之時。西有昆夷之患。北有玁狁之難。天子之命。命将車。以守衛中國。……

の中で、以守衛中国は、以て中国を守衛す。

つまり「守衛す」という言葉は自動詞でなくて他動詞。だから他動詞は目的語を持たなければならない。「中國」という目的語を持ちます。「中國」、これは現在の中国ではなくて、当時の黄河あたりの中心部分のみの小さな中国を指します。これは『詩経』ですから、『三国志』より前の話です。つまり『三国志』を書いた陳寿は、『詩経』を当然読んでいる。『三国志』を読む読者も、当然『詩経』は読んでいる。「以守衛中国」という言葉を知っている。だから『詩経』のルールに従って読むと、「女王國を守衛す」と読み、「女王國」という目的語として読まなければならない。

現在では、この小さな考えに確信を持っております。確かに小さな話です。ところがこの小さな考えが、大発見となってきた。

先ほど述べたように、女王國には女王がいる。その女王のいる「宮室」は「兵」に守られていると書いてある。別の箇所に「兵に矛・盾・木弓を用う。」と書いてある。木製の「楯」は腐って分からないけれど、「矛」は現在でも残っている。つまり女王の居るところは「矛」に囲まれていると書いてある。そうすると考古学で「矛」に囲まれているところはどこかと言いますと、一目瞭然。博多湾岸とその周辺しか矛は出ていない。

奈良県は弥生時代・古墳時代、どこをとってもゼロなのです。だから奈良県はアウト。筑後山門も矛は出ない。朝倉も矛は出ない。太宰府も弥生時代はアウトに近い。セーフなのは福岡県春日市。一つの甕棺から、五本まとめて矛が出てきたこともある。いわんや矛の鋳型は百パーセント博多湾岸とその周辺。分布図を見てください。

そうしますと女王国として「矛」が出る「宮室」のあるところは、百パーセント博多湾岸と福岡県春日市。そこしか矛の鋳型は出ていない。他は全部アウト。だから女王国の「宮室」のあるところは、特に福岡県春日市以外にはありえない。わたしの『魏志倭人伝』の解釈から言っていた結論がさらにダメ

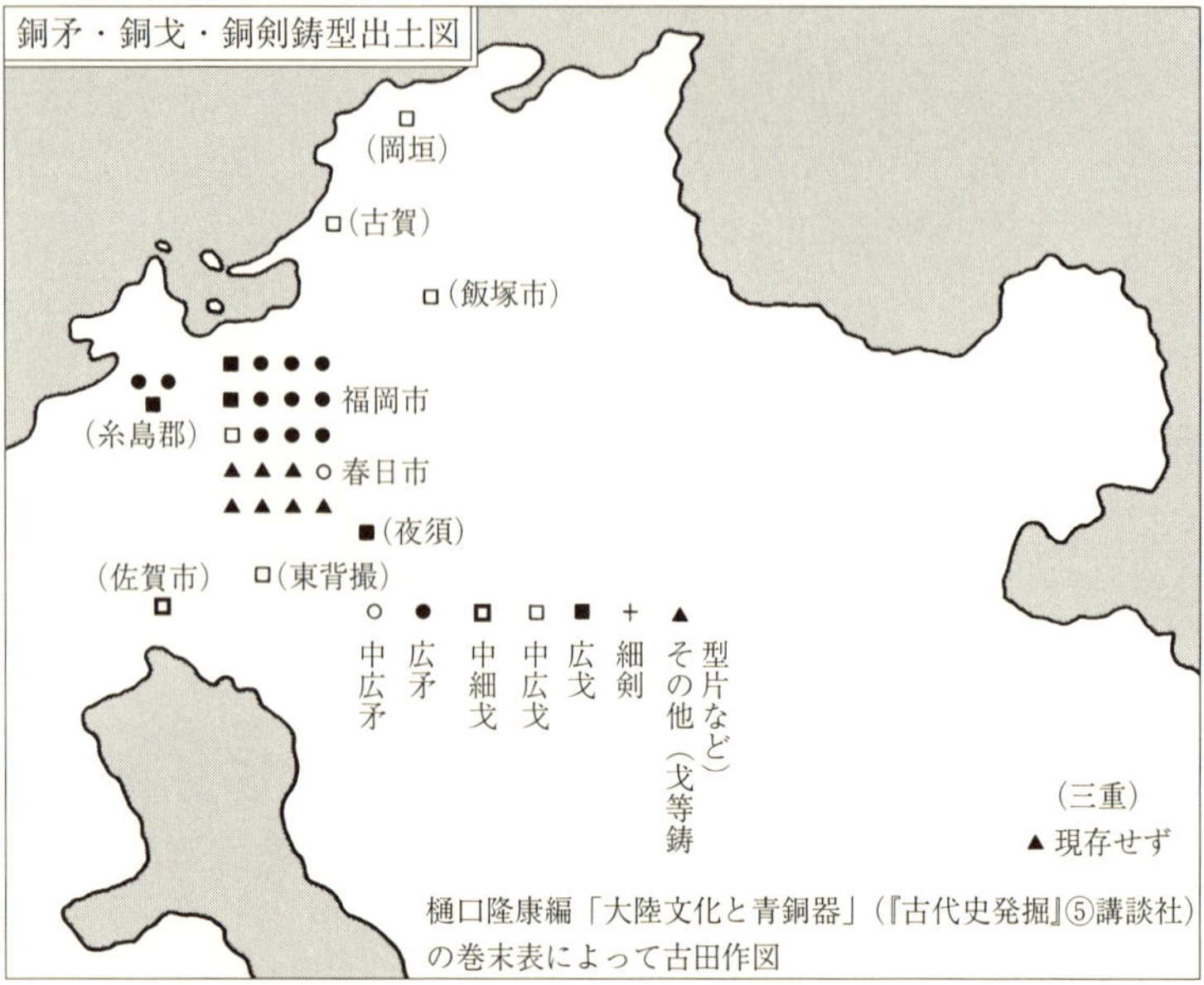

樋口隆康編「大陸文化と青銅器」（『古代史発掘』⑤講談社）の巻末表によって古田作図

図1　北部九州・銅器の鋳型分布図
（参考）樋口隆康編『古代史発掘５　大陸文化と青銅器』講談社。

押しされてきた。

もう一つ大事なことがある。次にこの読み方では「東、海を渡ること四千余里」となる。つまり女王国の宮室は海に面している。「矛」で守衛していると言って、その直後に「東、海を渡る」とある。奈良県大和からは東、海を渡れない。筑後山門からも東、海に渡れない。朝倉からも東、海に渡れない。太宰府からも東、海を渡れない。やはり博多湾岸の春日市、この地帯の「宮室」からしか海に渡れない。

この時期には、博多湾岸はだいぶ入り込んでいたから太宰府は海に近いと言えば言えるかもしれないが、現在の春日市は女王国の中枢のある場所の表現としてふさわしい。

この発見は小さいと最初は考えていた。しかしよく考えてみると、「女王國を守衛す。東、海を渡ること四千余里」の表現は、女王国の中枢を特定するにふさわしい効果を持っていた。

（二〇一二年七月十五日、愛知サマーセミナーにて）

2 銅鐸問題

古田武彦

最近『三国志魏志韓伝』を読み直しました。

ここに「鐸舞」のことが出ています。中国の使者が韓国に行って記録している。年に二回、彼らは休んで飲めや、謡《うた》えやの大騒ぎをする。その光景を実に生き生きと描写している。

これは二倍年暦と関係があると思っています。この「鐸」は、馬鐸のように権力者が馬に付ける風鈴のようなものです。小銅鐸、それを鳴らしながら、そのリズムに合せて踊ったり飲み食いする。声を高くしたり、低くしたりリズムに合わせて踊る。見ていなければ書けないと思うように正確に書き分けている。それが書いてあるということは行っているということです。

中国で行われている「鐸舞」によく似ていると書いてある。

『三国志』の「魏志韓伝」では、「五月を以て下種し訖《おわ》る。」とあったあと、「鬼神を祭る。群聚して歌舞・飲食し、昼夜休む無し。」そして「其の舞、数十人倶に起ち相随い、地を踏み低昂し、手足相応ず。」とある。そして「節奏、鐸舞に似たる有り。」とあり、この上で、「十月農功畢る、亦復之の如くす。」と二倍年暦の世界を表している。

この文章を改めて読んで、「邪馬台国」近畿説はもうダメだと。

もし三世紀魏の使いが、仮に韓国から近畿に来たとします。近畿では銅鐸《どうたく》を見ずに帰れますか。近畿説では行っていますから。そうしますと「倭人伝には、なぜ銅鐸のことが書かれていないのか」という、基本的な「問い」をなぜ、避けることができるのだろうか。わたしには不明です。近畿では、弥生中期から後期にかけて中型や大型や巨大型の銅鐸が発達しています。これらはみなお祭りをしていたはずです。そっと隠しておいて楽しむものではない。それが使者がお祭りにまったく気がつかずに、大和に行く方法があれば教えてください。わたしは無理だと思う。

あんな小さな馬鐸の踊りすら関心をもって生き生きと記録しているのに、まして中国に無いようなあんな大きな銅鐸を造ってお祭りをしているのに、中国の使者がまったく知らないとは理解不可能です。

だから近畿説の人は、まずその説明から始めなければならないと思う。わたしの見た範囲内では近畿説の人が銅鐸に触れている人はいない。これが不思議です。

そう言いますと、内藤湖南氏、白鳥庫吉氏などが銅鐸に触れていない、書いていないという人がいます。ですがそれは当たり前です。彼らは文献の専門家です。銅鐸は考古学です。明治の専門家は、銅鐸にふれないのが職業倫理、エチケットです。文献の専門家は、銅鐸・考古学にふれないのがエチケット。あとお弟子さんもそのようにしている。直木孝次郎氏のように鏡のことを一生懸命書いた人もいますが、ほとんど例外。文献の専門家は考古学にふれない。また考古学の専門家は文献の解釈にはなるべくふれない。お互いにエチケットを守りあっている。これが大学の講座専門制度です。だから考古学と歴史学が交流しない。

しかしおかしいのは、大学で講座制という専門の区分けをしているのに、小・中・高校の教科書はそうではない。「邪馬台国には近畿説と九州説と、二つある」と書かれている。これはインチキです。大学の中で建前としての専門意識で許されたことが、高校以下の教科書は別であり、それで通ることが変です。そう思いませんか。だいたい、おかしいと言わないことがおかしい。

だから生徒は、本当は先生に質問しなければおかしい。生徒は別に専門で区分けされない。博物館に行けば銅鐸が並んでいる。「なぜ倭人伝では、銅鐸について書かれていないのか。近畿に来たんでしょ」。そう質問しますと先生は困る。また先生は困るべきだ。困らずに来ているということは、教える先生もインチキで、生徒もインチキだ。

明治以後の専門家が作った教科書を覚えることが勉強であり、教育であると覚えさせられている記憶人間、コピー人間が大量生産されている証拠です。コピー人間でなければ今のような質問をしないほうがおかしい。ですから教育も、明治以後の教育はアウト。ものを考える教育になっていない。口先だけで「ものを考える人間を造らなければいけない」という人がいるが、これは大ウソです。そういうことを本当に考えているのなら、今の問題を出せばよい。これはわたしも含めて国民も同罪です。つまり近畿説は成り立つと覚えさせられている。新聞に書いてある。教科書に書いてあるから、おそらく成り立つだろうと、何となく覚えている。覚えさせられている。考えているわけではない。考えているなら分かりきった問題である。先ほどの質問が近畿説には出る。『魏志倭人伝』に銅鐸がないことは、みんな知っている。これがおかしいということはみんな知っている。だから近畿説は、本来成り立たない。そのことに、遅まきながら気がついた。

それから、その話はさらに進展した。『倭人伝』の話は、もし外国人が大和にやってきた場合の話です。観光ではなく公的な使者として来て詳細な記録を残している。韓国の「鐸舞」にあれだけ詳細な記録を残している。だからもし近畿大和に来た場合には、なぜ銅鐸に関する記録が『倭人伝』にないのかという問いからです。

ですがそれ以上におかしいのは『古事記』です。『古事記』は旅行者が書いたものではなく、大和の人間が書いた。しかし大和には銅鐸もたくさん出ている。全国に五百体以上銅鐸は出てきている。その五倍・十倍作られたはずだ。また弥生後期にも、あの巨大銅鐸は作られ続けていた。その中で『古事記』の伝承が成立してきた。

『古事記』偽作説や平安時代成立説などなくはないが、言葉使いや伝承の内容から見ても、その説は成り立ち難い。ですが近畿に住んでいた人々の銅鐸世界の中で、『古事記』の伝承は引き継がれてきた。このように銅鐸に取り囲まれていて、銅鐸のことが『古事記』に出ないのはおかしい。それで最近の問題は、『古事記』になぜに銅鐸がないのかに移っていった。

それで、もったいぶって言わないでストレートに言いますと『古事記』に銅鐸が存在した。最近、菅野拓さんのおかげで発見できた。大阪府の柏原市にお住まいの方で、たいへん漢文が強い方です。『なかった』第六集にも「日本における書写材料についての一考察」という論文を書かれています。

その方からのお手紙で、大阪府柏原市にある「鐸《ぬで》神社」の存在を知りました。銅鐸の「鐸」と書いて「ぬで」と読む。鐸比古《ぬでひこ》・鐸比売《ぬでひめ》神社があり、その上に古墳か洞窟か知りませんが鐸《ぬで》遺跡がある。七月末には神社で盛大な祭礼が行われている。この「鐸神社」の存在を知ってハッとした。

まず「鐸」を「ぬで」と読める可能性はまずない。中国人が「ぬで」と発音することは絶対にないと言ってもよい。ということは、事実は逆である。「ぬで」という日本語がまずあった。そうしますと「ぬで」とは何物かというと「鐸」だ。木鐸。普通にあるのは銅鐸でしょう。木鐸というのは、中の舌《ぜつ》が木で出来ているだけで全体は銅です。「ぬで」という日本語は、銅鐸を意味するとして「鐸」という漢字を当てたと考えました。「鐸」という字があって、それを「ぬで」と読んだということはまず考えられない。もちろん銅鐸という言葉は、明治以後の考古学者が考えた言葉であり、弥生時代に「どうたく」と発音していたはずはない。それではいったい何か。

銅鐸の日本語は「鐸」ではないか。このように考えの糸をたどった。そこから先は、わたしの考えです。われわれは青銅製の「鐸」を「銅鐸」と言い「鐸」とも考えている。その銅鐸には穴が開いている。鈕《ちゅう》が付いている。初期の段階では紐《ひも》を付けて、これをぶら下げる。

巨大銅鐸ではぶら下げるのは無理かもしれませんが、初期の段階ではぶら下げていた。

その場合、ぶら下げた紐とぶら下げられた青銅部分の鐸《たく》を、合せて「鐸《ぬで》」と言っていた。人間の手になぞらえて、「紐にぶらさげた銅鐸」全体を「鐸」と呼んだ。実際使っているときは必ず紐を付けて使っていたのではないか。使っていた紐は残っていませんが。また巨大銅鐸にもその痕跡は残っています。

それでは、あの「銅鐸（青銅部分）」は何と呼ばれていたか。この場合紐の部分とあわせて「鐸」だから、紐の部分は「て・で」で、人間の手と類似して考えていた。だから青銅部分の「鐸」そのものは「ヌ」と呼ばれていたのではないか。それで『古事記』に、やっと言いたいことにたどり着いた。

『古事記』上巻

於是天神諸命以。詔伊邪那岐命伊邪那美命二柱神。修理固成是多陀用幣流之國。賜天沼矛而。言依賜也。故二柱神立　天浮橋而　指下其沼矛以畫者　鹽許袁呂許袁呂邇畫鳴而　引上時　自其矛末垂落之鹽　累積成嶋　是淤能碁呂嶋

（読み下し文）

是に天つ神諸の命以ちて、伊邪那岐命、伊邪那美命、二柱の神に「是のただよへる國を修め理《つく》り固め成せ」と詔《の》りて、天の沼矛を賜ひて、言依《ことよ》さし賜ひき。故二柱の神、天の浮橋に立たして、其の沼矛を指し下ろしかきたまへば、しほこをろこをろにかき鳴し引き上げたまふ時、其の矛の末より垂り落

つる塩《しお》。累《かさ》なり積りて嶋と成りき。是れおのごろ嶋なり。

『日本書紀』巻一第四段本文

伊井諾尊伊井再尊、立於天浮橋の上にたして、共に計ひて日はく。「底つ下あに國無けむや。すなわち天之瓊矛《あまのぬ》を以て、指し下して探る。是にあおうなはらを獲き。其の矛の鋒より滴澄る潮、凝りて一の嶋に成れり。名けておのごろ嶋と曰ふ。二の神、是に、彼の嶋に降居して。因りて欲共夫婦《みとのまぐあい》して洲國を産生まむとす。

『古事記』の国生み神話。そこには「天の沼矛」とある。この「沼」はなにものか。本居宣長以来のこの「沼」の解釈は「玉」である。解釈としては『日本書紀』に、「天之瓊《あまのぬ》〈瓊は玉也。此をば努ヌと云う。〉矛」と書いてある。

それで『日本書紀』の原注「瓊は玉也」と書いてあるから、『古事記』の方の「沼」も「玉」だと解釈した。本居宣長以来の現在のすべての古事記学者・古典学者は、この説を継承している。

この場合史料批判が欠けています。『日本書紀』では、瓊という発音で、「瓊は玉也」と書いてあり、「天之瓊矛」の通り玉と矛と考えてもよいと思います。ですが下註の「此をば努ヌと云う。」は問題です。『日本書紀』は造作だと問題にされますが、「天之瓊」の原注〈瓊は玉也。此をば努ヌと云う。〉は、八世紀の大和の学者の解釈です。八世紀の学者の解釈に従って読むかどうかの問題です。

八世紀の学者の解釈は原文とイコールである。疑うことは許されない。つまり八世紀の学者の解釈を認める立場に立つか立たないかという問題です。

ですが資料を見れば、明らかに違っています。『古事記』の方を見れば「天の沼矛」となっている。

「沼《ぬ》」と「矛《ほこ》」です。だいたい普通「玉」のことを「ぬ」とは呼ばない。「玉」は「たま」と呼びます。

これもひと言を言いますが、「たましい」や「あたま」と言いますが、魂があるところが頭です。心臓ではない。同じく「玉」を人の魂と見なして「たま」と言います。ですから「瓊」を「玉」と見なすことは賛成です。しかし「沼＝玉」ではない。

ですから、この場合『古事記』の「沼」は銅鐸のことです。この場合、もちろん小銅鐸であり、馬鐸などです。この場合「馬鐸」は、権力者が馬のしっぽにこの鐸をつけます。平時には木の舌を付けて、穏やかに鳴らし権力者が来たことを知らせる。木鐸とある通り、人を集め道徳・倫理を説く。

また火急の場合、銅（鉄）の舌を付けて半鐘のようにならし戦時になることを知らせる。このように「馬鐸」は権力者のシンボルです。

これが『古事記』の「沼＝鐸」なのです。だから『古事記』の「天の沼矛」は、「鐸」と「矛」です。そのように考えますと、福岡県の弥生銀座と言われた須玖岡本遺跡から矛がたくさん出てきています。それと馬鐸が出てきております。このような考古学の物と対応しているのが『古事記』です。この場合「天」は、海人の天族のことです。ですから天族のシンボルは「鐸」と「矛」です。それが国生み神話に活躍したと『古事記』では言っております。

本居宣長は、銅鐸が出てきたことは知ってはいましたが、考古遺物に関心をはらった形跡はない。すばらしい人だけど、その点はまったくダメな人です。だから『古事記伝』にも考古学にはあまり関心がない。八世紀の学者も銅鐸に対する観点を持たずに註をつけた。だから『古事記』に『日本書紀』と同じ註をつけた。その八世紀の註に本居宣長もだまされた。

ですから物（考古学など）と対応するのが文献です。これだけではないが、今これだけにします。「『古事記』に銅鐸は出ない」。これはウソ話です。要所要所に出てきます。顕宗記などにも「故、鐸懸大殿戸」と出てきますが、それを説文などを引いて大鈴であるという違った解釈・読み方にして疑わなかった。（仁徳天皇陵の陪陵・馬鐸については略）（参考『東京古田会News』No.127）

（二〇〇九年一月一〇日、古田史学の会新年賀詞交換会にて）

3　「卑弥呼の鏡」特注説

古田武彦

今年（二〇一一年）六月十六日の『週刊新潮』に、「これで「邪馬台国」論争にケリがついた」というようなタイトルの特集がありました。聖徳大学の山口博名誉教授の説を紹介したものです。これについて結論だけをお話しします。

これは何かというと、山口氏は清代に編纂された『全唐文』という文書に書かれている「昔、魏ハ倭国ニ酬《はなむけ》スルニ、銅鏡ノ鉗文ヲ止メ　漢ハ単于ニ遺《おく》ルニ犀毘綺袷《さいびきごう》ヲ過ゴサズ　並ビニ一介ノ使、将ニ万理ノ恩トス」の解釈をされたものです。

この中の「鉗」という字は諸橋漢和大辞典に――くびかせ、わるい、そこねる、ののしる――など悪い意味として載せられているのですが、山口氏はこれをそのまま採用されて、「銅鏡ノ鉗文ヲ止メ」の意味は、「倭国にとって禍々しい模様や銘文を刻むのをやめて、彼らの好むような銅鏡を作った。いわゆる日本のために特注品をつくったと読める。三角縁神獣鏡は中国にとって倭国向けの特注鏡なので、中国製であるにかかわらず中国で出土していないのはこれで説明できる」とされているのです。

ところが、失礼ながらこれは、山口氏が漢文を誤読されている、読みが足りないのです。何故かといえば、このように読んでしまえば、魏から送られたのは銅鏡だけになってしまいます。魏から送られたものは、金印をはじめ絹、錦、金それに紺地句文錦など特にいっぱい倭人伝に書かれています。

これを無視して、銅鏡だけを取り上げるのはまったくおかしい。この「鉗文」の「鉗」というのは造字で、金印の「金」と紺地の「甘」を組み合わせたものです。「文」は「文様」の「文」で、「鉗文」とは倭人伝の内容を集約して言っているのです。

これをそう考えずに山口氏は、「銅鏡のことだけ言っている」と読んでいるのです。そして「悪い字を書き直したのだから三角縁神獣鏡は中国から出ないのは当たり前です」と言っているのです。

中国で悪い文章を書いた銅鏡などありません。皆、吉祥文が書き込んであります。山口氏はこのことも見逃しておられ、また漢文の造り字の技法を無視しているから、こういう読みになってしまうのです。

このようなことから「山口説は成立できない」と私は考えています。

それともう一つ山口氏は、「景初四年」は『晋書』などに書かれているから実在した、日本で景初四年の年号のある三角縁神獣鏡があるのはおかしくない、ということを後半で強調されています。これは今まで散々議論されて明らかになってきていることで、何を今さらという感じです。

三国の時代に呉はあとで独立しますが、最初、孫権は魏の臣下で、その時は魏の年号を使っていました。そしてその呉の年号が魏朝の年号と一年ズレていたことが金石文などから分かっています。

これは我々当時の年号を研究しているものにとっては常識です。倭に来た呉の工人たちが、呉で使われていた一年ズレた魏の年号をそのまま使って三角縁神獣鏡などを作っていたことが十分に考えられます。その鏡が魏朝で作られたものならば景初四年は使われません。魏の明帝は景初三年一月に死んでいるので、魏において景初四年はあり得ません。山口氏は年号の一年ズレの問題をご存じなかったのです。

白村江の戦いの年も旧唐書では六六二年、日本書紀では六六三年と違っています。同じ戦いの日付なのに両国で一年のズレがあるのです。これは唐は北朝系、倭国は南朝系、それぞれの暦に一年のズレがあったためです。同じ理由です。

これらのことを『週刊新潮』に資料を添えて連絡しておきましたので、新潮側で真相は分かったと思っています。もっとも何も言ってはきませんが。

（二〇一一年七月二日、久留米大学公開講座にて）

4　絹の問題

古田武彦

これは布目順郎さんの作成された地図です。これは今まで何回も引用されております。わたしも引用しているし安本美典氏も引用されています。

ところが、この資料の解釈は、たいへん歴史の実態とは違っています。この地図を見ればお分かりのように博多湾岸が中心なわけです。決して朝倉や筑後川が中心になっていない。

ですが安本美典氏や森浩一氏なども、この資料を元に朝倉や筑後川流域が、邪馬台国であると口を揃えて言っています。大嘘というか、無いものを有るものとして主張しています。

無いものを想像で補って議論するのでなく、有るもので議論するのが考古学者だと思いますが。いずれ出てくるではダメです。

有るもので議論すれば「三種の神器」一つとってみても、あらゆる重要なものが「糸島・博多湾岸」から出土している。ですが安本美典氏は、これを「北九州」と言い換えます。「北九州」と言えば筑後川や朝倉も中心に入らないことはない。それでは絹や「三種の神器」は、筑後川や朝倉を中心に出ているか。銅戈や銅矛、それらの鋳型もぜんぶ博多湾岸です。ですから出土事実に立つ以上は、糸島・博多湾岸が女王国の中心だと考えざるをえない。

●弥生前期
①福岡市早良区有田遺跡（前期末）
●弥生中期
②福岡市西区吉武《よしたけ》高木遺跡（中期初頭）
③福岡市博多区比恵《ひえ》遺跡（中期前半）
④福岡県甘木《あまぎ》市栗山遺跡（中期前半および後半）
⑤佐賀県神埼郡神埼町朝日北遺跡（中期中葉）
⑥福岡県飯塚市立岩《たていわ》遺跡（中期後半）
⑦福岡県春日市門田《もんでん》遺跡（中期後半）
⑧福岡県春日市須玖《すぐ》岡本遺跡（中期後半）
⑨福岡県太宰府市吉ヶ浦遺跡（中期後半）
⑩福岡市西区樋渡《ひわたし》遺跡（中期後半）
●弥生後期
⑪福岡県甘木市栗山遺跡（後期初頭）
⑫福岡市西区宮の前遺跡（後期終末）
⑬福岡市東区唐《とう》の原《ばる》遺跡（後期終末～古墳前期）

（出所）　古田武彦『吉野ヶ里の秘密』光文社，1989年，より。

それを近畿説を批判する上では、このような図を使う。その上で邪馬台国はどこかと言うときは、筑後川や朝倉と違うところを示す。それはおかしいというのが、わたしの主張です。

このわたしの論文が出て、その三年後に安本美典氏が和田家文書偽作説を示した。理屈では闘えないから、九州王朝説に対して正面から闘えないから、和田家文書という、偽物を作ったあるいは応援したインチキな学者、だから古田は相手にするなという戦略的な方針転換です。

今度の絹の問題を再度調べてみてよく分かった。だいたい和田喜八郎さんによく言われた。「古田さん、ワシの『東日流外三郡誌《つがるそとさんぐんし》』が攻撃されるのは古田さんのせいだよ。九州王朝説が邪魔だから安本美典は俺に文句を言ってくるのだ」。何回かそう聞いた。ウソではないな、そうわたしは思っていた。たしかに和田喜八郎さんは難しい理屈は分からんが直感的に理解していた。

理論的には完ぺきに朝倉説や筑後川説では合わない、博多湾岸が中心であることを証明した。それから三年経って『東日流外三郡誌』古田偽作説を持ち出した。正面からの議論では負ける。これも議論でなく事実なのだから古田に負けるに決まっている。だから古田を叩くのに、偽作を造ったかも知れない、という説をまき散らした。古田の説をペケにする。そういう作戦に出た。作戦とすればうまいかもしれないが、つまらない話だ。それが今度は、寛政原本の出現でダメになった。

わたしは字が下手でよかったと思う。字がうまかったら古田が書いたと言われる。きっとそう言われる。わたしの字が下手なのはみんなよく知っている。だから古田が誰かに頼んで書いてもらったのだろう。それに和田喜八郎さんのことや字は誰もあまり知らない。晩年の喜八郎氏はあのような字を書いたと大ウソを書いている。断末魔です。

さて元に戻り、布目順郎氏自身が大きな過ちを犯していた。そのことに気がついた。なぜなら歴史学の編年については、杉原荘介さんが書いた有名な『日本青銅器の研究』（中央公論美術出版、一九七二年）という本に準拠している。杉原荘介さんがこの本を出されたのは、昭和四十七年、わたしが『「邪馬台国」はなかった』を出した翌年です。そこで、次のような編年を立てられた。布目順郎氏の著作は、その六年後です。

弥生前期　ＢＣ三〇〇年～ＢＣ一〇〇年
弥生中期　ＢＣ一〇〇年～ＡＤ一〇〇年
弥生後期　ＡＤ一〇〇年～ＡＤ三〇〇年

布目さんは、この編年に従って絹を判別した。そうしますと、どうなるか。博多湾岸に集中して絹が出るが、『魏志倭人伝』の記述は三世紀ですから、この考古学の編年では弥生後期の後半となる。そうしますと、その考古学編年ではほとんど絹が出ない。残念だ。残念だと書いてある。この編年では博多湾岸に、弥生前期と中期に絹が集中している。

もう一つ布目さんが「北九州」と言わずに、「博多湾岸」とはっきり書けばよかった。この図の一端に朝倉にも絹が出ますが、あくまでも中心は「博多湾岸」です。それを「博多湾岸」と書かずに「北九州」とぼかしてある。それに安本美典氏が乗っかって、同じように「北九州」とぼかして、北九州の朝倉が中心だと主張した。

最近では、九州大学名誉教授の西谷正さんが『魏志倭人伝の考古学』（学生社、二〇〇九年）という本を出された。

それを見ますと、本居宣長の説に従い「那の津＝奴国」を継承しています。そして九州の中に邪馬台国の候補地を⑴筑後・山門郡説、⑵筑後・甘木、朝倉説、⑶筑後・久留米説、⑷肥前吉野ヶ里説、と四カ所挙げて次のように論じている。

私は「山門郡の考古学」という論文の中で、この地域に国があったことは認めようという立場を表明しています。しかし、だからといってここが邪馬台国ということにはならないと、結論で、まとめています。これまで見てきたように、邪馬台国九州説にとって有力候補地が四か所ほどあって、その例を、特に山門郡について少し詳しく見てきました。結局のところ、九州各地に国々が生まれつつあったこと、また奴国が九州最大であるとは認めるとしても、それら以上の大国である邪馬台国そのものは見つけ出せない、ということになります。（三三五頁）

つまり西谷氏は、この四カ所の候補地は『魏志倭人伝』に書かれている「奴国」（第三位の国、戸二万戸）より、はるかに人口は少ない。だから四カ所の邪馬台国候補地は、邪馬台国ではあり得ない。そのことをたいへん強調されている。だから邪馬台国は九州でなく近畿、奈良県橿原市あたりだと論じている。

これもおかしいのは奴国を基準にするのなら、奈良県橿原市あたりに弥生時代に三種の神器が出てくるのか。あるいは絹、特に中国の絹が出てくるのか。それを論じなければならない。

しかし、そこは今後期待されるで終わっている。やがて出てくるというのは小説家の方法であって、それなら日本全国やがて出てくる。邪馬台国が日本各地に乱立したのは、やがて出てくると言い抜けた。やがて出てくるという理論を立てるのは、学問ではない。

一番出てきているのは、西谷氏の言う「奴国」であり博多湾岸です。古田の言っている「邪馬壹国」です。古田はいなかった。古田の説は引用しなくともよい。西谷氏のこの本も安本美典氏の著作は出ているが、わたしの著作は載っていない。ですが西谷氏が名誉館長をしている糸島歴史資料館に訪問すると、付きっきりで説明してくれる。わたしの説はよく知っているけれども論文や著作にわたしの名前はいっさい出ない。それが学問だと思っている。自分たちの派の学説、近畿天皇家中心の学説、それに反する説は存在しなかった。それが許されているのが、日本の学界であり学校の教科書です。

言いたいことははっきりしている。魏は女王国に絹を送っている。絹の出てくる中心は圧倒的に糸島・博多湾岸です。女王国の中心は糸島・博多湾岸です。有名な話ですが絹は漢代には、輸出禁止項目でした。それを三世紀の魏朝は破った。魏は漢のやりかたを否定した。だから絹が博多湾岸に一度に出てくる。それでわたしは、博多湾岸からどっさり出てくる絹の多くは、中国からもらった絹と考えています。

それで卑弥呼が使いを派遣した時は、「其年十二月詔書報倭女王、曰制詔親魏倭王卑彌呼……班布二匹二丈」と、絹は送っていない。

その内に倭国側でも作れるようになる。「其四年倭王復遣使大夫伊聲耆、掖邪狗等八人、上獻生口、倭錦、絳青縑、」とあり、その後二回目壹与の時は、倭絹、違った模様の異紋雑絹を献上している。

魏から天子のシンボルである龍の模様の入った絹や平絹をもらった。倭国も平絹に龍でない壱与にふさわしい模様を付けて魏に献上している。

このように卑弥呼・壹与の時代に、倭国の絹から中国の絹へ転換を示されている。事実、吉野ヶ里の絹は百パーセント洛陽の絹。ところが博多湾の絹には、楽浪系と江南系の二種類の絹が存在する。

つまり三回脱皮する蚕、三眠蚕の楽浪系の絹と、四回脱皮する蚕の江南系の絹である。ところが江南系の絹は、江南の非漢民族系の少数民族からもたらされたものであろう。そう布目順郎氏は書かれた。読んでみてその非漢民族系の江南の少数民族とは、お分かりでしょう。安日彦・長髄彦ではないか。『東日流外三郡誌』では江南から稲作が来たと書いてある。ですが博多湾へ来たからといって江南と断絶したはずはない。当然連絡はある。言い換えれば杭州湾の倭人です。当然絹を知っている。その絹が入ってくる。

ですから布目さんの自然科学的研究と『東日流外三郡誌』に書かれた『天皇記』・『国記』の記載内容と合致した。これには驚きました。これらの問題は論じていてはいくら時間があっても足らない。詳論は本などを書きますのでご覧ください。

ですから絹の問題でも女王国は博多湾岸で決まり。VI―2で述べる「都市《とい ち》」ように首都も博多湾です。卑弥呼、壹与の時間帯も、三世紀を弥生後期というのは間違い。中期を含む時間帯である。そのように考えています。

絹は楽浪系と書いてあるが、植民地の楽浪郡が出発点のはずはない。本来は洛陽系です。洛陽からやって来た系列の絹が博多湾岸にたくさん出る。ところが不思議なことに、その直前の時期に江南の絹が博多湾岸に存在する。それが『東日流外三郡誌』の安日彦・長髄彦の系列です。

（二〇〇九年一月一〇日、古田史学の会新年賀詞交換会にて）

5　鉄の歴史と邪馬壹国

服部静尚

1　鉄についての予備知識

後ほど専門用語が出てくるので、あらかじめ簡単に説明します。ここをとばして「2　中国古代における鉄」へ進んでも結構です。

三種類の鉄

鉄は他の金属と違って、炭素の含有量によって、大きく性質の異なる三種類の鉄製品として利用されます。三種類を簡単に紹介しますと、

(1)炭素量が〇・〇二％以下のものを軟鉄《なんてつ》と言います。文字通り軟らかく、ビッカース硬度一〇〇強で、青銅（ビッカース硬度五〇～一〇〇）よりやや硬い程度です。針金はこれです。

(2)炭素量が〇・〇二～二・一％のものを鋼《はがね》と言います。たとえば炭素量が〇・四五％の鋼で、硬くて、刃物の刃の部分に使われるので「はがね」と言います。たとえば炭素量が〇・四五％の鋼で、ビッカース硬度二〇〇～二五〇程度です。ところが、鋼は焼入れができて、焼入れる（八〇〇℃前後の高温から急冷する）とビッカース硬度八

○○以上まで硬くなります。

(3)炭素量が二・一％以上のものを鋳鉄《ちゅうてつ》と言います。鉄の融点は一五三八℃ですが、ここまで炭素量が増えると、融点が一二〇〇℃以下まで下がります。ここまで融点が下がると、溶かして型に流し込む（鋳造）作り方が容易にできるので、鋳鉄と言います。鋳鉄はビッカース硬度一七〇前後と、ある程度硬いのですが、鉄の中に炭素の化合物（セメンタイト）や炭素（黒鉛）が偏在していて、脆くて割れやすく、そのままでは鍛造《たんぞう》（叩いて変形させること）ができません。

そこで、熱処理で表層の部分だけ脱炭（炭素を炭酸ガスにして飛ばす）させて軟鉄にしたり（可鍛《かたん》鋳鉄）、黒鉛を球状化したり（ダクタイル鋳鉄）して、脆さを軽減したものがあります。ちなみにダクタイル鋳鉄は二十世紀になって米国で発明された技術です。

製鉄の方法

鉄は地球上でほぼ酸化した状態で存在し、磁鉄鉱（$FeFe_2O_4$）、赤鉄鉱（Fe_2O_3）、褐鉄鉱（$Fe_2O_3 \cdot nH_2O$）などが製鉄の原料となります（砂鉄は磁鉄鉱などが風化して砂状になってできたものです）。

これを鉄にするには、まず酸素を取り除かねばなりません。鉄鉱石に還元剤（酸素を取り除く）であり燃料（燃やして温度を上げる）でもあるコークスとか木炭と、造滓《ぞうさい》剤（不純物を取り除く）の石灰石等を混ぜて焼きます。その結果、（炭素量の多い）銑鉄《せんてつ》（ズクとも言います）と、シリカやアルミナなど金属酸化物の鉄滓（ノロとかカナクソとも言います）ができます。これを製銑《せいせん》と言います。この銑鉄は先に挙げました(3)の鋳鉄として鋳造の原料になります。

銑鉄中の炭素を、酸素や一酸化炭素と反応させて減らして、鉄や鋼にすることを製鉄・製鋼と言います。

これを江戸時代まで行われていた「たたら製鉄」法で説明します。たたら製鉄では、鉄鉱石として砂鉄を、燃料として木炭を使い、そして炉そのものが造滓剤の役目をします。

これで銑鉄(ズク)を作って、その後、大鍛冶場《おおかじ》で半溶融状態で、銑鉄の炭素量を減らして軟鉄にする「ズク押し法」という方法と、たたらで作った銑鉄を、そのままさらに加熱し砂鉄を加え(玉鋼を含む)ケラを作る、つまり直接製鋼する「ケラ押し法」という方法があります。

いずれも本来の鉄の融点一五三八℃までは上げずに、一二〇〇℃前後での温度で製鉄までやってしまう方法です。ちなみに、青銅や黄銅などの銅合金の融点は一二〇〇℃前後ですので、同じ程度の温度できるわけです。

このようにして作られた鉄を、三五〇～六五〇℃程度にすると、軟らかくなって、これを叩いて鍛造加工できます。つまり鉄器や鉄片・鉄くずがあれば、野焼き程度の温度でも、それを自由に加工して、望みの形にすることができるわけです。

2 中国古代における鉄

北京鋼鉄学院の編集による『中国の青銅と鉄の歴史』(慶友社出版、二〇一一年)によりますと、

(1)中国の鉄製品利用は、殷代の隕鉄《いんてつ》(ニッケルの含有量で隕石利用と特定できるそうです)を利用した鉄刃を付けた銅製兵器で始まり、

(2)春秋後期(紀元前六世紀)には、製銑および製鉄が始まっていた。白鋳鉄丸(鋳鉄を丸型に比較的急冷で鋳込んだもの)や海綿鉄(銑鉄の炭素を酸化して炭酸ガスとして飛ばしたもの。炭酸ガスが抜けた跡がスポ

ンジ状になっている）鉄条などが出土している。

⑶戦国初期（紀元前四世紀）には、銑鉄の応用が広範になり、また可鍛鋳鉄も出土していて、さらに製鉄後に浸炭（表面から炭素を染入らせる）して鋼《はがね》にして、焼入れまで行なわれています。

⑷前漢中期（紀元前一世紀）には鼠《ねずみ》鋳鉄（鋳鉄に珪素《けいそ》成分を添加するとサラサラになり鋳造しやすくなるのですが、これを採用したり、ゆっくり冷却する鋳造方法で、炭素を黒鉛化したもの）も現れ、さらに前漢後期の永初六年（西暦一一二年）製作の三十錬の太刀が出土しています。この太刀は、炒鋼法《しょうこうほう》（融けた銑鉄に、送風・かき混ぜて、炭素を減らして鋼を取り出す方法）という方法で作った鋼を用いています。

実に、漢代の遺跡には、鉄鉱石を原料として製銑する高炉（炉床径二m、炉の高さは推定で四m）も現れています。現在で言う（先ほど二〇世紀に発明されたと言いましたが）球状黒鉛化（ダクタイル）鋳鉄まで発掘されています。

つまり、現代人が鉄製品として利用しているほとんどのものが、中国では漢代までにできていたことになります。

3　日本古代の鉄器および遺跡

弥生時代の鉄器

野島永著『弥生時代における初期鉄器の船載時期とその流通構造の解明』（二〇〇八年）によりますと、弥生時代初期の鉄器を観測すると、板状の鉄器であっても、その両側縁あるいは一方が短く折れ曲がっているものが多いそうです。野島氏は、これは中国の戦国時代の燕《えん》（現在の北京から遼東半島にかけての）

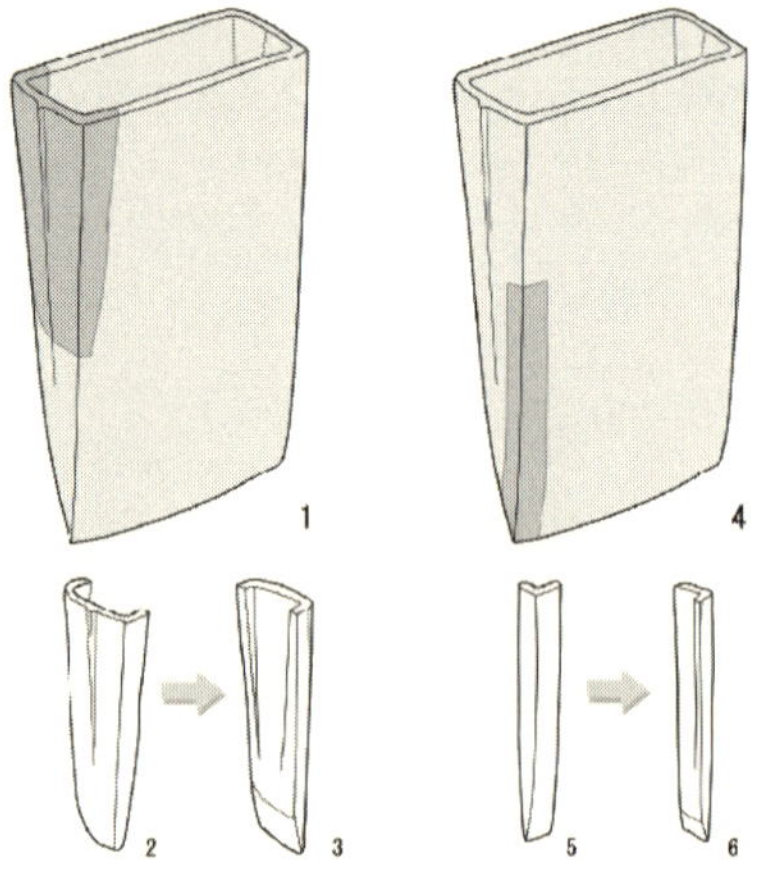

図1　鋳造鉄斧破片の再利用模式図

地域の鋳造鉄器（鍬先《すきさき》）の破片であると指摘しています。図1の上図が元の燕地域の鋳造鉄器の鍬先で、下図が日本国内で出土した鉄器の形状です。先端だけをこのように曲げる鍛造加工は不可能です。野島氏の指摘どおりです。

野島氏は、弥生時代前期～中期前葉とされる鉄器の出土状況および形態を（合計一二〇点）確認されました。その結果を抜粋したものが表1です。

これから、我国への鉄器導入は弥生時代前期末葉、あるいは中期初頭であり、その多くが中国の戦国時代晩期の鋳造鉄器に由来していて、弥生時代前期末葉の実年代は（中国の戦国時代との関係で）紀元前三世紀まで遡るとしています。以下に野島氏の結論を引用します。

「弥生時代、日本列島に鉄器文化が波及するが、鉄器使用の開始は前期末葉、あるいは中期初頭に降る可能性が高い。中国の戦国時代の鋳造農具が舶載され、その破片の再利用が始まる。その直後に列島独自の鍛造鉄器が出現してくる。九州北部において中期中葉頃に普及し始めた鍛造技術は中期後葉には急速に拡散し、※弥生後期には鉄器製作技術は西日本一帯、終末期までには北陸や関東にまで、浸透していった。弥生時代後期は、拙《つたな》いながらも鍛造鉄器が製作され、それが各地に浸透、定着していった時期であったといえる。」

※野島氏は大和＝奈良県の空白については触れていません。

表1 弥生時代の初期鉄器の出土地と製造方法

	鉄器出土遺跡名	推定時期	製造方法	判断材料
1	福岡県前原市曲り田	早期	鍛造・鋳造不明	ランダムクラック有り。
2	福岡県太宰府市吉ヶ浦	中期	鍛造	船載か？
3	福岡県北九州市中伏	中期	白心可鍛鋳鉄	表面脱炭。袋部破片。
4	福岡県北九州市馬場山	中期前葉	板状鉄器。不明	銹化が著しい。
5	福岡県行橋市下稗田	中期前葉	鋳造の可能性大	ランダムクラック有り。
6	福岡県嘉麻市八王子	中期前半	鋳造鉄斧破片	
7	福岡県築上郡中桑野	中期初頭	鋳造鉄斧破片	
8	福岡県小郡市一ノ口①	前期〜中期	鍛造	鉄板折り返し。層状の銹化。
9	福岡県小郡市一ノ口②	前期末葉	鋳造鉄器破片	ランダムクラック有り。
10	福岡県小郡市三沢北中尾①	中期初頭	鋳造鉄器破片	端部が折れ曲がる。
11	福岡県小郡市三沢北中尾②	前期？	鍛造鉄板	4枚の薄板。混入したものか？
12	福岡県小郡市北松尾口	前期〜中期	鋳造鉄器破片	袋部破片。
13	福岡県小郡市若山①	中期前葉	鍛造	層状の銹化。
14	福岡県小郡市若山②	中期前葉	鋳造鉄器破片	ランダムクラック。鋳型合わせ目。
15	福岡県小郡市中尾	中期前葉	鍛造鉄板破片	層状の銹化。
16	福岡県小郡市中尾	中期前葉	鋳造鉄斧破片	袋部破片。
17	福岡県小郡市大板井	中期	鋳造鉄斧破片	袋部破片。表面脱炭。
18	福岡県朝倉市上の原	中期前半	鋳造鉄斧破片	袋部破片。銹化状況。クラック。
19	福岡県朝倉市七板	中期前葉	鋳造鉄斧破片	袋部破片。
20	福岡県筑紫野市貝元	中期前葉	棒状の鍛造	古墳時代の混入か？
21	佐賀県唐津市雲透	中期	鋳造鉄斧破片	袋部破片。

22	佐賀県神埼郡吉野ヶ里①	中期前半	不明	船載か？漢代以前のもの。
23	佐賀県神埼郡吉野ヶ里②	中期前半	良質の鋳造鉄	袋部形状。
24	熊本県熊本市上高橋高田	中期前葉	鋳造鉄斧破片	袋部先端破片。
25	山口県下関市山の神	早期末葉	鋳造鉄斧破片	
26	山口県下関市宝蔵寺	中期前半	不明	
27	山口県下関市下七見	中期	鋳造鉄器破片	クラック。
28	山口県萩市大井宮の馬場	中期前葉	鋳造鉄器破片	袋部形状より。
29	山口県下関市新張	前期～中期	鋳造鉄器破片	同右。
30	山口県下関市綾羅木郷	前期末葉	鋳造鉄器破片	袋部破片。
31	広島県広島市中山	前期末葉	鋳造鉄斧破片	袋部破片。クラック。気泡。
32	広島県東広島市西本6号	中期	鋳造鉄斧破片	袋部破片。
33	愛媛県周桑郡大久保	前期～中期	鋳造鉄斧破片	袋部破片。
34	鳥取県鳥取市青谷上寺地	前期～中期	鋳造鉄斧破片	袋部先端破片。
35	京都市京丹後市扇谷	前期	鋳造	炭素量三・〇二％
36	京都市京丹後市奈具	中期中葉	鋳造鉄斧破片	袋部破片。クラック。
37	京都市京丹後市途中ヶ丘	中期後半	鋳造鉄斧破片	炭素量三・五％以上、表面脱炭。
38	京都府与謝野町日吉が丘①	中期後葉	鋳造鉄斧破片	鋳型中子の形状が残る。
39	京都府与謝野町日吉が丘②	中期後葉	鍛造	厚さ二～四㎜。
40	大阪府東大阪市鬼虎川	中期前半	鋳造鉄斧、鋳造	袋部破片。鏃は鋳鉄脱炭鋼。
41	大阪府東大阪市瓜生堂	中期後半	鋳造鉄斧破片	
42	大阪府富田林市甲田南	中期中～後葉	鍛造及び鋳造	層状に銹化。炭素量三・二七％。
43	埼玉県朝霞市向山	中期中～後葉	鋳造鉄斧破片	
44	神奈川県秦野市砂田台	中期中～後葉	鉄器破片再加工	

（出典）野島永「弥生時代における初期鉄器の船載時期とその流通構造の解明」二〇〇八年、より抜粋。

弥生時代の製鉄遺跡

窪田蔵郎著『鉄と人の文化史』二〇一三年によりますと、弥生時代の遺跡では小さな鏃《やじり》や農具が多数出土するが製鉄遺跡は乏しい。年代判定が難しい上に正式な報告書が出てこないそうです。通説では、六世紀末あたりから言われる鉄の精錬遺跡ですが、それ以前に遡る例として、

(1)福岡県添田町庄原遺跡：弥生中期前半（紀元前二世紀）、金属溶解炉（ただし鉄かどうかは不明）。
(2)壱岐カラカミ遺跡：二〇一三年、弥生時代後期の鉄の地上炉跡を発見。
(3)広島県三原市小丸遺跡：一九九五年、三世紀末と考えられる円形炉（径五〇cm、深さ二五cm）の遺構発見。
(4)山口県新南陽市御家老屋敷古墳：四世紀の製錬鉄滓のみ発掘される（炉の遺構はなし）。

以上がありますが、これを見ると前述の野島氏の結論の通り、弥生時代は船載の鉄器もしくは鉄破片の再加工が中心で、一部製鉄が行われていたとしても、（現時点の判断としては）主体ではなかったとするのが妥当と考えます。

4　鉄の歴史と九州王朝

①古田武彦氏は、『倭人伝を徹底して読む』（ミネルヴァ書房より復刊）で、また『ここに古代王朝ありき』（ミネルヴァ書房より復刊）で、次のように述べられています。

――(三国志東夷伝に)「国に鉄を出す。韓・穢・倭、皆従いて之を取る」と出てきます。「国」というのは韓国の中の一部でしょうが、そこで鉄を出している。その「鉄を取る」という倭は、やはり「俾弥呼の倭」のことで、もちろん取りに行くのは「倭国の人間」です。ということは、読んでいる方は「俾弥呼は鉄を非常に大事にしていて、倭国というのは、鉄器類をつくっている国だな」というふうに理解します。

それだけではなく彼等(韓・穢・倭)は、物を市場で売買するときにこの鉄を中国における銭と同じように使っているという話が出てきます。

中国では、すでに当時貨幣経済が出来ていて銭で交易されていました。ところが、韓・穢・倭では、まだ通貨制度が出来ておらず、通貨の代わりに鉄を使っていたのです。中国では、一つの国を理解するときに、まずその国の経済状態を見ました。どういう経済状況の下で、彼等は生活しているかを見た。なかなか合理的な観察の仕方です。そして「俾弥呼の女王国は鉄を通貨として経済を行っている国である」と、「倭人伝」に入る前の「韓伝」から布石を打ってあるわけです。――

――卑弥呼の宮室は「兵」に守衛されていて、その「兵」は「矛と弓矢」だ。「矛」についてはすでにのべたが、一方の「弓矢」も重大だ。竹製や木製部分は腐蝕しても、鏃《やじり》は残る。「骨鏃或は鉄鏃」とあるが、縄文にはない。弥生の花形は何といっても、「鉄鏃」だ。ところが、近畿の大和には、全く鉄鏃の出現を見ないのである。弥生全期を通じて、そうだ。この事実を考古学者は何と見ているのだろう。鏃は戦の道具だ。山野に散乱する。すなわち「弥生の山野」に分布したはずだ。もし大和が卑弥呼の都の地だったとしたら、なぜそこに鉄鏃の出土が皆無なのだろう。全く理解できぬ。これに対し、「鉄鏃」をふくむ全弥生鉄器の出土中心、最密集地は、やはり筑前中域(糸島郡・博多湾岸・朝倉郡）なのだ。——

古田氏がこう述べられて、その後三五年が経過しました。その間新しい考古学上の発見もありましたが、どう変わったのでしょう。

②魏使が邪馬壹国を訪れたのは三世紀前半ですから、いわゆる弥生時代後期に当たります。

表1を見ますと、その少し前、弥生時代の前期〜中期の鉄器出土物は、ほとんどが北九州に集中しています。近畿にも若干ありますが、邪馬台国近畿説の中心にあたる大和＝奈良県には一つもありません。製鉄遺跡も同じです。

広島大学文学部考古学研究室川越哲志氏の編集で、二〇〇〇年に発刊された「弥生時代鉄器総覧」という書籍があります。ここには日本全国一六五三遺跡、一万五三〇〇点以上の鉄関係の出土物が網羅されています。

ここに記載されている出土鉄器を、都道府県別に、弥生前期・中期・後期および終末期に分けて（推定年代が古墳時代にまたがるものは除外しました）、鉄鏃とそれ以外の鉄器（鉄滓などは鉄器でないので除外しました）に分類して、それぞれ本数を算出したものが表2です。

これを見ると、古田氏が指摘された当時と何ら変わっていません。

福岡県・熊本県を中心にして北九州に鉄器が大量に出土するのに対し、奈良県は弥生後期・終末期に至ってやっと、鉄鏃一本を含めて六点の鉄器出土です。しかもその六点の出土地は、奈良市が二点、御所市・斑鳩町・田原本・榛原町の各一点です。纒向《まきむく》遺跡のある桜井市や飛鳥にはまったくありません。

魏使が邪馬壹国を訪れた弥生後期・終末期の鉄鏃に注目して、地図上にプロットしたものが図2です。

表2 弥生時代の鉄器出土数

県名	弥生前期		弥生中期		弥生後期・終末期	
	鉄鏃	その他の鉄器	鉄鏃	その他の鉄器	鉄鏃	その他の鉄器
北海道	1	6	1	5		1
青森		1				
岩手	1					
宮城				1	1	1
福島				1		
茨城					3	9
栃木						2
群馬					16	38
埼玉				2	1	20
千葉				15	59	78
東京				3	2	32
神奈川			1	26	7	38
新潟				3	1	12
富山					1	1
石川				3	48	133
福井				2	32	806
山梨					2	17
長野				9	25	169
岐阜						1
静岡					3	34
愛知		1	1	2	10	1224
三重				1	3	4
滋賀			8	5		2
京都		1	6	281	61	89
大阪		2	10	23	26	111
兵庫		4	15	64	84	165
奈良					1	5

県名	弥生前期		弥生中期		弥生後期・終末期	
	鉄鏃	その他の鉄器	鉄鏃	その他の鉄器	鉄鏃	その他の鉄器
和歌山				3	4	11
鳥取				11	38	358
島根				3	34	177
岡山			8	32	82	283
広島		2	6	37	57	198
山口		7	12	58	86	122
徳島			3	28		9
香川			5	56	27	26
愛媛			9	51	16	36
高知				3	45	36
福岡	2	48	46	365	231	753
佐賀		5	8	77	36	250
長崎			4	23	14	66
熊本		1	20	21	311	1254
大分		22		85	178	223
宮崎			1	6	19	13
鹿児島		3	1	4		3
沖縄				1		
合計	4	103	165	1310	1564	6810

（出典） 川越哲志編「弥生時代鉄器総覧」広島大学文学部考古学研究室，2000年，より，①鉄滓などはカウントせず，②推定年代が古墳時代にまたがる場合はカウントせず，③推定年代が弥生前・中・後期にまたがる場合は，古い方に分類しました。

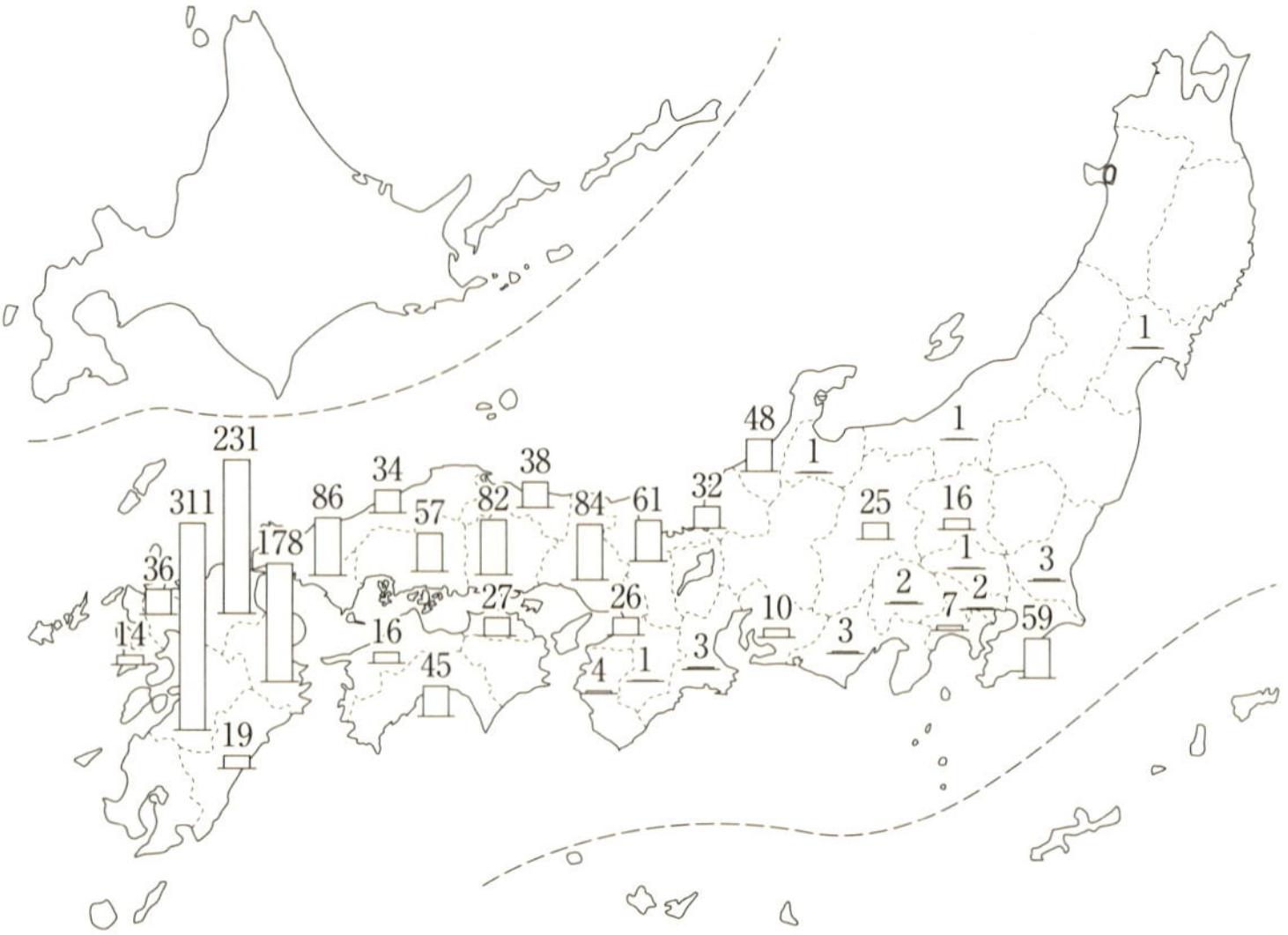

図 2　弥生時代後期〜終末期における鉄鎌出土数（本）

明らかに大和（奈良県）の空白が見て取れます。

③この誰もが見て判るデータを、従来の近畿天皇家一元史観の歴史家、考古学者はどう見たのでしょうか。一つの有力とされていた解釈として次があります。

「鉄器はリサイクルできるので回収されて再生された。だから大和には出土しないのだ。」「また、鉄は錆び易いので土中の経年変化で消滅した、だから出土しないのだ。」というものです。

先ほどの出土分布図を見ての解釈としては、科学性が微塵もありません。

さすがにこれではいけないと、寺沢薫氏は、『弥生時代の年代と交流』（吉川弘文館、二〇一四年）の中で、次のように述べて、この解釈を否定されました。

「見えざる鉄器論とも形容されるこの矛盾を、鉄器が少ないというより石器が減少する事実より、石器が激減しているのだからその機能に変わる鉄器の存在は当然想定されねばならないという論理で、【1】鉄器はリサイクルできるので回収されて再生された【2】土中の経年変化で消滅したとする議論の回避は、【1】は東方の鍛冶炉は九州のものに比べ簡素なもので、リサイクルのための溶解さえも不可能なものであって、大量に伴出する鉄素材は使いこなせずに廃棄されたものと分析された。【2】は九州と大和（奈良）の腐食・風化環境の差が証明できていない。」

と、ここまでは良かったのですが、寺沢氏の結論は、

「鉄というアイテムの普及と増大という経済的基盤は、ことヤマト王権という列島規模での権力醸成の直接的かつ決定的な原因になることはなかった。（中略）（ヤマト王権）その誕生を根底から促す原動力になることもなければ、直接的な契機になったとは到底思えない。そうではなくて逆に、畿内、ヤマトへの鉄器の集中とその生産技術や流通システムの収束は、ヤマト王権の誕生という、纒向遺跡への王権中枢機能の集結という新時代の到来によって初めて達成されたのである。北部九州を核としたそれまでの鉄器流通システムを変えるほどの東方地域全体の鉄器化は、まさに王権の誕生を待たねばならなかったのであり～」というものです。

④びっくりするような結論です。鉄器はヤマト王権を確立するためにはまったく役に立たなかった。ヤマト王権が確立して、ずっと後の時代になって、初めて（それ以前は大和以外の地に多くあった）鉄器がヤマトに集中したということのようです。

図2をもう一度見てください。卑弥呼は大和で、この鉄器のほとんど出土しない大和で、北九州を中

心とする文明の発達した、兵力も圧倒している地域の勢力を、そこから遠く離れた大和で、どのようにして統治したというのでしょうか。この回答が無い限り科学的な論証とは言えません。

魏志倭人伝には「（卑弥呼の）宮室・楼観・城柵、厳に設け、常に人有り、兵を持して守衛する」とあり、その兵は「矛・楯・木弓を用うる（中略）竹箭は或いは鉄鏃、～」とあります。

卑弥呼は鉄鏃を携えた多数の兵に守られていたわけです。寺沢氏の論旨は成り立ちません。寺沢氏の苦肉の結論は、近畿天皇家一元史観の限界を示すものです。

⑤以上の通り、鉄器あるいは鉄鏃だけを見ても、邪馬台国畿内説や近畿天皇家一元史観では到底説明できないのです。

6　三十国の使いと「生口」

古田武彦

一昨年、群馬県の高木病院で、わたしは手術をしました。その前の大学セミナーに加藤院長と薬剤師の青年が参加されていた。わたしが段を降りたり上がったりするのに、足を引きずってヨタヨタ歩くさまを見て、これは水頭症ではないかと言われた。そして高木病院に来ることを勧められた。

そして年が明けてから行きました。高木病院というのは、群馬県で一、二を争う有名な病院。実際の手術をされたのは、水頭症の専門とされる高木清医師です。その方の手術のあと、目がさめて翌日歩いたらタッタッタッタと歩いた。ぜんぜん足を引きずらない。

簡単に言えば、足の血流が悪くなっていた。それに頭と心臓の血流をつなげるという「大手術」を行った。それで足の血流は良くなった。ところが足だけではない。足に流れる血流と頭脳に流れる血流は同じ血流です。だから頭も良くなった（笑）。だから『「邪馬台国」はなかった』など復刊本に取り組んでみて、三十年前はこんなことも気がついていない。あんなことも気がつかなかった。今からみれば穴だらけです。そういう大変幸せな経験をした。

ところでその前の夏、手術の検査入院では、昼はあらゆる検査を行い、夜になると加藤院長が病室に来て、わたしが古代史の講義をする。そういう面白い経験をした。

そのとき加藤院長が言われたことの一つに、『倭人伝』に有名な三十国がありますが、あれは倭国から三十国の使いが中国に行って、各国の特産品を献上した。その献上した国の名前ではないでしょうか。とうぜん献上すれば国の名前があるわけで、それが国名として並べられている。その三十国（二十一国）ではないか。このように言われて、わたしは本当に驚いた。そのように考えたことはなかった。

ところが調べてみると、この貴重なアイデアにはひとつの問題があった。わたしは卑弥呼と壱与両方共に、上表文を送ったように考えていた。ですが、しっかり『倭人伝』を読んでみると、壱与のときには上表文を送っていない。卑弥呼のところで二回目に、一回だけ上表文を送ったとある。

ところが、その時にはたいしたものを送っていない。一回目の「班布二匹二丈」ほど酷くはないが、それでも「倭錦絳青縑緜衣帛布丹木付短弓矢」などたいしたものは送ってはいない。それに対して壱与のときは、「白珠五千孔青大句珠二枚異文雑錦二十匹」など書かれている。ですがそこには上表文は送ったと書かれていない。実際は送ったけれども書くのを省略したということはありえない。特に西晋で、陳寿が居るところですから忘れるはずはない。ですから上表文を送ってきたけれども書かなかったということはありえない。

ですから加藤さんのアイデアは非常に面白いのですが、そのままでは通らない。

ですが見ていきますと、『魏志倭人伝』の最後のところで「献上男女生口三十人」とある。具体的な国名の数として、二十一国プラス九国は三十国となり、生口三十人となり同じ数です。偶然の一致かどうかという問題です。

『諸橋大漢和辞典』および漢書の用例　生口　セイコウ

（1）とりこ。捕虜。俘虜。〔漢書、李陵傅〕捕得生口言、李陵教二単于為レ兵、以備二漢軍一。〔孩。

餘叢考、生口〉生口、本軍前生檎之人、云々、皆謂二捕一獲生口一也。
（2）家畜。馬・騎馬の類。牡口。……漢書巻五十二韓安国伝、……安国為材官将軍、屯漁陽、捕生口虜、言匈奴遠去……漢書巻五十四蘇武伝、……後陵復至北海上、語武、『区脱捕得雲中生口、言大守以下吏民皆白服、曰上崩。』武聞之、南郷号哭、欧血、旦夕臨……

さらに考えてみますと、「生口」というものを「捕虜」と解釈していた。『諸橋大漢和辞典』、さらに元をなす『康熙《こうき》字典』でも一番目は「捕虜」と書いてある。二番目は「牛馬」と書いてある。しかし文例をよく読んでいくとおかしい。

何がおかしいかと言いますと、文例では「生口を捕得する」と書いてある。「生口」が捕虜なら、「捕虜を捕得する」という意となり、「馬から落ちて落馬して」というような変な文章になる。このような漢文には成り得ない文章の解釈です。そうしますと、「生口」が捕虜であるという解釈は、『諸橋大漢和辞典』の、さらにその元をなす清の『康熙字典』のイデオロギー解釈にすぎない。本来は「生口」は捕虜ではないのではないか。そのように考えてきた。

それで結論から言いますと、その通り。本来の「生口」は、牛馬であれ人間であれ「生きとし生けるもの」という意味である。今残っている言葉から斟酌《しんしゃく》しても、たとえば「人口」は人間の数。「人が何人居るか」であり、「捕虜が何人居るか」ではない。ここでも「口」が生きている人間に使われている。現在でも使われて残っている例である。

それを勝手に「生口」を『諸橋大漢和辞典』は捕虜にしてしまった。『諸橋大漢和辞典』には大変お陰を被っていますが、それでも元をなす『康熙字典』のイデオロギー解釈を丸呑みにして『諸橋大漢和辞典』は書いていていた。

ですから生口とは捕虜という意味ではない。本来は「生きている人間」という意味である。三十人というのは、各国の代表の人間の三十人。これが第一のポイントです。

二番目のポイントは「献上」という言葉の意味です。これは中国の歴史書では、一番いやらしいイデオロギー用語です。つまり中国では、自分の国と他所の国をかならず対等とは見なさない。歴史書では必ず上下関係、支配披支配の関係で書く、というイデオロギーで充ち満ちている。『尚書』などは別であると考えますが、だいたい『史記』『漢書』以後の話です。

その証拠というか、変な証拠を挙げます。

『日本書紀』巻十一仁徳天皇五八年（庚午三七〇）冬十月。呉國。高麗國並朝貢。
『日本書紀』巻十四雄略天皇五年（辛丑四六一）夏四月。呉國遣使貢献。

『日本書紀』では呉の国が二回だけ天皇家に貢献・朝貢しています。そう書いてあるから近畿天皇家は、呉の国のご主人であった。そういうことを言う人は誰もいない。要するに近畿天皇家が中心というイデオロギーに沿って、国交のあったことを「貢献・朝貢」という表記で表したことは、おそらくご異存はないと思う。その元です。このやり方を『日本書紀』が独創したわけではない。

その元は、中国の歴代の歴史書です。つまり他の国との交流はすべて「貢献・朝貢」。上下の隷属関係の形で書くという、中国人はイデオロギーの流儀を持っている。それを中国人のイデオロギーに酔っ払って読むというのが従来の日本人の読み方。『康熙字典』もそうです。『諸橋大漢和辞典』もそれで来た。それをもう一回史料批判を行わなければならない。

これも考えたら当たり前です。有名な『後漢書』倭伝を見てください。

『後漢書』倭伝　安帝の永初元年、倭国王帥升等、生口百六十人を献じ、請見を願う。

これが捕虜ならばおかしい。だってそうじゃないですか。捕虜百六十人なら、捕虜でない倭人を千人ぐらい連れて行かなければ、いつ反乱を起こされるか分からない。書いていない。倭人は省略するのですか。

ですから本来、「捕虜百六十人」と読むほうがおかしい。今になっての話ですが、倭国の使節百六十人が来たというのを、「献じ、請見を願う」とイデオロギー用語で、中国人は中国人らしく、いやらしく書いているにすぎない。

同じく、もう一つの裏付けをなす証拠は、『倭人伝』の先頭にあります。

「漢の時百余国あり、今朝見し使訳通づる所三十国」。この百余国の使いが百六十人です。百国全部から一人来たら百人ですが、一つの国から二人あるいは三人と来る国があれば百六十人ぐらいになります。このときの話を陳寿は、百余国の使いが漢の時に来たと言っています。別の話ではない。

そうしますと肝心の話に移りますが、『倭人伝』では三十国の使節が行ったと書いています。そうしますと、仮に「百余国」を百二十国とします。九十国は行かなかったということです。なぜ行かなかったか。魏・呉どちらが勝つか分からないから。公孫氏やどちらが勝つか、分からないから。

完全に敵対する呉に付いた狗奴国もいた。とうぜん呉に付いた国もある。それらの国は、魏には行かない。仮に二十国が呉に付いたと考えますと、後の七十国はどっち付かずで行っていない。まだ魏が勝つか呉が勝つか、分からない。公孫氏が勝つか高句麗が勝つか、まだ分からない。その時に敢然と行ったのが三十国。

これを上田正昭氏は、百余国が統一して三十国になったと考えています。統一したとは書いていないのに、勝手に自分で統一させている。この考えはダメです。国が統一したのではなくて、大部分の国は日和見で行かなかった。これらの問題は、次の段階で重要な意味を持ってまいります。

これに関連して、面白い問題を加えます。広島県に生口島という島があり、実は谷本茂さんの出身地です。この方とは『古代史のゆがみを正す――「短里」でよみがえる古典』（新泉社）という本を出しましたが。ところで、この島は「生口島」と書かれています。なんとなくおかしい。よく考えてみれば「生口」という漢字が、捕虜の意味なら使うはずがない。

「いくち島」という呼び名のほうは、今は明確です。「い」は先頭に付けて、神よりもたらされたという神聖さを示す言葉。壱岐・伊予・伊勢など、たくさんある。「く」は不可思議の意味の誉め言葉。「ち」は神様の意味。神よりもたらされた不可思議な神様の島。そのすばらしい言葉が、なぜ「生口島せいこうとう」になるのか。従来の捕虜や牛馬という考えではダメです。ところが「生きとし生けるもの」という本来の用法から見ると、生口島はすばらしく素直です。

ですから「いくち」に「生口」を当てたのは、『諸橋大漢和辞典』や『康熙字典』より正しく、より正しい古い表記が明らかに日本に残っている証拠なのです。ベトナムや中国にも残っていると思います。他にも当然残っています。ですから漢字を勉強する人は日本語を勉強して、そのような例を大事にしなければと考えています。そうしないと本来の漢字は分からない。

（二〇一〇年一月九日、古田史学の会新年賀詞交換会にて）

Ⅲ　二倍年暦

1　陳寿が知らなかった二倍年暦

古田武彦

『魏志』倭人伝

〔魏略日其俗不知正歳四節但計春耕秋収為年紀〕見大人所敬、但搏手以當跪拜。其人壽考、或百年、或八九十年。

『三国志』を書いた陳寿は、わたしが尊敬する歴史家の一人ですが、彼が唯一ミステイクというか間違った箇所がある。それは「百年或八九十年」のところです。つまり倭人というのは長生きである。一〇〇年あるいは八、九〇年生きているとそう書かれてある。八〇歳以上の平均寿命がある。

ですが、これは大ウソです。現在の研究では弥生時代の人々の寿命が判明していて、いずれも四〇歳代半ばで寿命は終わっていることははっきりしている（たとえば福岡県福岡市金隈遺跡の報告書や説明書）。ですから八〇歳まで生きているということはまったくない。

では、これは何か。わたしが年来言ってきた「二倍年暦」である。安本美典氏が最初言われ、わたしも賛成した「二倍年暦」、そのような立場で書かれている。

これは『日本書紀』で古代の天皇の寿命が百二十六歳など、やたらに長い人もいるが平均してみると九〇歳ぐらいとして書かれている。ということは、やはり「二倍年暦」で書かれている。

ところが陳寿はそれを知らなかった。本当は『魏略』に「其俗不知正歳四節但計春耕秋収為年紀」とあるように、一年に二回始まりがあるということですから、陳寿がこのことを正確に理解しておれば、こんなミステイクはせずに済んだ。

しかし結果的に、はっきりと陳寿はミスを犯している。

ところがそのミスを、『日本書紀』の編者はミスと思わなかった。『三国志』に書いてあるから本当にそうだと考えた。

『日本書紀』上　神功紀（岩波古典大系に準拠）

三十九年。是年。太歳己未。魏志に云はく。明帝の景初三年の六月、倭の女王、太夫難斗米を遣して、郡に詣りて、天子に詣らむことを求めて朝献す。太守鄧夏、吏を遣して、将て送りて、京都に詣らしむ。……

四十年。魏志に云はく。正始の元年に、建忠校尉梯携等を遣して、詔書印綬を奉りて倭國に詣らしむ。

四十三年。魏志に云はく。正始の四年、倭王、復《また》使太夫伊聲者掖耶約等を遣して上獻す。

六十六年。是年。晋の武帝の泰初二年なり。晋の起居の注に云はく。武帝の泰初の二年の十月に、倭の女王、譯を重ねて貢せしむといふ。

『日本書紀』の編者は、中国の正史『三国志』のこの箇所を引用しています。ですから『三国志』「魏志倭人伝」を読んでいます。それを古代の人はこれだけ九〇歳前後まで長生きだったと、七二〇年に『日本書紀』を造った人々は信じ込んだ。手持ちの九州王朝の史書を持ち込み転用して『日本書紀』を造るのですが、古代の天皇の寿命は平均九〇歳前後だった。天皇の寿命には一二〇歳前後の人もいますが、古代の天皇の寿命は長生きと本当だと思い込んで七二〇年に『日本書紀』に嵌め込んだ。そうして、かつ『三国志』「魏志倭人伝」の卑弥呼の記事を神功皇后に当てた。

『日本書紀』を造る一つのキーポイントは「神功皇后紀」である。なぜなら『古事記』の場合には、卑弥呼・壱与に当たる人物がいない。

これでは東アジアでは通用しない。卑弥呼・壱与に対応する人物がいないと東アジアでは信用されない。だから対応する長大な「神功皇后紀」を造って、卑弥呼の記事を三回、壱与の記事を一回登場させ、かつ卑弥呼・壱与の二人を一人にして『日本書紀』に嵌め込んだのが大きな目印です。

しかも「二倍年暦」とは知らずに古代の天皇を並べたものだから、神武天皇はBC六六〇年ぐらいになってしまった。だから七二〇年に『日本書紀』を造った編者は、「二倍年暦」という時代が存在したことを知らなかった。

これはつまり完全に王朝が違う証拠である。八世紀からの新米の王朝と、七世紀以前の王朝が同一の王朝なら、そのようなトンチンカンな誤解をするはずがない。ここには明らかに、王朝の断絶がある。そのように言える。

『古事記』（岩波古典大系に準拠）

故爾に天津日子番能邇邇藝《ににぎ》の命に詔りたまひて、天の石位《いわくら》を離れ、天八重多那《やへたな》雲を押し分けて、……、天の浮橋に宇岐士摩理《うきじまり》、蘇理多多斯弖《そりたたして》、筑紫の日向の高千穂の久士布流多気《くしふるたけ》に天降りまさしめき。

……是に、天津日高日子番能邇邇藝の命、笠紗《かささ》の御前に、麗しき美人に遇ひたまひき。

……此くて石長比賣を返さしめて、獨《ひとり》木花之佐久夜毘賣《このはなさくやひめ》を留めたまひき。故、天つ神の御子の御壽《みいのち》は、木の花の阿摩比能微坐《あまひのみま》さむ。」といひき。故、是を以ちて、今に至るまで、天皇命等の御命長くまさざるなり。

……故日子穂穂手見の命は、高千穂宮に伍佰捌拾（五八〇）歳坐しき。御陵は、即ち其の高千穂の山の西に在り。

さらに面白い問題がありまして、木花之佐久夜姫と石長姫の話である。『古事記』上巻の最後の巻に、「故、天つ神の御子の御壽は、木の花の阿摩比能微坐さむ。といひき。」と出てきます。

妹の木花之佐久夜姫は美人で、姉の石長姫はブスだった。そして姉さんとの結婚をせずに、邇邇藝は妹の木花之佐久夜姫を奥さんにした。「故、是を以ちて、今に至るまで、天皇命等の御命長くまさざるなり。」つまりブスの石長姫の呪・祟《たた》りによって天皇の寿命は長くなくなった。

これはおかしいですね。それでは一一〇歳、一二〇歳と長寿の天皇はたくさんあるのに、長くないと言っているのはおかしい。

この問題は、今回わたしには簡単に理解できた。何かと言いますと、同じページに「故日子穂穂手見の命は、高千穂宮に伍佰捌拾歳坐しき。御陵は、即ち其の高千穂の山の西に在り。」とある。

高千穂というのは、現在の福岡市高祖山連峰だと思いますが、そこに彦穂々出見尊は五八〇歳居られた、とこのように書いてあります。

これは何かと言いますと、現在のわたしには疑う余地なく理解ができます。

なぜかと言いますと、三十数年前、手塚誠さんという福岡県糸島郡の農家で旧家のお宅を訪れたことがある。原田大六さんのリードにより、高祖山にクシフル岳の存在を教えていただいた。原田大六さんが言うから間違いないと考えましたが、それだけでは不確かなので、何か書いたものはないかと問うと、手塚誠さんのところに文書があることを教育委員会を通して教えていただいた。

それで確かに黒田長政の書状がありまして、そこに「クシフル岳」と書かれている。これを写真に撮り、『盗まれた神話』に掲載させていただきました。

ところがその時に、実はもう一つ見せてもらった史料（系図）があった。系図を見せてもらって驚いた。なぜかと言いますと、その系図は、代々同じ名前が連続して並んで書かれていた。これは何ですかと問いますと、「私も分かりません。ですがこのような系図が伝わってきている」とおっしゃった。

今のわたしには簡単に分かることです。これは「襲名《しゅうめい》」です。歌舞伎の世界で今話題になっていますが、歌舞伎の世界では江戸時代からの「襲名」ですが、日本の社会には古くから襲名という習慣がある。ある人が市役所のアルバイトに行って驚いた。戸籍を見ると江戸時代から明治時代まで「善兵衛」さんが続いている戸籍がありましたよと知らせてくださいました。

このように日本社会には古くから襲名の伝統があり、江戸時代から判明している襲名の習慣が、現在まで続いているのが歌舞伎の世界です。ここの「五八〇歳」は一人がそんなに長く生きていることはありませんから、一人でなく襲名である。一人が平均一〇年なら五八〇歳は五八人、平均二〇年なら五八〇歳は二九人の話にすぎない（手塚誠さんは数年前亡くなられたが、ご遺族の方に聞きましたら、福岡県図書館にこの系図を寄付されたので手続きを行えば閲覧することができるということでしたが、後日調査で行方不明と判明）。

ですから『古事記』のここは襲名の書き方である。しかし『古事記』の編者は襲名の書き方であることを知らなかった。これを五八〇年生きたと考えたから、百十歳や百二十歳は命が短くなったと考えた。それは石長姫の祟りだと、俗説を流布した。だから『古事記』の編者はすでに「襲名」という記録の意味を知らなかった。万世一系どころではない。これは完全に王朝が代わっているという証拠です。

（二〇一一年一月八日、古田史学の会新年賀詞交換会にて）

2　盤古の二倍年暦

西村秀己

北宋の太宗の勅令により編纂された「太平御覧」に引用された「三五暦紀（記）」（三国呉　徐整著）には、次のような一節がある。

天地渾沌如鶏子盤古生其中萬八千歳天地開闢陽清為天陰濁為地盤古在其中一曰九変神於天聖於地天日高一丈地日厚一丈盤古日長一丈如此萬八千歳天数極高地数極深盤古極長後乃有三皇数起於一立於三成於五盛於七処於九故天去地九萬里（なお、原文の旧字の一部を当用漢字に改めた）

かの有名な盤古伝説の一部である。全文の読み下しは省略するが、要するに一日に一丈づつ成長する盤古と天が有り、一万八千年後その身長と高さが九万里に達した、という記事である。しかし何かおかしい。計算が合わないのである。そもそも定説によれば、中国のどの時代に於いても一里は一八〇丈であったらしい（古代では六尺＝一歩、三〇〇歩＝一里。唐以降では五尺＝一歩、三六〇歩＝一里。つまりいづれにおいても一、八〇〇尺＝一里。そして一〇尺＝一丈）。とすればこの場合の計算式は、

一×三六五×一八、〇〇〇÷一八〇＝三六、五〇〇

となる。要するに暗算で簡単に答が出てしまうのである。

もちろん、ここに記された数字は縁起の良い数字を連ねたに過ぎないのかもしれないから、計算の合わないことに拘泥するのはナンセンスの極みだ、という観点もあろう。だが、ともかく確認しておくにしくはない。

まず、右の定説に関わりなくそれぞれの単位を確認しておきたい。

「丈」は隋唐以降約三mだが、周代においては約二mだったという（吉川弘文館歴史手帳による）。したがって、この二つを「丈」の候補とする。

次に「里」だが、これには当然長里（唐以降のものとして約五四〇mとする）と短里（約七六m）を考えなければならない。

とするならば、計算は四通りになる。

(1)丈三m里五四〇mの場合。三×三六五×一八、〇〇〇÷五四〇＝三六、五〇〇〇里
(2)丈二m里五四〇mの場合は同様に二四、三三三里
(3)丈三m里七六mの場合。二五九、三四二里
(4)丈二m里七六mの場合。一七二、八九五里

以上である。いずれも九〇、〇〇〇里には程遠い。やはり、無駄な努力だったのだろうか。しかし、古田武彦氏によって古代中国における二倍年暦の可能性が指摘されている。そこで、先の計算に二倍年暦を導入してみよう。

(1)÷二＝　一八、二五〇里
(2)÷二＝　一二、一六七里
(3)÷二＝一二九、六七一里
(4)÷二＝　八六、四四八里

「丈」＝二m「里」七六m「年」一八二・五日の場合のみ、約九〇、〇〇〇里というに相応しい。しかも、この場合「丈」「里」ともに周代以前の単位なのである。これははたして偶然なのであろうか。古代人には計算能力など存在しない、などという考え方は現代人の傲慢であることは言うまでもない。したがって右の結果は検討に値するものではあるまいか。すなわち、盤古の成長は、「短里」と「二倍年暦」という古田史学の成果を同時に用いて初めて計算し得るのである。

最後に、先に述べた「縁起の良い数字（聖数）を連ねただけのもの」という考え方を検証してみよう。このもっともらしい、あるいはオトナの考え方には、実は大きな落とし穴があるのである。古代中国に二倍年暦や短里が存在しなかった場合、「天日高一丈」を「天日高五尺」にし「萬八千歳」を「九萬歳」とするだけで、その計算結果は「天去地九萬里」になるのだから。しかも、同様の聖数を使用したにもかかわらず、である。

Ⅳ 倭人も太平洋を渡った

1　裸国・黒歯国の真相

古田武彦

女王國の東、海を渡る千余里、また國あり、皆倭種なり、また侏儒國あり、その南にあり。人の長三、四尺、女王を去る四千余里。また裸國・黒歯國あり、またその東南にあり。船行一年にして至るべし。倭の地を参問するに、海中洲島の上に絶在し、あるいは絶えあるいは連なり、周旋五千余里ばかりなり。

『魏志倭人伝』に、こうありますね。これは博多湾岸を原点にすると分かりやすい。「女王國の東、海を渡る千余里」、そうすると関門海峡ですね。「また國あり、皆倭種なり」、山口県には倭種がいる。これひとつとってもね、他の説はダメ。

つまり大和・明日香から東へ海を渡って四千里行けますか。朝倉でも筑後山門でも東に海などない。いま読んだこの文章からだけでも他の説はアウト。我田引水ですが。「また侏儒國あり、その南にあり。人の長三、四尺、女王を去る四千余里」。さきに関門海峡まで一千里使ったから関門海峡から南へ残り三千里。博多湾から関門海峡までの三倍を南にとると、糸を引っ張ってみたら、大分県、愛媛県ではダメで高知県へ行って……足摺岬。ここなら具合がよい。

ここから「また裸國・黒歯國あり、またその東南にあり。船行一年にして至るべし」。（前章に述べましたように）二倍年暦というのがありまして、通常の一年を二年と数える暦。倭人の年齢は八十、九十歳と書いてあるが、発掘される遺体の平均年齢は四十五歳くらいだから、当時の倭人の暦は二倍年暦たった。

これで記紀の天皇寿命とかも説明できるし、現在でもパラオなどでは使われている。

パラオへ確認に行きましたが年齢、百五十歳などの墓がある。

新東方史学会で発行した英文雑誌 *Fenix* に古賀達也さんが英語の論文を載せられましたが、二倍年暦の例はエジプトのミイラ、記録と発掘による推定は二倍くらい違う。論語にも二倍年暦の例がある。英文がインターネットで今年（二〇〇七）十月から取り出せるようになりましたので、関心のある方はご覧ください。

それで「裸国・黒歯国まで船行一年」は現在の暦では半年である。ところが戦後、ヨットで太平洋を渡った青年があった。わたしとしては、その方に学問的恩恵を蒙《こうむ》っているのですが、手作りヨットで世界一周を達成した青木洋さん、現在も大阪でヨット指導をされていて、おそらく本日もこの講演にお見えになっていると思います。

この方の記録をみると、日本からサンフランシスコまでが約三カ月。地図上に糸を引っ張ると、サンフランシスコからエクアドルーペルーまでも同じくらいの距離である。エクアドルがピッタリで、日本から実質・船行半年、これは間違いないという感触を得ました。

ここの沖合には南からフンボルト海流というのが来ていて、暖流の黒潮とぶつかっている。ですから、そこから先は行けない。潮流に乗ると、そこまでは途中止まれないが、そこから南へは行けない。エクアドルに上陸するか、タヒチの方向へ行くかしかない。寒流と暖流がぶつかってプランクトンが大量に発生して地球上最大の漁場となっている。

亀さんが同じコースをとっていて、日本列島からサンフランシスコ、エクアドルと行って、プランクトンを食べて、また日本へ帰ってきて産卵をする。アメリカの学生が亀に発信機をつけて人工衛星で追跡し、少なくともサンフランシスコまでは追跡したということです。

それで、わたしが朝日新聞社から『「邪馬台国」はなかった』（一九七一年）を出したときに「エクアドル近辺、ここが裸国・黒歯国」と書いた。そしたら編集に当たられた米田保さんから「この部分はカットしてほしい。読者がついてゆけない」と言われた。しかしわたしは予想していたから「お断りします」。

どうしてもと言われるなら朝日新聞社から出していただかなくて結構です、とは口からは出しませんでしたが、そう決心してお返事した。

そしたら会議を開かれて一週間くらい後に「そのままで結構でございます」とお返事をいただいた。

著書『「邪馬台国」はなかった』は絶版状態になっていますが、幸いミネルヴァ書房さんの方から出していただけるというお話をいただいております。そのときは新しく注釈をピッシリつけたものを書きたいと思っていますので、来年あたりに出ましたらご覧ください（『「邪馬台国」はなかった』ミネルヴァ書房、二〇一〇年一月二八日発刊）。

（二〇〇七年十月二十一日、豊中市男女共同参画推進センターにて。講演より抜粋）

2 エクアドルの遺跡問題

古田武彦

出版問題が進んだ後、米田さんが——この方は西宮に住んでおられて、いまは亡くなりましたが——調べられて、アメリカの雑誌『ライフ』に「日本の縄文土器がエクアドルから出土した」という記事があると、知らせてくださって驚いたものです。

そこで記事を見て、スミソニアン博物館の夫婦の考古学者、エバンスさんとメガーズさんにわたしがお手紙を書いた。そしたら五日目にお返事が来ました。行き来に二日ずつくらいかかりますから、到着するとすぐにお返事をくださった。驚くべき早さですが、写真版の入った第一回目の報告書を送ってこられた。これによると、エストラダさんというスペイン人の方がバルディビアで土器を拾われたのですね。変わった土器で現地の一般のものと違う。ヨーロッパで買ってきた考古学の本を見ると、どうも日本の縄文土器だ。それで大学時代の友人だったエバンスとメガーズさんに相談されたのですね。それでお二人は日本へ来て、京都、九州とまわって縄文土器を調べて、報告書ができた。その主旨は「日本人が縄文土器を運んでエクアドルへ来た」というものですね。しかし日本の学者は相手にしない。ニセモノだとかバカにした反応しかしてないのが現在のところ。

一言成り行きを述べますと、考古学者の江坂輝彌慶応大学名誉教授は縄文時代についての大学者で、この人がエバンス説を笑いものにした。「「エバンス博士の夢」という論文というかエッセーを書きましてね、笑いものにしたのだが、それは「有明海湾岸の土器がエクアドルのものと似ていて、有明海岸熊本県が中心だと書いてあるが、熊本県の人間だけが漂流して、鹿児島県の人が漂流しないことはありえないから、エバンス説は夢物語に過ぎない」と。バカにするにしても。一応論点が書いてあるのが良い。書いてあるからこそ、あとでそれがひっくりかえった。

エバンス氏亡き後、わたしがメガーズさんをお呼びして東京の東急ホテルでシンポジウムがあって、レストランの止まり木に二人並んでコーヒーを飲んでいた時に、メガーズさんがいわれた。「古田さん、火山のことを調べてくれませんか」「ハイ分かりました」とね。わたしは火山の専門家に知り合いがあったから、その人の本を読み、その人に直接尋ねた。

分かったことは、鹿児島県南方沖に硫黄島があって六〇〇〇年前に大爆発を起こした。今でも痕跡が残っていますが、鹿児島・宮崎県は八割がた壊滅。有明海は――わたしの表現ですが――半死半生。海上へ逃げて黒潮に乗って東へ行けば助かった。そういう火山爆発があったとすれば江坂氏が不審とされたことは解決される。

というのは東京都から神奈川県にかけての周辺のデザインの土器もエクアドルから出てきていて、メガースさんの写真の中に載せられていた。

これについて佐原真さん、歴博（国立歴史民俗博物館）の館長になった方だが、この報告を文字通りバカにして、「サギだ」とかなんとか、なかには「古田の……」というのも入っていたようでしたが。佐原氏は京大助手のときにエバンスさん夫妻に応対して土器の写真などを見せたのだが、その写真を使っている。それを彼らは九州の土器だといっている。詐欺師だからそんなことができるのだ、と。その佐原氏がレッキとした学術報告書とみえるものにそういう悪口を書いてある。

しかし、これも批判点が挙がっているからよい。わたしが調べると富士山が爆発を起こしている。箱根山は、現在は低い山ですね。たいした山ではないが、かつては富士山みたいに高かった。大爆発を起こして低くなった。

富士山も現在は高いが、やがて爆発して箱根山みたいに低くなりますすと。何千万年の後の話だか知りませんよ、「しかしやがてそうなります」。火山学者は平気でそんなことを言い放つからギョッとして息を飲みましたが。

ただこの爆発のときも神奈川県の大部分と東京西部は壊滅、その壊滅した範囲の北側および南側、神奈川県の南。三浦半島は外れている。

その外れた範囲にあたる地域のデザインの土器だけが南米から出ている。

そこでも九州と同じ現象を示していた。このことは『失われた日本』（原書房、一九九八年／ミネルヴァ書房より二〇一三年復刻）に書いたのだが、考古学者は知らん顔。日本の考古学者は、エクアドルへは発掘に行かない。他の国からは来ている。日本からもエジプトその他、あちこちに発掘に行くのにね。彼らは卑怯だ。自分たちの大先生が言ったことがウソだと分かると困るから行かないのだ。古田のことなどはどうでもよいから、エバンス—メガーズ説の間違いを発掘で証明すればよいだろうに。

エクアドルへ日本列島人が到達したことについては、それだけではなくて他の証拠がある。ひとつはブラジルの学者たちの寄生虫の研究。ミイラのうんちの中から見つかった寄生虫がアジア、特に日本に圧倒的に多いものであることが分かっている。報告書を送って貰いましたが、これでもか、これでもか、という論証が書いてある。

南米へ行ったルートを研究するとですね、アラスカからベーリング海峡経由でアジアから行ったとすると、寄生虫は生き残れない。寄生虫は人間の体内にジッとしているのではなくて、何回も体外に出てはまた入ってくるというのを繰り返しているのですね。それが寒帯経由だと生き残れない。それで、別ルートが何かないかと探して、エバンス－メガーズ説を見つけた。黒潮に乗って来る。これなら生き残れる。

ということで、この説に従った報告が次々に出されている。これも日本の考古学者は無視している。

また愛知県・癌センターの田島和雄さん、いま教授になっておられるが、その血液癌ウイルスの研究がある。

これは四国・九州に多い風土病で、頑健だった漁師さんが四十～五十歳になるといきなり高熱を出して一週間くらいで死亡する。これをわたしは足摺岬で最初に聞かされたのだが、ウイルスによるもので最近解決策が見つかったという。遺伝かと思われていたがこれは遺伝ではなかった。ウイルスが母子感染する病気で、対策としては母乳を飲まなければ良い。つまり子供は牛乳を飲めばよい。ということで病気は解決したのだが、田島さんがこの病気のウイルスの同類はどこにいるかと、さらに追究されたのだが、はじめはあるだろうと思った太平洋の島国にない。韓国・中国を調べてもない。例外的な二例は詳しく調べると日本からの帰国者だった。

そして南米を調べたらあった。南米のインディオたちから続々と出てきた。現在ではウイルスの分類はⅠ型のⅠ、Ⅱ型のⅠ、Ⅱ型のⅡ……などと詳しくなっているが、日本と南米インディオのものはⅡ型のⅠ、違わない。この研究は来たルートは分からない。分かるのは先祖が同じだということ。ミイラになっているような先祖でも同じ。

ここまでくれば、土器も似ているのだし、偶然の一致だと言い張るべきじゃない。これが人間の判断。しかし考古学界で江坂・佐原先生に逆らったら生きては行けないから、そういう判断をしている。

さて佐原さんが館長だった――もう亡くなられたが――その佐倉の歴博へ今年の九月二日に行った。目的は「弥生時代はいつから」という展示会があったから。仙台へ行く用件があったので寄った。「水田稲作の広がり――中国から日本列島へ」という資料、北九州・板付遺跡へ紀元前十～九世紀、これは新聞で言われていたし、予想通り。普通には知られていないのがそのあと。奈良県の唐子・鍵遺跡で紀元前七～六世紀、かなり間があいている。

ところが田村遺跡、これは高知県だが、紀元前九～八世紀。高知の田村と北九州は間があいていない。前九世紀には両方あったたか。これは測定結果ですから当然ですが、「高知の田村と北九州は間があいていない」「それはなんでですか」と説明の方に聞いても「分かりません」。

高知県の知事が来られて、この結果を知って喜んで、「高知新聞に特集を出させます」といわれたとか、きっと『高知新聞』には載ったのだろうと思いますが、「なぜか」は歴博の人にも分からない。しかしわたしはヤッパリと思った。倭人伝の里程記事で解読した通り、「女王を去る四千里」は高知県なのです。書いてあることと一致する。なんで高知県なのかが分かった。やはり短い里、「短里」があった。

（二〇〇七年十月二十一日、豊中市男女共同参画推進センターにての講演より抜粋）

3　エクアドルの大型甕棺
――「倭国南界を極むる也。光武以って印綬を賜う」――

大下隆司

二〇〇七年二月、古田先生一行の「太平洋を渡った縄文人の足跡をたどる」ツアーにスペイン語通訳として同行し、縄文土器の出土しているエクアドルを訪問しました。現地において縄文土器が出土したバルディビア近くの都市グアヤキルにある「文化の家博物館」を訪問したところ、そこには縄文土器だけでなく、北部九州から出土する大型甕棺と、そっくりの土器が発掘された時の状態で復元されていました（左写真参照）。高さは日本のものと同じ一・五m程でした。古田先生が指摘された、倭人伝に描かれた「裸国・黒歯国」がエクアドル沿岸にあったという考古学的証拠が展示されていたのです。

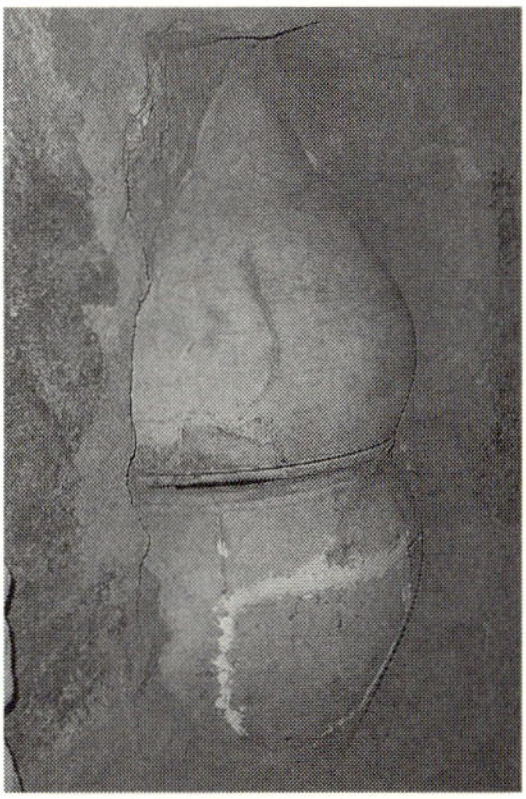

エクアドルの甕棺

吉野ヶ里遺跡の甕棺

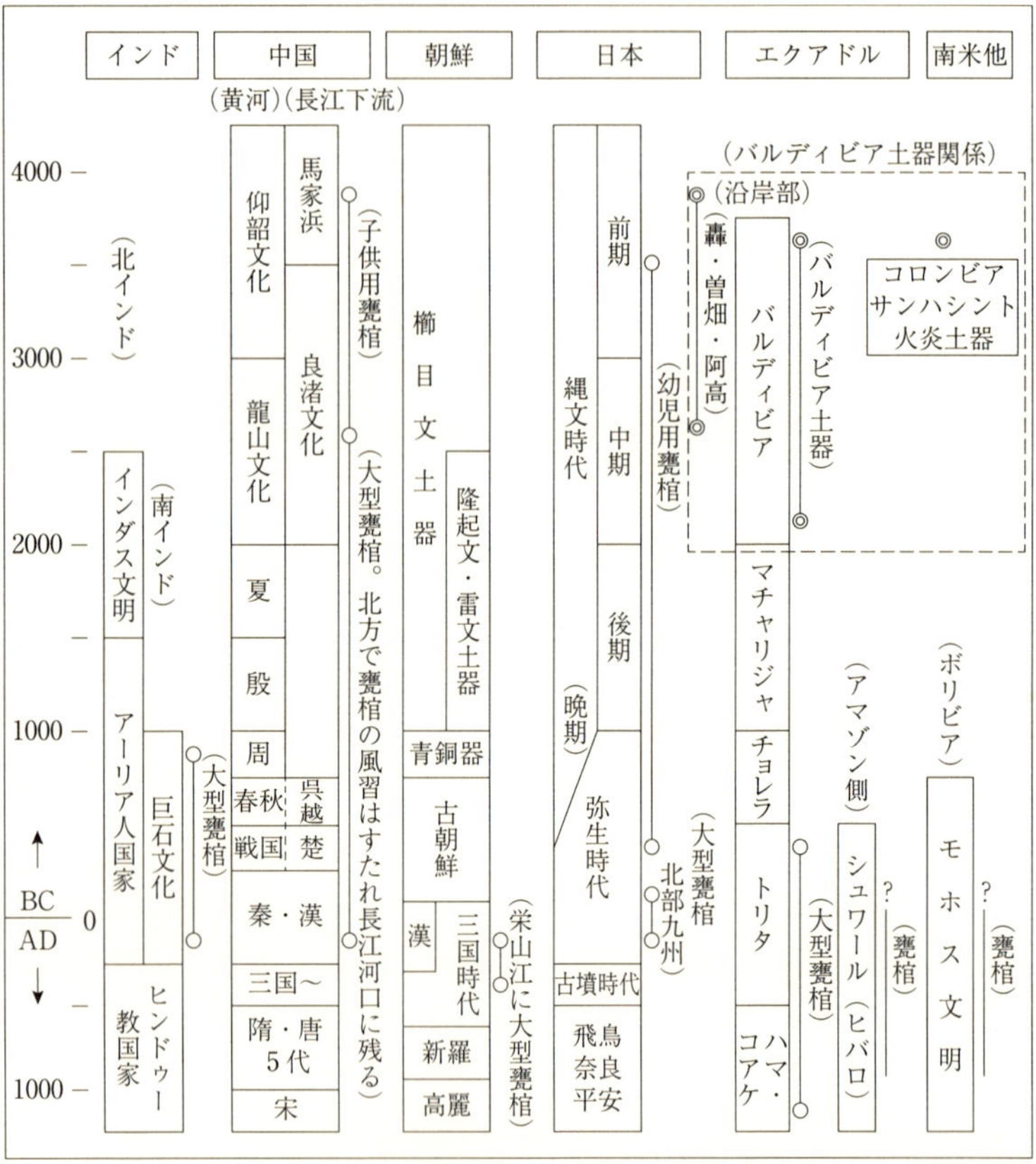
インド
中国
朝鮮
日本
エクアドル
南米他
（黄河）（長江下流）
4000
3000
2000
1000
0
1000
BC
AD
（北インド）
インダス文明
（南インド）
アーリア人国家
巨石文化
（大型甕棺）
ヒンドゥー教国家
仰韶文化
馬家浜
良渚文化
龍山文化
夏
殷
周
春秋
呉越
戦国
楚
秦・漢
三国～
隋・唐5代
宋
（子供用甕棺）
（大型甕棺。北方で甕棺の風習はすたれ長江河口に残る）
櫛目文土器
隆起文・雷文土器
青銅器
古朝鮮
漢
三国時代
新羅
高麗
（栄山江に大型甕棺）
縄文時代
前期
中期
後期
（晩期）
弥生時代
古墳時代
飛鳥奈良平安
（幼児用甕棺）
（大型甕棺）
北部九州
（バルディビア土器関係）
（沿岸部）
（轟・曽畑・阿高）
バルディビア
（バルディビア土器）
コロンビアサンハシント火炎土器
マチャリジャ
チョレラ
トリタ
ハマ・コアケ
（大型甕棺）
（アマゾン側）
シュワール（ヒバロ）
？
（甕棺）
（ボリビア）
モホス文明
？
（甕棺）

図１　世界の甕棺

弥生時代、倭人伝の舞台となった「邪馬壹国」の中心北部九州一帯において甕棺が大量に作られていました。『魏志倭人伝』に「倭の東南、船行一年にして至るべし」とある倭人の住む東南の果て「裸国・黒歯国」においても甕棺が使われていたことになります。「倭国南界を極むる也。光武以って印綬を賜う」と倭国がはるか太平洋のかなたまで進出していたことを讃えて後漢の光武帝が「委奴国王」に金印を与えたのです。

この時代に、中国・朝鮮・インドなどでも同じような大型甕棺が出土しています。DNA分析技術の向上などにより人類の移動についての解明が進み、当時の人々の活動は我々の想像を超えて広範囲であり、大陸間に交流があったことが分かってきています。世界各地で出土している甕棺も民族・文化的につながりがあるのではないかと考え、甕棺の出土状況について地域・時代の関係について、図1にまとめました。

1　アジアの甕棺

古代インドの甕棺

紀元前一〇世紀頃、アーリア人の北インド侵入で、南に逃れたタミール人が作った巨石文化の時代に大型甕棺が作られています。彼らは高度な製鉄技術をもち、紀元前三世紀頃まで南インドに栄えていました。その文化の特徴は次のようなものです。

・鉄器を用いて巨石を鑚り出し、石の墓を作る。
・埋葬には甕棺、陶棺なども使う。

・甕棺含め記号（Griffiti marks）の付けられた土器が出土。
・粟作と水田稲作、それに因む新年の豊作祈願の行事が行われていた。

南インドの言語や民俗を詳しく調査した言語学者の大野晋氏は、彼らの使っていたタミール語が古代日本語と同じ系統で、その文化の特徴も九州弥生文化との類似が見られることから、日本に弥生文化を持ち込んだのはタミール人とされました（大野晋『弥生文明と南インド』岩波書店、二〇〇四年）。

朝鮮半島の甕棺

釜山の近く金海市に伽耶の始祖首露《スロ》王陵があります。この地域は日本において「任那」と呼ばれている所で、たくさんの甕棺が出土しています。同じ形式のものが福岡県の早良平野にある吉武高木遺跡など多くの日本の古墳からも出土しており、九州甕棺の形式編年の一つに組み込まれ金海式甕棺と呼ばれているものです。

伝承では首露王の王妃はインドから来たとされています。伽耶は鉄をもって栄えたこと、彼らが航海の民でもあったことなどから、伽耶と南インドとのつながりが十分に考えられます。また王が一五八歳、王妃が一五七歳で亡くなったと伝えられていることから、彼らも倭人と同じ二倍年暦を使っていたと思われます。『魏志倭人伝』に「倭の北岸、狗邪韓国」と記されている国です。

その後、朝鮮半島で甕棺は使われなくなりますが、四〜五世紀に、栄山江流域で甕棺葬が復活します。この地域では、朝鮮半島の他の地域には見られない前方後円墳が作られ、北九州とつながりの深い土器・武具、また九州特有の直弧文などもたくさん出土しています。倭の五王の活躍していた時代です。当時倭がこの地域を支配下においていた可能性が考えられます。

中国の甕棺

中国において甕棺は紀元前四千年頃から広汎な地域で使われています。初期のころは幼児葬で、紀元前二五〇〇年頃には成人も甕棺に葬るところが出てきました。甕棺の形は北部九州とそっくりのものもあり、大きさは最大一八〇cmくらいのものまで出土しています。その後甕棺は中国北部では使われなくなりましたが、長江流域では戦国時代の終わり頃まで使われていました。

2　南米の甕棺

エクアドルとアマゾンの甕棺

エクアドルの太平洋沿岸部には南米大陸で最も古く文明が栄えていました。彼らは航海の民で、バルサ材でできた筏（図2）を操り、近くを流れるフンボルト海流を利用し北はメキシコから南はペルー、チリまで、東はアンデス山脈を越えてアマゾンの平原部まで交易を行っていました。その初期の頃、紀元前三八〇〇年から同二〇〇〇年の約千八百年間、バルディビアの海岸を中心に縄文土器文化が栄えています。

コロンブスが南米に着いたとき、カリブ海で出会ったのはアラワク族という種族です。もとアマゾン川流域に住んでいましたが、紀元前三千年頃に南米北部全体に拡がっています。この系統の一つコロラド族がアンデスを越えてエクアドル沿岸部に侵入し、バルディビアの北五〇〇kmほどにある所にトリタ文化を築き紀元前五世紀から紀元五世紀頃まで栄えました。遺跡から高度な冶金技術を駆使した黄金製品が出土しています。

グアヤキル市の博物館に展示されていた大型甕棺はこのトリタ文化のものです。トリタのシャーマン

図２　古代の航海想像図：レアルアルト資料館展示

は、呪術の時トランス状態に入るためコカを噛んでいました。このため歯が黒く染まります。『魏志倭人伝』の書かれたのはトリタ文化の時代です。歯の黒く染まったシャーマンを見た倭人はこの国のことを「黒歯国」と呼んでいたと考えられます。トリタ地区に墓山が築かれ沢山の甕棺が埋葬されていました。図3はバルディビアの縄文土器をメガーズ博士と共に世界に紹介した、エストラダ氏が描いた「墓山に埋葬された甕棺」のスケッチです。彼は考古学者でグアヤキル市長もしていました。甕棺の中には人骨とともに黄金製品も入っていました。このため遺跡は黄金を求めてやってきた白人により盗掘が行われ、ほとんどが破壊されてしまいました。

　トリタ文化は北方に隣接するコロンビア側にも広がり、そこではトゥマコ文化と呼ばれています。この地域の遺跡の状態は比較的良好なようで、出土した黄金製品が首都ボコタの博物館に展示されています。日本でも二〇〇八年に東京国立科学博物館で「黄金の国ジパングとエル・ドラード展」として紹介されました。

　その後、コロラド族は衰退しましたが、同じころに南方からエクアドル沿岸に侵入した同族のカヤパ族が、エクアドル沿岸部全域に広がっていきました。カヤパ族もまた甕棺を使っており、甕棺の使用は沿岸部から内陸のアマゾン地域まで広がり、インカ帝国に征服される一四～五世紀まで続きました。

エクアドル南方にあるボリビアのアマゾン側モホス平原から数千の「墓山（ロマ）」・道路網・居住地が出土し、この地にも古代文明が栄えていたことが分かりました。モホスの「墓山」の中からも多数の甕棺が出土しています。この文明は紀元前より始まり、十三世紀頃まで栄えていたようです。同じような「墓山」は南米北部の各地に作られ、大きさは数十mのものから一kmを超すものもあります。

スペイン人の侵入により南米の文化は完全に破壊されましたが、カヤパ族と同族関係にあるとされる

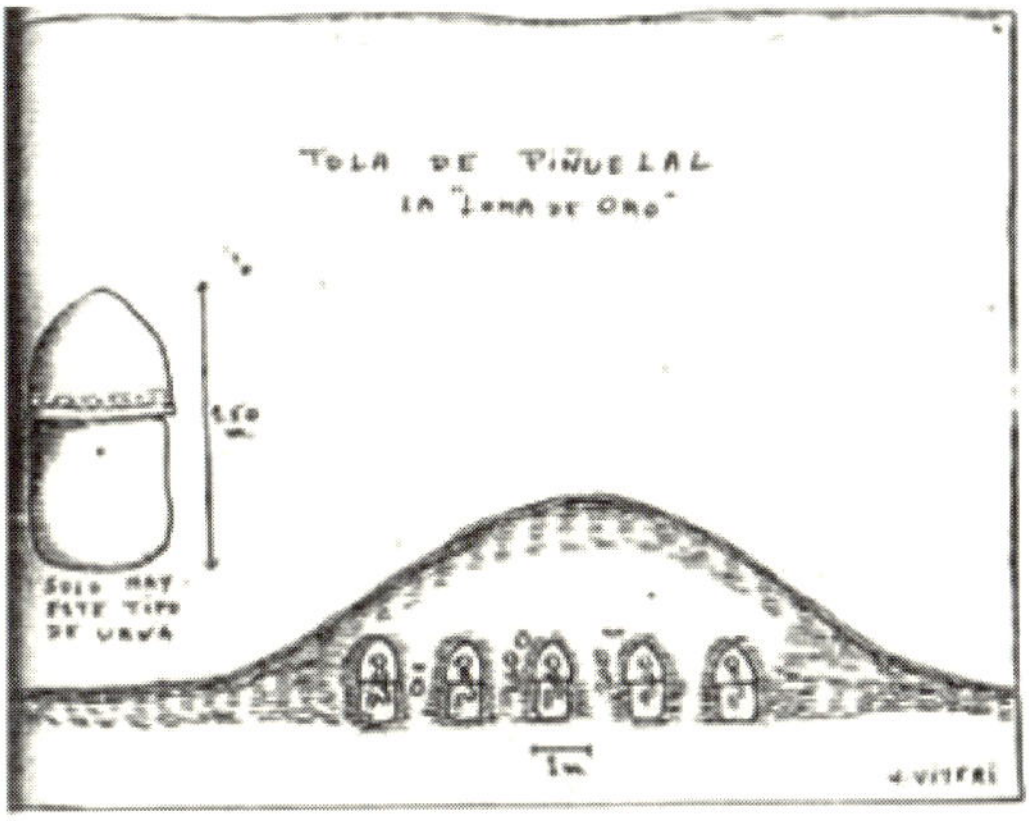

（ピニャリエル地区）

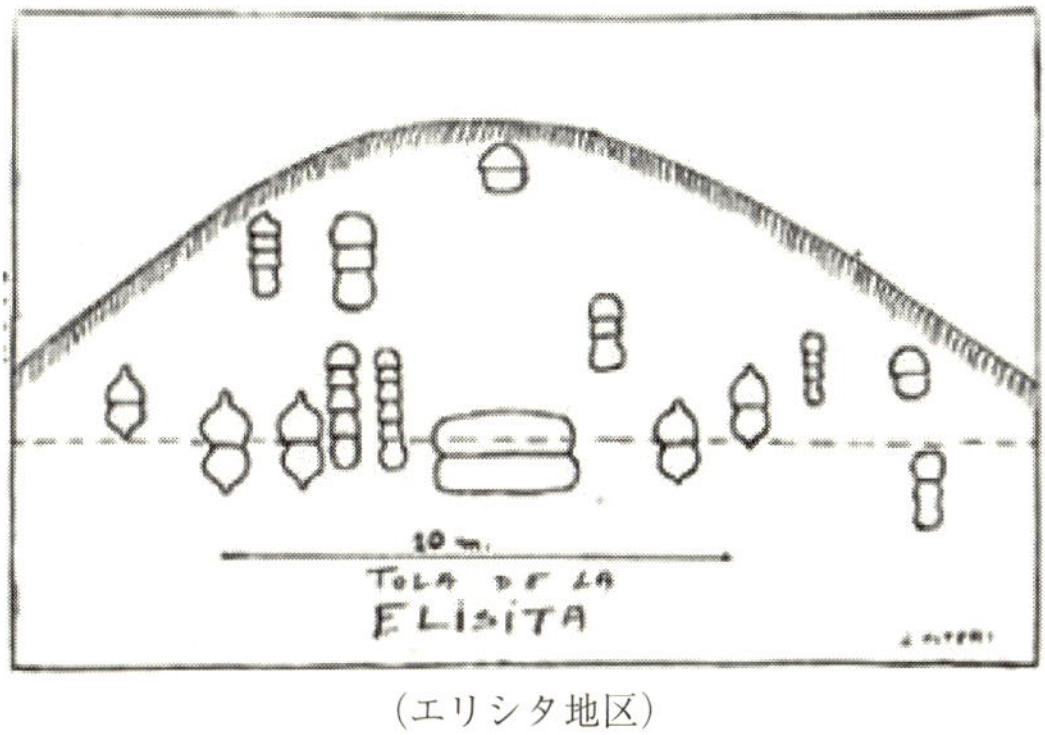

（エリシタ地区）
（エストラダ氏スケッチ1954年）

図3　墓山（ロマ）と埋葬された甕棺

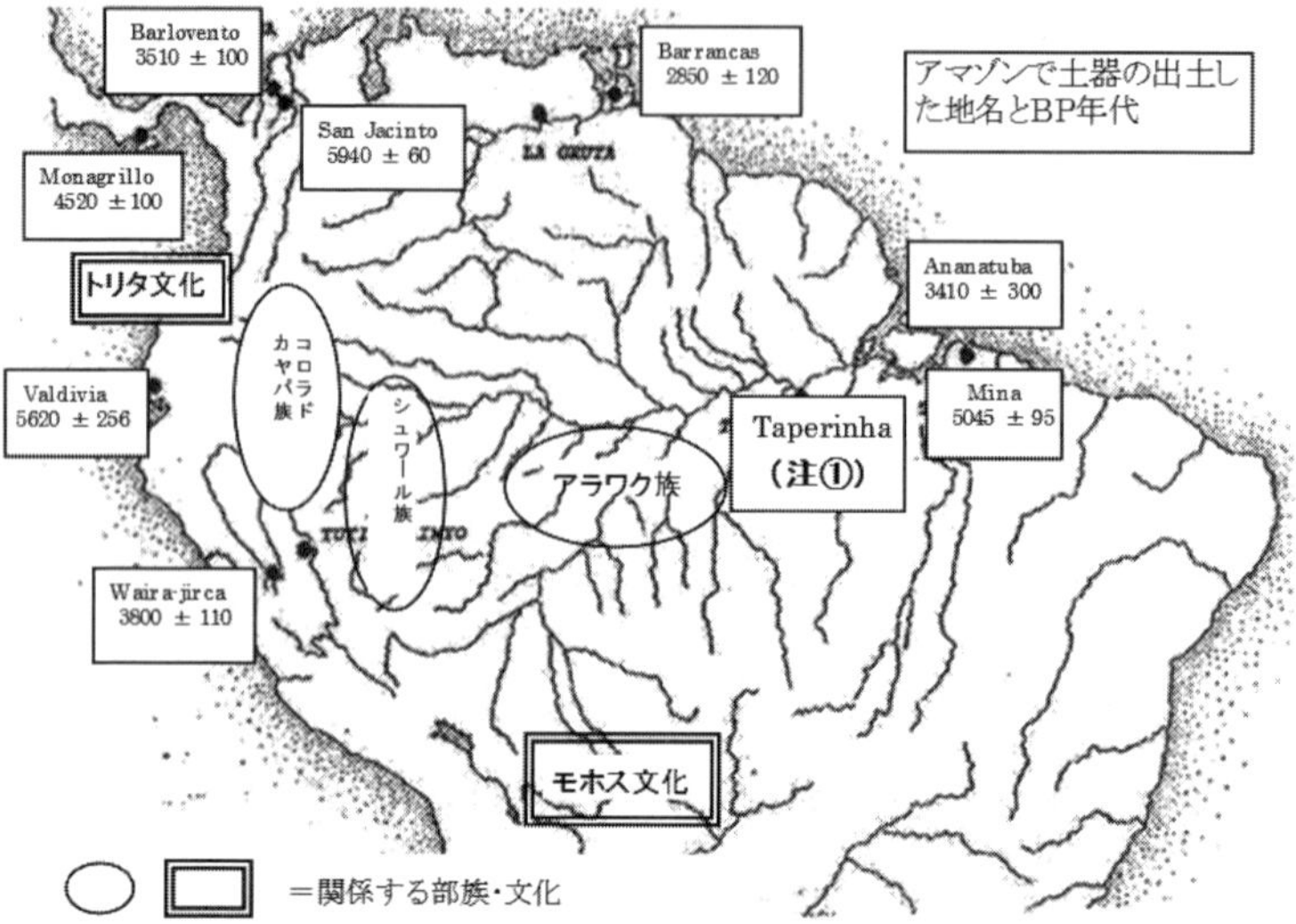

図４　南米北部地方の古代部族と土器の出土地

シュワール（ヒバロ）族が近年までジャングルで抵抗を続け、現在もなお古い文化・言語を残しています。アンデスの奥地に住むシュワール族に倭人の痕跡が残されているかもしれません。

エクアドル文化のアマゾン起源説について

欧米学会主流はアマゾン中流のタペリニャ遺跡（図４注①）で発掘された土器の地層がＢＰ七〇〇〇年を示しているとして南米土器のアマゾン起源説を唱え、バルディビア土器の太平洋伝播説を否定しています。

これに対して「縄文土器の太平洋伝播説」を提唱したスミソニアン博物館のメガーズ博士は「南米の土器編年で確かなものは図４に示されたＢＰ年代の通りである。一番古いとされているタペリニャ遺跡（注①）の出土物は装飾から見てコロンビア北部にあるバルロヴェント遺跡と同じでその年代はＢＰ三五〇〇年のものである。出土した地層も明確でない。アマゾン起源論者の根拠とする炭素年代値は問題が多くそのまま受け入れることは出来ない」としてバルディビア土器のアマゾン起源説を否定。さらに、「コロンビアのサン・ハシント遺跡とバルディビアを結ぶ、サン・フアン川流域に住むノアナマ族に日本人に多いＨＴＬＶ・Ｉ型ウイルスが見つかるなど生物学的証拠が出てきており、太平洋伝播説が確かなものになってきている」としてエクアドル土器が日本から伝わったことを強調しています（B. Meggers「Valdivia y el origen de la ceramic americana」『Libro de amigos』Polififcia Universidad Catolica del Ecuador、2002）。

「メガーズ博士が太平洋伝播説を唱えた当時、この考えに本気で賛同する学者はほとんどいなかった。それから半世紀を経た現在、この可能性は非常に高くなっている」と実松克義氏は著書『衝撃の古代アマゾン文明』（講談社、二〇〇四年）において指摘しています。世界の考古学会ではメガーズ説の評価が高まっています。

甕棺も、倭人が太平洋を渡りエクアドルに持ち込み、その後南米全体に広がっていったと考えられます。

3　ＤＮＡによる民族移動の解明

アルコール分解酵素（ＡＬＤＨ２）変異型の分布

近年のＤＮＡ分析技術の向上で、古代の民族の移動について、多くのことが明らかになってきました。酒を飲むと、すぐに顔が真っ赤になる人、酒がまったく飲めない人がいます。これは遺伝子によるもので、この遺伝子は中国南部で突然変異により発生し、各地に伝播しました。表1はこの遺伝子を持つ人の割合です。日本では近畿を中心にこの遺伝子をもつ人の割合が高く、南九州、東北、四国太平洋岸で少なくなっています。中国南部から弥生人がこの遺伝子とともに北部九州に渡来し、それから瀬戸内海

表１　ALDH2変異型の保有率

（％）

	中国南部	日本	韓国	タイ	インドネシア	ポリネシア	北米	中米
保有率	23.1	23.9	15.1	5.0	2.9	0.4	2.2	6.1

を通り、近畿地方などに広がり、各地で縄文人との混血が進んだと考えられます。この遺伝子をもたない人々、たとえば欧州人の多くは酒を飲んでもあまり顔に出ません。日本でも南九州や東北、沖縄の人はこの遺伝子を保有する人が少なく一般的にお酒に強いとされています。弥生人の影響を受けなかった従来からの縄文人が住み続けたことが分かります。

南米人のもつＤＮＡ

南米人はヨーロッパにないアジア人のもつ特有のミトコンドリアＤＮＡ（女性にのみ伝わる）を保有し、その分析からアジア人がベーリング海峡を渡ったのは従来考えられていたより古く二万年前より以前だった考えられるようになりました。また直接に太平洋を船で横断して南米大陸に渡ったグループがあったことも分かってきました。

タミール人のＤＮＡ

南インドのタミール人に特に多いＤＮＡのハプログループＭ2はインドにしか存在していません。東アジアにこのＤＮＡが見つかっていないことは、大野晋氏の説くようにタミール人が弥生文化と共に東に移動したのではなく、アジアにいた人たち（倭人）がインド大陸に弥生文化を伝えたと考えるのが自然と思われます。

日本人のＤＮＡ

縄文人のＤＮＡと現代日本人のＤＮＡの中間に弥生時代の甕棺内人骨のＤＮＡがあり

ます。甕棺の中に残されている人骨がおしなべて渡来系弥生人の形質をしていることから、篠田謙一氏は「従来日本に住んでいた縄文人と新しくやってきた渡来系弥生人との混血が行なわれ現在の日本人になったことを示している。そして現代日本人のもつY染色体（男性にのみ伝わる）の状況を調べてみると、この縄文から弥生への移行が比較的平和に推移した」と推測しています（篠田謙一『日本人になった祖先たち』NHKブックス、二〇〇七年）。

4　大洋を渡った倭人

弥生時代に同じような大型甕棺が、北部九州から朝鮮半島南部、中国南部、さらにはインド、南米までも広がっていることはそれらの地域につながりがあったことを示しています。これら地域を繋ぐ古代の海洋航海については、時代は少し新しくなりますが、紀元前後に東アジア沿岸から太平洋へ拡散していったオーストロネシア族の動きが参考になります。彼らの航海技術は現代人の想像をはるかに超えた優れたものでした。丸木船で太平洋に乗り出し、多くの島々へ着々と植民を進め、南米までいっていたことが明らかになっています。また西の方はインド洋を越えてマダガスカルにまで進出し、その言語を残しています。

北部九州で出土する甕棺の中には南方とのつながりを示すゴホウラ貝が入っています。弥生時代の倭人も海との繋がりが深かったことが分かります。南インドのタミール人が日本に弥生文化をもたらしたという大野晋氏の説はDNA分析により否定されました。反対に中国長江流域の人々が西へ向かいインドへその文化を伝播した可能性が高くなっています。弥生時代に長江流域から日本に稲作をもたらした倭人が、遠くインド、さらには南米までもその活動範囲を広げていたと考えられます。

エクアドルへの旅では縄文土器の出たバルディビアを訪問した時、村に資料館があり、多くの村人たちが〝数千年来の兄弟が再び来てくれた〟と大歓迎をしてくれました。また歓迎式典での村長のスピーチは、「今までは、アメリカの考古学会の圧力で、太平洋を渡る交流は公にすることは出来なかった。しかし、太平洋伝播説を証明する発見が次々に出てきて、いつまでもその事実を覆い隠すことは出来なくなってきた。特にバルディビアの若い人たちを正しい未来に向って導くには、真実の歴史を知らしめす必要があると考えて、二年前に決断しこの資料館を作りました」と素晴らしいものでした。

太平洋伝播説を証明するために、エクアドルの考古学者の協力と、関係機関の援助でバルサの筏をつくり、エクアドルから日本への航海を目指している日本の青年にも出合いました。千葉県出身の日暮邦行さんです。筏は前年十一月に進水式を行い、エクアドル沖で実験航海中でした。

エクアドルでは縄文土器の太平洋伝播説が語られ、「古代の太平洋の航海」の研究が進んでいます。ところが日本では、マヤやインカ文明の研究には多くの人と金が投入されていますが、エクアドルだけはなぜか研究の対象として意図的に避けられています。古代南米に関する展覧会に展示されている南米の遺跡地図にもエクアドルの遺跡はまず記載されていません。

古代の日本人の素晴らしい行動は、日本人がみずから明らかにすべきです。考古学、民族学など各種分野の研究者の前向きな取り組みを真摯に望みます。

V　『三国志』のハイライトは倭人伝だった

1 『三国志』の歴史目的

古田武彦

太史公（司馬遷）曰く、禹本紀に言う『河は崑崙《こんろん》を出づ。崑崙、其の高さ二千五百余里、日月、相避隠して光明を為す所なり、その上に醴泉・瑶池有り』と。今、張騫《ちょうけん》の大夏に使するの後自り也、河源を窮め、悪《いずく》んぞ本紀の所謂崑崙なる者を睹んや。故に九州の山川を言うに、尚書之に近し。禹本紀・山海経の怪物有りとする所に至りては、余敢えて之を言わざるなり。（司馬遷『史記』）

黄河の水源を求めるとコンロンという高い山があって高さは二千五百余里あると『禹本紀』にはあるが、漢の張騫が行ってみるとコンロンなる山はどこにもなかった。そんな空想的な高さの山はなかった。これは伝説であって、事実でないことがハッキリした。司馬遷はもちろん禹本紀を尊重はしていますが、歴史家としてあやまちを正し、より新しく実証的に『史記』を書いたと自慢している。しかしわたしが注釈を加えると、この『禹本紀』の記事はウソでないかも知れない。それは「二千五百余里」という里程の、一里はどんな高さかの、単位の理解にかかるのではないか。

旧約聖書にはアダムやイブの頃の死亡年齢は千歳とかになっている。しばらくすると五百歳前後になり、またしばらくするとガタンとわれわれの現在知っている年齢基準と変わらないようになる。この最初の方のものは二十四倍年暦。月が新月から丸くなってゆき満月になるまでを一歳と考えるとリアルである。年齢の単位が違うだけの話。五百歳とかはすぐ分かる。これも一月を一歳と数えた。そう考えるとみなリアル。ちがう文明の話をはめこんで使っている。

『漢書』西域伝には。世界の西の端に「日の入る所に近し」という場所があり、そこへ行くには安息（ペルシャ）から西へ行くこと百余日という「安息の長老」のことばがある。『三国志』東夷伝には「日の出づる所に近し」というのがある（東夷伝序文：長老説有異面之人、近日之所出）。

この長老について、わたしははじめ「中国の都・長安の長老」と理解し、古田支持者の間でも「粛慎の長老」「日本列島の長老」などとする論争があった。安息から西へ百余日行くとアメリカ大陸へ着くのではないでしょうか。コロンブスの航海も百余日と同じ程度だった。そうすると「安息の長老」はアメリカ大陸を知っていた。

ヨーロッパ人は『漢書』なんか読まないから、コロンブスが初めて知ったと思っているが、漢書にはすでに書かれていた。

「日の入る所」の認識。これは『漢書』の著者、班固の自慢だった。「漢のときに使者が安息まで行って調べた信頼できる情報である」として書いている。ウソだったら漢の名折れである。『三国志』は『史記』・『漢書』では知りえなかった世界の東の端「日の出る所」を「長老の証言」として記録している。『後漢書』に金印の記事がある。「倭奴国奉貢朝賀、使人自称大夫、倭国之極南界也、光武賜以印綬」。これは倭国が「南界を極めるや」、南の果てを「極めた」ので、光武帝が金印を与えたのである。つまり倭人がエクアドルまで行ったことと対応している。

『三国志』にとっては「女王國を知った」ことよりももっと大切なことがあった。「女王国から東南へ船行一年で南米へ行ける」、このことを確実な情報として記録したこと、『三国志』の名誉はここにあり、これが『三国志』の「歴史書としての目的」であった。だからこの長老は、わたしの今の理解では「大海の長老」であり、「異面之人」というのは裸国・黒歯国の人であった。

（二〇〇七年十月二十一日、豊中市男女共同参画推進センターにての講演より抜粋）

2 『三国志序文』の発見

古田武彦

新しい発見がありました。

要するに『三国志』全体の序文が見つかったのです。これは従来『魏志』の巻三〇にあり、いわゆる「東夷伝序文」と言われているものです。もともと、これがおかしかった。なぜかと言いますと『三国志』には全体の序文はないわけです。ところが魏志の最後の巻三〇には二つも序文が入っている。一つは「烏丸・鮮卑伝」の先頭に序文がある。この序文も、ちゃんと夷蛮伝の序文の役を果たしている。周辺の夷蛮が軍事的に変動を生ずる恐れがある。その夷蛮に備えて東夷伝を書いた。

周辺の夷蛮に対する序文に、きちんとなっている。ところが、次にしばらく見ていきますと、また東夷伝の序文が入っていた（右に掲げたものです）。これはだいたい今まで、おかしいと思わなかったのが実はおかしかった。これをよく見てみますと、これが『三国志』全体の序文である。

それではなぜ全体の序文が、全体の先頭にないのか。この答えはすぐに分かりました。

つまり陳寿は（敗戦国）蜀に生まれた青年で、（戦勝国）魏の首都洛陽に来て張華に見いだされた。魏の臣下のナンバーワンの張華の注目というか評価を受けて、そして魏の歴史を書くことを依頼された。それで彼は一生懸命魏の歴史を書いた。それで魏朝の歴史を書き進めていた結果、（曹）魏が（西）晋に変わりまして禅譲を受けたとき、三世紀の終わり近くに完成した。だから完成した以上は、当然（西）

晋朝に正史として報告し、正しい歴史として晴れがましい表彰を受けるところだった。ところがその直前と言っていい時期に、内部の対立で張華が失脚した。そして対立する荀勗《じゅんきょく》が権力を握った。荀勗が権力を握ったなかで『三国志』を完成させた。だから晴れがましい表彰を受けることはできなかった。そのうちに陳寿は死んだわけです。三世紀の終わりに。

今度は四世紀の初めになって荀勗一派が失脚した。そして張華を受け継いだ人々が復権して、再び（西）晋の権力を握った。それですでに死ぬ前に陳寿が完成していた『三国志』を復権して、改めて晋朝の正史として認定するという運びとなった。

これは本に書いたことかありまして、『古代史を疑う』（ミネルヴァ書房、二〇一一年）という本の最後に「陳寿伝」を書いております。これをご覧いただければ、今のいきさつが詳しく書いてあります。そういうことがありましたので、なぜ魏志巻三〇・東夷伝に二つも序文があるのだろう。そういう疑問を待った瞬間に、その真相が判明した。つまり全体の序文を序文として晴れがましく提出できなかった。それを魏志の中に嵌め込んで「東夷伝序文」と称していた。そういうことが、このたび分かった。

先頭に「書に称す。東は海に漸り、……」で始まり、序文の終わりには「東、大海を臨む。長老説くに、異面の人あり、日の出ずる所に近し」という言葉で結んでいます。

ここで先頭の「書に称す。」とは、『尚書』に言っているとの意味です。『尚書』の先頭にある「海偶日を出だす」とは日本のことで、『尚書』で周公が言った言葉です。日本から倭人が使いを送ってきた。この使いが来たことに対して、たいへん喜んだ時に言った言葉として『尚書』に載ってある。

周公は今の西安に居た。そこから見ると、日の出ずる処は日本なのです。これを朝鮮半島と考えることは無理で、朝鮮半島だと解釈する大家もいますが無理がある。なぜなら朝鮮半島の西海岸を知っていて、東海岸を知らないということはあり得ない。

東海岸を知っていれば、朝鮮半島から太陽が出るということは、到底考えられない。それに対して日本の場合は、北海道・樺太・千島列島を知らないわけですから、日本列島から太陽が出ることを周公が示した。孔子のイメージも、それを受け継いでいる。

それに対して陳寿は、『尚書』の周公のことを『三国志』序文の先頭に「書に称す。東は海にいたり、」と書きました。

それに対して周公は間違っていた、そういうことを言っています。なぜなら三世紀の魏のときには、すでに魏の使いが倭国に行った。卑弥呼に会った。ですから日本列島に来ていて、太陽が日本列島から出るということを見誤るはずはない。逆に女王国に来て女王に会い、不弥《ふみ》国から再び出発して「東南四〇〇〇里」の侏儒国へ行く。その侏儒国の長老から「東南船行一年、裸国・黒歯国有り、日出る処に近し」という情報を得る。

ちょうど『漢書』で班固が安息国（現在のペルシャ―イラン）の長老から、西へ一〇四日。そこへ行ったら西に海しかない、今のジブラルタル海峡。そこは日の没する処に近し。そういう情報を安息国の長老から聞いて書いた。その場合には国名が書いていない。そこから海ばかりのところなら、西へ一〇四日と書く意味がない。当然陸地があることを示しています。

陸地があれば当然人間が住んでいる。ですが人間が住んでいながら国名は知り得なかった。安息国の長老はそこまで教えてくれなかった。だから班固の『漢書』には書いていない。

ところが陳寿は、『三国志』において侏儒国の長老から東に行けば、「有裸國黒歯國復在其東南船行一年可至、日出処近」という情報を得た。

この場合の「船行一年」とは二倍年暦で現在の暦の半分の六カ月かかりますが、そこに行けます。そして、そこの国名「裸国・黒歯国」まで記録した。太陽の出る処のより近いところ、そこまで記録できた。つまり司馬遷の『史記』や、また班固の『漢書』以上の業績を我々はあげることができた。それが陳寿の『三国志』全体の序文で言いたかったことなのです。「東、大海を臨む。長老説くに、異面の人あり、日の出ずる所に近し」は、そういうことを言っています。

だから多くの学者は、あえて言わせてもらうと、わたし以外の多くの学者は、『倭人伝』は卑弥呼の女王国のことを書いたと、みんなそう思っていますが大間違い。女王国は中間の繋留地《けいりゅうち》であって、本当の目的地は侏儒国。そして侏儒国の長老から「日出処近」という東の端の情報を聞くために、そこまで魏の使いは行っています。

ですからわたし以外の邪馬台国論者は、侏儒国のことはほとんど論じていない。いわんや裸国・黒歯国のことはすべてネグレクトしていて触れていない。生意気なことを言うようだが『魏志倭人伝』の本質を知らない。九州説・近畿説を問わず、わたし以外の邪馬台国論者は『魏志倭人伝』の本質を知らずに論じてきた。そういうことが分かってきた。威張ったような言い方をしますが、わたし自身もおそまつでした。これまでそのようなことに気がつかなかった。そしてそのようなことに気がついたので、その立場から日本評伝選『俾弥呼《ひみか》』（ミネルヴァ書房、二〇一一年）を最初から書き直しました。

『三国志』「東夷伝序文」

書稱「東漸於海、西被於流沙」。其九服之制、可得而言也。然荒域之外、重譯而至、非足跡車軌所及、未有知其國俗殊方者也。自虞曁周、西戎有白環之獻、東夷有肅愼之貢、皆曠世而至、其遐遠也如此。及漢氏遣張騫使西域、窮河源、經歷諸國、遂置都護以總領之、然後西域之事具存、故史官得詳載焉。魏興、西域雖不能盡至、其大國龜茲、于寘、康居、烏孫、疏勒、月氏、鄯善、車師之屬、無歳不奉朝貢、略如漢氏故事。而公孫淵仍父祖三世有遼東、天子爲其絕域、委以海外之事、遂隔斷東夷、不得通於諸夏。景初中、大興師旅、誅淵、又潛軍浮海、收樂浪、帶方之郡、而後海表謐然、東夷屈服。其後高句麗背叛、又遣偏師致討、窮追極遠、逾烏丸、骨都、過沃沮、踐肅愼之庭、東臨大海。長老說有異面之人、近日之所出、遂周觀諸國、采其法俗、小大區別、各有名號、可得詳紀。雖夷狄之邦、而俎豆之象存。中國失禮、求之四夷、猶信。故撰次其國、列其同異、以接前史之所未備焉。

（読み下し――古田）

書に称す。東は海に漸《いた》り。西は流沙に被《およ》ぶ。と、其の九服之制、得て言う可きなり。然るに荒域之外、重譯して至る。車軌の及ぶ所、未だ其の國俗殊方を知る有らざる者なり。其の虞より周にいたり、西戎に白環之獻《けん》有り。東夷に肅愼之貢有り。皆世を空しい曠《むな》しうして至る。遐遠《かえん》なるや此のごとし。

漢氏の張騫を遣わし、西域に使し、河源を窮《きわ》めしむるに及び、諸國を経歴し、遂に都護《とご》を置き、以て之に総領せしむ。然る後、西域の事、具《つぶさ》に存す。故に史官、焉《これ》を詳載するを得たり。魏興り、西域と興《とも》に尽くす能わずと雖も、其の大國に至りては龜茲《きじ》、于寘《うてん》、康居《こうきょ》、烏孫《うそん》、疏勒《そろく》、月氏《げっし》、鄯善《ぜんぜん》、車師《しゃし》之屬、歳として、朝貢を奉らざること無し。略《ほぼ》漢氏の故事の如し。

而して公孫淵、父祖三世に仍《いた》りて、遼東を有す。天子、其の絶域の為に、委ぬるに海外之事を以てす。遂に隔断し、東夷・諸夏に通ずるを得ず。景初中、大いに師旅を興し、（公孫）淵を誅す。又軍を潜め、海に浮び、楽浪・帯方の郡を収め、而る後、海表謐然《ひつぜん》、東夷屈服す。

其の後高句麗背叛す。又偏師を遣わして討窮を到す。極遠に追い、烏丸の骨都をこえ、沃沮《ようそ》を過ぎ、肅慎の庭をふみ、東、大海を臨む。長老説くに、異面の人あり、日の出ずる所に近し、と。遂に諸國を周観し、其の法俗を采り、小大区別すべし。各に名號有り。得て詳紀するを得可し。夷狄《いてき》之邦と雖も、俎豆《そとう》の象《しょう》存す。

中國礼を失うも、之を求むるに、四夷なお信ずるがごとし。故に其國を撰次し、其の同異を列し、以て前史の未だ備わざる所を焉《これ》に接せしむ。

（二〇一一年一月八日、古田史学の会新年賀詞交換会にて）

Ⅵ　「邪馬壹国」と文字

1　「卑弥呼」と「壹」の由来

古田武彦

一

今すべての新聞・テレビ・教科書などでは「邪馬台国の卑弥呼（ひみこ）」と言われています。しかし『魏志倭人伝』では、どこにも「邪馬台国」と書かれていない。「邪馬壹国」と書かれていることは述べました通りです。

次に「卑弥呼」の読みですが、わたしは、「ヒミコ」と読むのではなく、「ヒミカ」と読むのが適切だと考えています。その理由は、いろいろありますが、『魏志倭人伝』の中に対馬である対海国の長官に「卑狗　ヒコ」が使われています。これはわたしの名前の「彦《ひこ》」と同じです。ですから「狗」は「コ」と読まれていることは疑いない。

ところが「卑弥呼」の「呼」は、「カ」と「コ」と両方の読みがある。呼吸の呼《こ》だから、われわれは「卑弥呼　ひみこ」と読みやすいのです。しかし『魏志倭人伝』で「コ」と書くなら、「卑弥狗《ひみこ》」と書くべきだ。

しかし「卑弥呼」と書いてあるということは、「呼」の古い音が「カ」です。しかも「呼《か》」という音の意味は、神様に供え物をするときに中国で使われる。神様に動物、牛とか豚とかを捧げますが、この場合はただ捧げるのではなく、神様も食べにくいということで傷を付けて捧げる習慣がある。その切り傷のことを「呼《か》」と書き、宗教的な儀礼に使われる言葉なのです。『魏志倭人伝』で「狗」を使わず「呼」を使っているところから、「呼」の音は「コ」でなく「カ」のほうだと考えています。

「卑弥呼　ヒミカ」の「ヒ」は太陽の日の意味です。それで瓶《かめ》というのは水を飲んだり煮炊きする容器のことですが、それに対して神様に対してお供えのお酒を入れる容器を甕《みか》という。「ミ」という尊敬の敬語を付けている。日用品の「瓶　カメ」の方は、「カ」だけでは言いにくいので、「メ」という接尾語を付けた。実体は「カ」という土器を指すみたいです。「瓦」の「カ」でしょう。「甕　ミカ」というのは煮炊きをするわけではない。遺体を葬るのに、神様に捧げる神聖な水や酒を入れる「甕」という容器に、そこに遺体を入れる。そして亡くなった人が永遠に再び生まれ変わることを願う。そういうマジックだと思う。

よく甕棺《カメカン》と言われますが、明治以後に考古学者が勝手に付けた名前で、本当は甕棺《みかかん》と呼ぶのが正しい。「卑弥呼　ヒミカ」という名前の本源は太陽の甕《みか》という意味であろう。そのように考えてわたしは「卑弥呼　ヒミカ」と呼んでいるわけです。

「卑弥呼　ヒミカ」という呼び名と邪馬壹国の「壹」が、実は同じ意味を担っている。言葉の意味としては、「邪馬」はもちろん山・mountainの意味です。「壹　イチ」の「イ」は「神聖な」という意味の接頭語です。たとえば伊勢神宮の「伊勢　イセ」も「イ」は同じく神聖なという意味、「セ」は「瀬」で、字は当て字が書いてあります。ということで、日本語の地名に残っている接頭語の「イ」は「神聖な」という意味を表しています。現在ではアイヌ語でそれが残っています。それに対して、「壹　イチ」の「チ」は、神様の古い言葉です。『あしなづち』、『てなづち』、『やまたのおろち』、『おうなむち』と出雲神話で出てきますが、そこに出てくる「チ」は、「神」と呼ばれる以前の神様の古い名称です。これも学界で承認されている考えかたです。

ですから「壹」の「イチ」は神聖な古き神という意味の言葉です。

その問題は日本評伝選『俾弥呼』（ミネルヴァ書房）で詳しく書いてあります。

二

問題は「邪馬壹国」の「壹」にあります。卑弥呼の次に壹与という人が出てきます。わたしは今まで、あの時に「邪馬壹国」という言葉を使ったのではなかろうか、卑弥呼のときには使われなかったのではないかと内心思っていた。ところが今回そうではなかったということが判明した。

結論だけ言いますと、「壹」という字は、中に「豆」という字が入っている。「豆」とは「トウ」と読み、「食飲用籩豆手食」と、「魏志倭人伝」では、一回出てくる。倭人は飲食するときに、「籩豆《たかつき》」用いて手食すと書かれている。「豆　トウ」という字は、食べ物を入れる器の格好をそのまま字にしたものです。食べ物を食べるときに載せる容器を「豆　トウ」と言っています。

ところが『魏志倭人伝』に書いてあるのは三世紀。それより、より古くは神様に捧げる供え物を入れる容器を「豆　トウ」と呼んでいる。この証明はできますが、時間の関係で結論として、人間が食べる容器の前には、神様に捧げる供え物の容器が「豆　トウ」である。その「豆　トウ」が「壹　イチ」に使われている。「壹」という字の「士」の意味ですが、人偏を付けると「仕える」という語句です。だから「士」は決まって仕事をしている人を指す。後にはわれわれは「士　サムライ」と言っているが、武士に限らない。武士も決まって仕事をしている人の一つです。次のワ冠の「ワ」は、ものを置く台のことです。だから容器の上に台を置いて、神様に供え物を載せるのが、「壹　イチ」という字の本来の仕組みです。

これが分かった。生意気言うようですが『諸橋大漢和辞典』とか中国の『康熙字典』は全部ダメになった。もっぱら横棒の「一　イチ」と同じ字義だとしか説明は書かれていない。横棒の「一　イチ」は、英語の one・two・three に当たることは分かり切っています。しかし問題は横棒の「一　イチ」のかわりに、なぜこのような面倒くさい字であえて使うのかの説明はない。『諸橋大漢和辞典』を見ても、元になった中国の『康熙字典』にも説明はない。

どこにあるかというと『魏志倭人伝』にある。卑弥呼の使用方法にある。「邪馬壹国」の「壹」は、神様に供え物を載せて仕えている習慣を持つ国のことです。それを卑弥呼は、送った上表文にその「壹」を使って「邪馬壹国」と書いたから、陳寿はそれを採用して書いた。そのような結論になる。これはわたしにとって本当の大発見になる。まさか、それまではと考えていた。今まで「邪馬壹国」と陳寿が書いたという線で、それまで処理してきた。たしかに中国では、「壹」という字は「下心がない」という意味でもっぱら使われてきた。呉や蜀に忠節を尽くすのではなくて、魏という王朝にだけ忠節を尽くすという意味で、中国側が受け取っていることは間違いがない。

しかし日本側は、三国対立の三世紀にやっと出てくる「下心がない」という薄っぺらな意義ではなくて、もっと古い神様に供え物をする伝統を待った国という意味を込め、そういう自分の国のことを、誇りを持って、卑弥呼は表記していた。

以上が「壹」の問題です。

（二〇一二年七月十五日、愛知サマーセミナーにて）

2 『魏志倭人伝』の「都市牛利《といちごり》」

古田武彦

古田史学の会九州の上城誠さんから、「都市〇〇」という名刺のファックスが送られてきました。ご存知のように『魏志倭人伝』には、ナンバーワンの使いが「難升米」、ナンバーツーの使（次使）が「都市牛利」と書かれてある。ところが、いただいた名刺には「都市《とい ち》」とあり、古田武彦の「古田」のように、「都市」は姓にあたるのではないか考えた。

今でも博多や松浦、九州各地には都市さんが居られる。この都市さんのなかから、酒豪であるおばさんの「都市さん」に出会い、本家は長崎県松浦市の鷹島だと親切に教えていただいた。佐賀県唐津近くの高島ではなく、フビライによる蒙古軍の襲来で有名なモンゴル村の鷹島です。それで昨年（二〇〇八年）鷹島に行き、あらかじめ連絡を入れておいたら、わざわざ旅館まで代表して都市さんのお一人が来られた。それでお話をうかがった。それからお墓にお連れいただきたいと言いましたら、明日朝早くから仕事があるので今行こうと言われ、真夜中に一度連れていただきました。また翌朝ご紹介いただいた床屋さんの黒津さんと再度お墓に行きました。

それで結論から言いますと『魏志倭人伝』の「都市」さんは、松浦水軍の本拠地としての鷹島の「都市」さん。その結論に至る経過は省略しますが、『魏志倭人伝』の卑弥呼の使いは松浦水軍の船で行っています。

また「難升米」については、「難《なん》」が姓で、「升米《しめ》」が日本語の名前。「難」という姓は、中国の『周礼』などを見ると洛陽の近く河南省あたりに占いの氏族＝「方相氏」として、難氏が存在している。他方韓国にも「難氏」がいます。

どうも中国の一派が韓国に行ったようだ。それでこれらを確認したい。方法として留学生に訳していただいた韓国語の文を東大の朴さんに監査していただき、その文章を『なかった』第六号の最後に掲載しました。また韓国に送りました。わたしは韓国の人々に秘蔵されているという「族譜」のなかに、「難」姓の有無を含め、その痕跡はないのか。また関連の伝承がないか詰めています。うまく行けば「難升米」が見つかるかもしれません。

ところで「都市」さんの問題について、あるきっかけから松本郁子さんから質問を受けました。『魏志倭人伝』に「難升米」が二回出てくるが、二回とも「難升米」と書かれてある。ところが「都市」さんの方は、一回目は「都市牛利」と書かれてあるが、二回目に出てくるときは「都市」はない、「牛利」とだけ書かれてある。これはどうしてかと尋ねられました。それでわたしは、『三国志』の「姓」と「名」を全部調べ、一回目は「姓名」、二回目は「名」だけ書かれているか本格的に調べてみなければ分かりませんと述べた。それで彼女は沈黙した。理屈から言えばそうなります。彼女の質問を受けて調べ考えてみると『魏志倭人伝』の「都市」は、姓ではなかったのではないかという重大な問題にぶつかった。今の九州博多や太宰府で使われている「都市」は姓です。しかし『魏志倭人伝』の「都市」の意味は、姓ではなくて職能ではないか。

わたしには「といち（戸市・都市）」そのものの意味は、以前から判明していた。『魏志倭人伝』には、「有邸閣、國國有市、交易有無使大倭監之」と市があったことが書かれ、かつ「大倭」がこれを監察していることは有名です。だから市があったことは間違いない。「と(都・戸)」は、わたしの判断では神殿の入り口にあたる「戸」です。今でも門前町が、神社や寺の入り口にある。それと同じです。ですから神殿の周りに出来た市が「戸市《といち》」です。そういう日本語です。

それで、これはたいへんな問題だと直感したのは「都市」の名刺からです。「都市」の「都」は音仮名、市場の「市《いち》」は訓仮名です。「都市《とし》」と読むなら音音ですが、これを「都市《といち》」と読むとすれば『魏志倭人伝』では音訓両用で用いられていた。これにぞっとしませんか。

『魏志倭人伝』にふりがなを付けていたが、そのようなことは思いもしなかった。そういう、ショッキングな内容です。しかし一年間で、この問題は解決した。

帰化した渡来人の「難升米」が卑弥呼の使いのトップにいるように、漢語は当たり前の世界。しかし漢語だけで、倭国のすべてのことが「音」だけで表せるはずがない。とうぜん「訓」が用いられていた。「都市」が「都市《とし》」と呼ばれたはずもない。つまり「都市《といち》」が倭語であり、三世紀の『魏志倭人伝』の世界が音も訓も、用いられていた世界であることは理屈としてはその通りです。ですが、そのことは難氏が洛陽のそば河南省から来た渡来人であるという仮説を導入することにより解決の道が開かれてきた。

ところが松本郁子さんが質問された疑問の通り、確かに「都市」は二回目は省略してある。姓であるならば二回目が省略してあるのはおかしい。「難升米」は省略していない。すると「都市」、これは姓ではなく神殿の入り口に作られた市という職能を表すのではないか。そうしますと神殿の入り口に作られた市は十なり二十なり多数倭国の中にある。また「といち(戸市)」は単数・複数両方に使える言葉である。ところがここでは「戸」ではなく「都《みやこ》」という字をあてている。数多くある国々の中で都のある国といえば邪馬壹国。そこの市が一つだけ「都」を当てうる「都市」。そこを支配・監察する「牛利」さんだから「都市牛利」。邪馬壹国の市を監督する牛利さんだから「都市牛利」。こうなると完全に人物を特定できる。

ですから「都市牛利」さん。この場合、しかも詔勅という晴れがましい場面ですので姓なら繰り返す必要がある。しかし今言ったように職能の「都市」なら二回も繰り返す方がおかしい。一回だけの方が筋が通っている。このようなことが分かってきた。

さて都市牛利さんに率いられた松浦水軍。この場合戦争の時は軍隊です。平和のときは商業活動。『魏志倭人伝』に「乗船南北使糴」とあるように、韓国と対海国（対馬）・一大国（壱岐）をはさみ博多湾と交易が行われている。とうぜん松浦水軍が交易を行っている。その松浦水軍のボスが都の市を支配する。こんな分かりやすいことはない（参考『なかった』第六集）。

（二〇〇九年六月二〇日、大阪市東淀川人権文化センターにて）

3 北朝認識と南朝認識
――文字の伝来――

古田武彦

先日（二〇〇九年四月二十六日）、NHK教育テレビで「古代人々は海峡を越えた（日本と朝鮮半島二〇〇〇年第一回）」と題する番組があった。各大学の著名な学者たちが語った。昔からよく知った方々だが、最近の「お顔」が珍しい。自分も年を経ているが、さすがに歳を召された。なつかしかった。

その中で、特に山尾幸久氏が強調されていたのは、「日本には文字がなかった。百済から文字が伝わった。仏教により文字が伝わった。日本の国家そして律令の発展にも、『文字の存在』が不可欠であったこと、そしてその肝心の『文字の淵源』が百済から伝わったこと」を述べ、「百済から倭国へ」の文字伝来の歴史的意義を強調されたのである。

この文字の「百済起源説」には、有名な「典拠」がある。隋書俀国伝だ（通説では「俀」は「倭」に改定）。「文字なし、ただ木を刻み縄を結ぶのみ。仏法を敬す。百済において仏経を求得し、始めて文字あり」これを裏書きするように、韓国の学者が出てきて、「その通りである。なぜ、百済の聖明王がそのような文化伝播に力を尽したか」を述べた。

この説には以前からおかしい。変な説だとは思っていたが、先の章でのべた「都市」さんのように三世紀の『魏志倭人伝』では倭国では音訓両方を使っている事実からは決定的におかしい。それが百済から五世紀になって初めて伝わった。こんなバカな話はないじゃないか。ですが、このような説が流布する理由はなにか。それで考えてみると、これは北朝と南朝の問題が絡まっている。

何回も言っていますからご存じだと思いますが、三一六年鮮卑が南下してきて中国の都洛陽を陥落させた。これが北朝の始まりである（北）魏という国を造った。そして（西）晋の一派が南京（建康）に逃れて、そこに都を置いた。これが南朝で（東）晋を名乗った。南北朝の対立が、三一六年から始まった。そして南朝が（劉）宋・斉・梁・陳と変わった。陳が五七九年に北朝の隋に征服され南北朝は解消した。北朝の隋が天下を統一し、それを唐が受け継いだ。

ところがその（北）魏が造った『魏書』という書物、そこには『高句麗伝』があるが『倭国伝』はない。この『高句麗伝』に好大王は何回も出てきて、中国と戦って負けるという変な役割で活躍します。ですが高句麗好太王碑に存在し、ライバルであり戦った『倭国伝』はない。つまり『魏書』には倭国は存在しないという立場で書かれている。

なぜ『倭国伝』は『魏書』にないのか。理由はハッキリしている。北朝に朝貢してきた国は『高句麗伝』として存在する。朝貢してこない倭国は存在しなかったから『倭国伝』はない。たいへん明快な論理です。だから『魏書』には『倭国伝』はない。『魏書』には、歴史上倭国は存在しなかったことにされている。

講演会で何度もこのことは言っていますが、この件はたいへんに重大な問題です。つまり隋も唐も北朝系です。この北魏の大義名分を受け継いだ国なのです。ですから北朝系の史書には「倭国」は存在しない。

『隋書』でも『三国志』などの「事項」そのものは採録しているが詔勅や上表文は書かれていない。魏の明帝が卑弥呼に与えた長文の詔書のことは書かれていない。また卑弥呼・壱与が出した上表文のことも書かれていない。いわんや倭の五王、倭王武の上表文のことも書かれていない。なぜなら上表文を書くと、南朝や倭国は偽りの王朝や国でなくなる。北朝の立場からは、偽りの倭王が偽りの王朝の天子に出した上表文です。あれは文字とは呼ばない。偽物なのです。

その立場で『隋書』は書かれている。

ところがいきなり「日出処天子」が『隋書』に出てきます。日本では唐にとって「日出処天子」はたいしたことはない文章であると言っている人がいるがとんでもない。『隋書』という本には、「日出処天子」のところはぜったいに必要な事項なのです。なぜなら『隋書』を出したのは唐です。

この部分は『隋書』の中で輝いていて一番目に付くきらきらした文章で見過ごす人はいない。だから唐は『隋書』を一番に出した。なぜなら唐の天子・高祖は隋の一武将だった。それが隋に反逆し、しかも天子を殺した。部下がご主人を殺す。これは一大反逆罪です。二代目皇帝煬帝の息子を殺した。だから唐は、一大反逆国家なのです。だから反逆には名分がいる。それは隋が「日出処天子」と、蛮族の倭にのうのうと言われても、それでも平気で視察のためと称して使いを送ったり、少し機嫌を悪くしたぐらいの中国の面汚しの天子だ。だからわれわれ唐はご主人である隋をあえて滅ぼした。それは中国、中華にとって立派なことである。大反逆罪をすばらしい行為に逆転させるために、あの「日出処天子」を使った。

ですから日本の明治以後の対等外交という「日出処天子」の使い方は笑うべきものです。

ところが、この「日出処天子」は唐には必要だが、困った問題がある。これは文字であり文書です。

卑弥呼や倭の五王が出した上表文を文字と認めていないのに、いきなり「日出処天子」の文字・文書が出てくる。その説明が『隋書』にいる。だから『隋書俀国伝』で、「仏法を敬す。百済において仏経を求得し、始めて文字あり」という形にした。

これは大嘘です。それは倭の五王が出した上表文を見れば分かる。仏教の臭いのない堂々たる上表文です。『三国志魏志倭人伝』でも同じです。

しかし現実に「日出処天子」の文書を書かなければならない。だが詔勅や上表文という公的な文書は認められない。だから「日出処天子」は「菩薩天子」と言っていますから、それにからめて五世紀に仏教伝来というプライベートな形で文字の伝来が存在したという、うそ話を造って「日出処天子」に接続した。五世紀に倭正武がいなかった。これはうそ話です。同じく文字がなかった話もうそ話です。卑弥呼のいる『魏志倭人伝』や南朝劉宋の『宋書』を読めば文字があったことは分かりきっている。分かりきっているけれども、あの卑弥呼や倭の五王が出した上表文を文字と認められない。あれは偽物です。だから全体が、まさにつくりあげた造作の極地です。

ですから皆さんも、あのＮＨＫの放映を見て、おかしいと思ったことでしょう。

あの『魏志倭人伝』を見て詔勅や上表文があるのに、倭の五王の上表文もあるのに、皆さんも五世紀以前に文字がないとは信じられないと思う。だけれども、なぜこのようなうそ話を造ったのかの種明かしが、北朝・南朝の大義名分論です。

それで日本側に関連する話が『古事記』の「削偽定実」問題です。少しだけ言います。

この「削偽定実」に関しては、わたし以外のすべての学者は、天武天皇は正誤表を作れと言ったと解釈した。

つまり、「ここでは二人の息子と書いてあるが三人の間違いだとか、皇子と書いてあるが皇女の間違いだ。これを校正しろ」と天武天皇は言われた。本居宣長以来、わたし以外のすべての学者はこのように解釈していた。

これに対してわたしは違うと言い続けている。南朝が「偽」、北朝が「実」です。南朝関係をカットしろ。北朝関係だけを残せ。そういう意味なのです。

『古事記』を見ていて分かりきっていることは、大陸との関係がまったく知りませんでした。日本列島の中の近畿大和の権力の伝承の歴史を書いてあるが、それが中国のことをまったく知りませんでした。

韓国のこともほとんど知りませんでした。そんなはずはない。中国のことを知らずに日本列島の権力が保てますか。ぜったい保てないと断言してもよい。ところがまったくない。初めからなかったはずはない。天武天皇の意志と称して南朝関係は除けとなった。だから南朝関係はカットされている。

ところがこのような説を発表しても、学界は、古田説をいっさい相手にしない。

いくら本居宣長が言っても、小林秀雄が言っても、あらゆる国文学者・万葉学者が総がかりで言ってもダメなのです。わたしひとりが正しい。独断のようだが、このことをわたしは疑っていない（参考『古代に真実を求めて』（明石書店）第十二集講演記録　九州王朝論の独走と孤立について）。

古事記の撰録における「削偽定実」の問題

古田はいっさい相手にせず。その相手にしなかった番組が四月二十六日のＮＨＫ教育テレビです。

山尾氏は、歴史事実のように何回も「文字は百済から来た」と繰り返された。また韓国の学者に裏付け役をさせた。それを日本人が見せられている。建前と歴史事実の区別がついていない。

このことはさらに新しい問題に発展し、さらに邪馬一国問題もほんとうに決着が着いた。

今さら何を言うのかと思われるかもしれないが、「邪馬一国」と「邪馬台国」の区別が着きました。

これは京都大学人文科学研究所教授で、中国法制史を専門とする富谷至氏が『漢籍はおもしろい』（研文出版）に含まれた一篇でわたしを批判されていて大変ありがたい。そこで言っていることは、「古田は「壹」が正しくて「臺」は間違いだ。」と言うけれども、『隋書』の先頭に「則魏志所謂邪馬臺者也」と書かれている。『太平御覧』なども「臺」と書かれてある。そういうところを見ると、「邪馬臺国」が本来と考えるべきだ。古田の説は間違っている（古田武彦「書評　富谷至「錯誤と漢籍」を読む」『なかった』第六号）。

ところが、これらは駄目なのです。反論を寄せられただけでもありがたいですが。

『隋書』『太平御覧』などは、これらは中国の北朝の本です。これらに対して中国の南朝の本はどうか。『三国志』は「邪馬壹国」です。

『三国志』で書いてあるのは、七万戸の国を「邪馬壹国」と呼んでいます。はっきりしている。それを一五〇年たった『後漢書』を書いた南朝劉宋の范曄はとうぜん見ている。彼は『魏志倭人伝』を読んでいるし、また読者も『魏志倭人伝』を読んでいる。「邪馬壹国」が七万戸もあることは、みんな知っている。しかし范曄は、『三国志』で七万戸の「邪馬壹国」のことは書いてあるが、その中心の大倭王一人のいる場所は書いてはいない。それをわたしは補おう。前の歴史書にないことを付加することに意味がある。それで「其大倭王居邪馬臺国」（其の大倭王邪馬臺国に居す）」と、七万戸の「邪馬壹国」の中の大倭王一人がいる場所として「邪馬臺」の情報を漢代の資料により付け加えた。

だから范曄は、「邪馬壹国」を「邪馬臺国」に、「壹」を「臺」に書き換えたわけでは、まったくない。七万戸の首都「邪馬壹国」を書いたわけではまったくない。

この問題はまた発展もありました。この「邪馬臺」というのは、倭人側日本語の表記ではないか。日本語では低湿地である。関東では特に明確で利根川の「〇〇台」はみんな低湿地である。関東だけではなくて、九州博多から糸島平野における地名は、普通のところより一段低い低湿地である（明治前期字調査票にもとづく地名）。ようするに「タ」は田んぼの「タ」、「イ」は井戸の「イ」です。

日本語の、「タイーダイ」は、低いところ・低湿地である。それに中国の「臺」という字を当てただけです。中国の漢字としての「臺」は、高台の意味ですが、日本語の「邪馬臺」の本質は低湿地です。

『後漢書』の書かれた南朝劉宋の時代には「臺」は、忌避される言葉ではなかった。

これに対して三世紀の魏の時代には、この「臺」の字が、『三国志』では「天子の居するところ」の意、つまり特殊貴字として用いられているのに、気付きました。

魏の老臣高堂隆は魏の天子、明帝のことを「魏臺」と呼んでいます。その上、肝心の倭人伝でも、「臺に詣る」の一句を、「天子の宮殿」に至る、との意味で使用しています。そのような「魏時代の用語」の中で、史官である陳寿が「かりに『ヤマト』であっても、これを『至高の臺字』を用いて表記することは、絶対にありえない。

この論理を、松本清張さんを筆頭に誰も知らないふりをしている。

（「歴史の曲り角（三）――魏志倭人伝の史料批判」『古田史学会報』№五六、二〇〇三年六月八日）

このように南朝系列では「邪馬壹国」「邪馬臺国」はキチンと区別され使われて読まれていた。

そこへ北朝がきた。今まで倭国とまったく交流がなかった鮮卑の一族がやってきた。だから彼らは、「邪馬壹国」と「邪馬臺国」の区別が付いていない。だから『隋書』の先頭では、「魏書曰邪馬臺国」と『魏志倭人伝』と南朝劉宋の『後漢書』を区別せずに書いています。『隋書』や『太平御覧』は、南朝・

北朝を区別せず書いています。これらを元に、日本の学者は、『三国志』はやはり「邪馬臺国」でいいんだと無理に論陣を張っています。

わたしを無視したつけが今来ている。文字の問題だけではない。木村賢司さんに造っていただいた古田史学の旗のようにやはり「壹（壱）」に帰る。「邪馬壹国」の「壹（壱）」に帰らなければ、日本の歴史は分からない。そういう結論になるわけでございます。

（二〇〇九年六月二〇日、大阪市東淀川人権文化センターにて）

4　『魏志倭人伝』の国名

古田武彦

『魏志倭人伝』には三十国の国名があります。里程付きの国名が九国ありますので、後二十一国あることはご承知の通りだ。それをわたしが読めなかったとしてきたのはご承知の通りだ。他の人はそれぞれに当てはめてきたのは知っているが、私から見るとそれはぜんぜん信用できない。近畿中心とか島原半島中心とかに得手勝手に読んできた。しかし、そういう当てはめではなく、一定の原則を立てて読む。間違っているなら原則が間違っているという批判が出来る。そういう形で読まれてはいなかった。私には今まで、そのように見えていました。

これが昨年来から幸いなことに読めてきた。その読めてきた理由は、次の四項目です。

倭人伝の読み方（固有名詞）

一、中国側の表記（最初）

二、「倉田命題」の出現──（倭人側）の登場

三、「都市（といち）問題」

四、「尾崎命題」──「支音」の転換

以上の問題が解決しましたから、一定の読みが出来ると考えた。

私は最初『「邪馬台国」はなかった』を書いたときは、昭和四十四年当時ですが、中国側がこれを表記したと考えていました。これに対して当時佐賀の地で家裁の判事をされていた倉田卓二さんからお手紙をいただいた。

『「邪馬台国」はなかった』を読んで非常におもしろかった。もし仮に法廷で、今邪馬台国か邪馬壹国かを争うならば、わたしは邪馬壹国の方に裁定を行うと言われました。

ところが一つだけ反対のところがある。古田さんは、倭人伝の国名表記は中国側が表記したと書かれているが、あれはおかしい。倭人側か表記したものと考えます。

なんとなれば、壱岐のことを「一大国」と書いてある。あのような小さな島を中国側が、「一大国、一つの大きな国」と表記するはずがありません。倭人側の表記と考えるべきです。

言ってみれば簡単なことですが、裁判官ですから、そこに至る論証が懇切丁寧に述べられており、最終的には決め手として、この一大国問題が取り上げられていた。私は直ぐご返事を差し上げた。

「あなたの言う通りです。ただ私にはそれに代わる対案がありません。今後勉強させていただきます」

とご返事した。

そして今後の勉強が、今朝まで続いた。

ですから倉田さんが言われる通り、対海国（對海國）・一大国、いずれも倭人側の表記である。

対馬に対する表現が對海國ですが、この「對」は、海に面するという意味ではありません。『諸橋大漢和辞典』などを引けばお分かりになるように、「對」は「（神様に）こたえる。対面する」という意味です。そうなると「海」は海上の神、そのものを表しています。我々が考える「塩辛い海」という答えは、なれの果ての意味です。ですから對海は、「海神の神霊に天地神明にお応えする」という意味です。これに同じく『古事記』では、「次に津島を生みき。亦の名を天之狭手依比賣《あめのさでよりひめ》と謂ふ」とあり、まさに海神の島として対応する。「狭手依比賣」と言いますのは、「狭手　熊手　さで」を、神代にしている女神。この「熊手」を、海や山や河や大きな本などに立てて祭る海の神様。その海の神に対面する島が対馬です。

同じく一大国は壱岐に対する表現です。「次に伊伎島を生みき。亦の名を天比登都柱《あめのひとつはしら》と謂ふ。」と『古事記』に書かれてある。

この「天比登都柱」が「一大国」に対応します。「天」は海部人の海部です。「比」は太陽を意味する「日」であり、「比」を当てることがあります。「登」は、これは戸口の「戸」であろう。「都」は都という字を当ててありますが、これは港を意味する「津」である。「比登都　日戸津　ひとつ」と言うのは、太陽の戸口を成す港という用語である。漢字の方は当て字です。それで「柱　はしら」とは何かと言いますと、「ハ」は「葉」で、木の葉のように広い場所が「葉　ハ」である。「シ」は、省略して言えば「人間が生き死にする広い場所」である。「ラ」は接尾語です。

そうしますと「ハシラ」というのは、人間が生き死にする広い場所という意味の地名である。

ですから「比登都柱」というのは、「太陽の戸口をなす港の側の人が生き死にする広い場所」と理解される。そして、それはどこかと言えば壱岐原辻遺跡である。その原辻遺跡の東側には間道のような狭い道が、渓谷に沿いすぐ港につづいている。あれが「比登都　日戸津　ひとつ」で、太陽の戸口を成す港であり、港から日が昇ってくる。

ですから「一大国」とは、原辻遺跡を倭人が「比登都柱」と言っているとしますと、「日戸津（比登都)」というのは、「太陽の戸口をなす港」という意味がありますが、同時に、数字の「一」でもある。意味は違うが同音ですから、「ヒトツ」を「一」で、倭人が表記した。倭人が語呂合わせした。今度は「人が生き死にする広い場所」という意味の「ハシラ」を、「大」で表記した。海部人の倭人にとっては、壱岐は一番大きな島です。中国人から見たら、ちっぽけな島ですが、あの周辺の倭人にとっては、一番大きな島ですから「大」と表記した。

ですから「一大国」は倭人が名づけた漢字の国名である。倭人の漢字使いを表している。このように『魏志倭人伝』の「一大国」は『古事記』の、またの名の「天比登都柱」と同じ意味を表している。ですから倭人が当てはめたものです。中国人はそのような当てはめはできない。

倭人の漢字使いのゴロ合わせを示している。

このことは早く気づいておりましたが、全面展開するのには時間がかかりました。

次は三の「都市」問題ですが、これは前章のⅥ—2に書きました。

次に「支」音の定理についてお話しします。

私は『三国志』では、「支」を「キ」とは読めない。「シ」と読むべきだと早くから考えていました。いきさつを述べますと、『三国志』紹熙本の「公孫瓚伝《こうそんさん》」の先頭に出てくる。

「公孫瓚、字は、伯珪《はくけい》、遼西、令支の人なり〈注〉令音、郎定反。支音、其児反。(魏志八)」これは何かと言いますと、ここで「反」というのは、中国独特の発音表記法です。

詳しくは「反切」と言い、「二音を使って一音を表現する法」です。右の「令」の場合、「ロウ、テイ」をローマ字で書けば、ro-tei ですが、これを縮めた「レイ」(乱)という音を表現しているのです

(ローマ字ですからもちろん中国音そのものの完全な表現にはなっていませんが)。したがって「支」の場合、「其児」(キジ ki-ji)、「巨児」(キョジ、kyo-ji)とも「キ」(ki)の音を現わしているのです。

決して「シ」ではありません。『三国志』では「支」を「キ」と読む。これは『三国志』の一番古い版本に出てきますから、そう思ったのです。これを三十五年ぐらい前、『「邪馬台国」はなかった』を書いたとき、見つけて喜んでいた。しかし、これを尾崎雄二郎さんという当時音韻の専門家にお話しした。そうしますと専門家の目では真反対で、ここ以外のところは「支」を「シ」と読まなければならない根拠なのです。ここの「令支」の場合は「レイシ」でなく、「レイキ」ですから、ここは「支」を「キ」と発音します。

ですから『三国志』では、一般に「支」は「シ」と読まなければならない。そういう意味の注記だ、というわけです。一般の通音とここは違う。『三国志』には、他にも「支」字はたくさん出てきます。私は「支」を「キ」と読むと書いてあるから、「支」を「キ」と読む保証が見つかったと喜んで尋ねたら逆だった。なるほど専門家たる由縁というのは、このようなところが違うと思って感心していた。ですから『三国志』の「支」は「シ」であると、今まで思い込んでいた。だから『魏志倭人伝』は読めなかった。

何かと言いますと、尾崎さんの考え、私の考えも同じでしたが、『倭人伝』を書いたのは中国側が書いたと考えておられた。そうでしょう。中国側が表記したと考えておられた。そうすると今の論理となる。ですからここだけは「支」を「キ」と読む。すると『三国志』の他の「支」は「シ」と読む。

西域伝などにも「支」はたくさん出てきますから、『三国志』の読みはそれで成り立つ。

ところが今の私の考えでは、「倉田命題」によって倭人側の表記である。そうしますと、今の中国側が全部表記したという解釈は成り立たないことになる。倭人側の表記・解釈まで、陳寿が逐一調査して中国側の解釈を入れて表記したということはありえない。ですから『倭人伝』は尾崎雄二郎さんなど中国学の解釈では、理解できないことを意味している。「尾崎命題」は成り立たない。そのことが三十数年を経て理解できてきた。

最近は物忘れがひどく、直ぐ忘れる。二階に本を取りに行ってみて、さて何の本を取りに来たかも忘れることは常だ。しかし逆に古いことは、逆に回復して思い出すことがたびたびです。どういう脳の働きかは知りませんが。そのうちにお母さんのお腹にいたときの話を思い出すかもしれないぐらい、昔のことを思い出す（笑）。このことを思い出して再確認した。

それはともかく最終的に、結論としては『倭人伝』を読むのに「尾崎命題」に縛られる必要はない。『倭人伝』の「支」は「キ」と読むことができる。このことから『倭人伝』を読む世界が、一気に広がってきた。

さてそれでは、結論として読んでみた例を挙げさせていただきます。あくまでも例ですよ。

『魏志倭人伝』国名部分（紹熙本では、一般に言われている「郡支国」でなく「群支國」となっています）

次有斯馬國、次有已百支國、次有伊邪國、次有郡支國、次有彌奴國、次有好古都國、次有不呼國、次有姐奴國、次有對蘇國、次有蘇奴國、次有呼邑國、次有華奴蘇奴國、次有鬼國、次有為吾國、次有鬼奴國、次有邪馬國、次有躬臣國、次有巴利國、次有支惟國、次有烏奴國、次有奴國、此女王境界所盡。

一番目　斯馬《しま》国、これは福岡県糸島市志摩半島の志摩。

二番目　已百支《いはき》国、同じく糸島市（前原市）の井原遺跡。支は、城・要害の城であり接尾語。「ら」も接尾語。「いは　岩」が共通している。三雲遺跡のあるところ。

三番目　伊邪《いや》国。これが、最近の発見として大切だと思ったところです。

これは他になくて徳島県にある。しかも祖谷として郵便番号帳にもある。地図にも、もちろんある。四国随一の山、剣山の麓。それで剣山は、私にとって思い出深い山なのです。なぜなら父親・母親とも土佐の出身で、幼い時は、父方のおばあさんに可愛がられ、面倒を見てもらったおばあさん子なのです。そのおばあさんから絶えず剣山のことを聞かされた。彼女は富士山のことは知らないが、土佐ですから常に剣山のことに、あこがれを持って語る。すばらしい山だということを。実は祖谷は、剣山の麓。祖谷川が流れ出して東祖谷山と西祖谷山、そして剣山に囲まれたところ。ですから伊邪は剣山を示しているのではないか。この問題については、後で論じます。

四番目　群支《ぐき》国。これはだいぶ困っていましたが、こう解釈しました。佐賀に千栗《ちりぐ》神社があります。これも栗と読まずに、「りく」と読みます。千は、神様の「チ」。「リ」は、吉野ヶ里の「里リ」です。ですから固有名詞は「グ」です。一方の群支国、一般に都支国となっていますが、一番古い版本「紹熙本」では「群」となっており、これが正しいと考えています。支は、城・要害の城という接尾語。語幹は「グ」が共通して持っている。これは太宰府と久留米との間、西寄りの場所です。

五番目　彌奴《みの》国は、（中部地方の）美濃国ではないか。

六番目　好古都《ここと》国は出雲。好ましき古き都。これを三世紀の倭人が書いている。三世紀の倭人から見て、古き都に見えている。それはどこか。とうぜん出雲。出雲からの国譲りを肯定的に捉え、古き都と表現している。

三—二の章で話したように、銅鐸を「ヌ」と言いますが、これは本来楽器です。編鐘《へんしょう》と言いまして、鐸を並べて音階を造る。これが本来の小コトではないか。事実出雲から小銅鐸がたくさん出土する。そのような好ましき古き都（小　こ　コト）。表音と意味当てを倭人が行っている。中国人では出来ない。国譲りを受けた自己賛美。卑弥呼の邪馬壹国が自分の権力を美化するために出雲を誉めている。

七番目　不呼《ふか》国は、前原の西に深江があるが、そこではないか。「江　え」は接尾語。

それから、一言入れておきますが、『倭人伝』に日本語が使われている証拠がある。『倭人伝』の中に、「下戸、大人と道路に合逢えば、逡巡して草に入り、辞を伝え事を説くには、あるいは蹲り、あるいは跪き、両手は地に拠り、これが恭敬を為す。対応の声を噫《あい》という。比するに然諾の如し。」大人が通ってきたら、下戸が草むらに伏せて噫と言う。とある。噫には「アイ」と「イ」という発音がありますが、岩波文庫でも、「アイ」と読ませているが、それでよいと思う。これが日本語であることには、皆さん反対はないと思う。つまりわれわれが今使っている「ハイ」と同じ意味である。この場合、まったく同じではない。われわれは「ハイ」と言いH音をプラスして言う。

子供は「アイ」と言いますが。この場合、語幹は同じであることを示している。つまり日本語であることは間違いないが、現代の日本語に対しては、プラスアルファされて違う。どうように違うか。接尾語や接頭語が付いて使っている。その証明です。大人もそれを聞いて使っているから同じ日本語です。

今の場合、接尾語の「江　え」を接尾語だから除けた。勝手に取っても良いと言えないと言うかもしれないが、接尾語や接頭語を除いて考えるということの証明を説明致しました。

八番目　姐《せ》奴《の》国は、広島県の瀬野ではないか。広島県の北の方です。

九番目　對《た》蘇《そ》國、「蘇　そ」は、阿蘇の「蘇」です。これは熊本の海岸部。阿蘇山に対する国です。

十番目　蘇《そ》奴《の》國は、阿蘇山近辺。蘇は、当然阿蘇山。奴は、原野の野。九番の對蘇國は有明海近辺。

十一番目　呼《か》邑《ふ》国、呼は、神聖な水の出るところとしての「カ」です。今の背振山脈のところに水無洞窟がありますが、博多に大量の水を供給しています。邑は、村・集落。神聖な水の邑。

十二番目　華《か》奴《の》蘇《そ》奴《の》国、この国の理解も一つのキーポイントとなった。長らく分からなかったが、このように考えてみました。蘇奴は阿蘇山の原野です。それでは「華奴」とは何か。「燃える火の原野」ではないか。中華の「華　か」と、燃える火の「火　か」は中国人から見ると発音が違うと思う。同じではない。しかし日本人から見ると似た音です。倭人の方は、燃える火の原野の「火」に、華やかな意味の「華　か」を当てた。燃えている阿蘇山を中心にした原野の地帯。「か」と「そ」の順序の問題もありますが今は省略します。これも解読の一つのポイントになりました。

十三番目　鬼《き》国、これはご存じの福岡県筑前の基山。

十四番目　為《い》吾《ご》国、これは奈良県の北西側生駒である。後の邪馬国は、大和（奈良県）であることは、初めから考えていた。神武東征は三世紀より早いのだから、三十国（二十一国）の中に大和が出ないはずがない。ところがそれだけではなかった。生駒の「マ」は接尾語、語幹は「いご」です。「いご」の場合は、普通に濁音になることもありますから「いご」でも良い。思いがけなかったのですが、これは大事なポイントです。つまり邪馬国のほうは、大和三山のほうを言っています。為吾国のほうは、別の名前が付いています。この場合、「山 やま」がたいへん重要な固有名詞の基本となっていると考えます。為吾国と伊邪国の存在で、このように考えました。

十五番目 鬼奴国《きの》、岡山県総社市、鬼ノ城のあるところ。

十六番目 邪馬国《やま》、当然大和（奈良県）である。

十七番目 躬臣国《くし》、これはこの読みしかないと思います。これは筑紫と考えて博多湾岸。それで筑紫は地元の呼び方。外からは筑紫と呼びますが、「チ」は神様の「チ」。「ツ」は津の「ツ」。語幹は、「クシ」です。「躬」を辞書で引いてみますと、これの意味はかなり限定され、「躬」は、「自ら」という意味しかありません。もちろん「臣」は「臣下」という意味です。するとこれは、「躬臣國」は「自ら臣下となった国」という意味を持つことになります。そうしますと「躬臣」は「国譲り」の意味を持ち、天孫降臨。実際は征服ですが、筑紫・博多湾岸を「躬臣國、自ら臣下となった国」と言っています。

十八番目 巴利国《はり》は、これは尾張、愛知県と考えました。これは他も同じですが絶対はない。言葉当てだけですから。播磨の可能性も十分あります。一応の試案として申し上げます。

十九番目 支惟国《きい》、これは和歌山県の紀伊。このことは比較的早くから考えておりました。これは「支」を「シ」ではなく「キ」と読んだとたんに出てきます。

二十番目 烏奴国《うの》。これは岡山県の宇野。

二十一番目 奴国《の》、これは初めは、京都府舞鶴の籠《この》神社のあるところを考えていましたが、現段階では、これは能登半島ではないかと考えています。「登 ト」は、神殿の戸口の「ト」と考えれば、能登半島でも良い。

繰り返しになりますが、これは現段階の一案でありまして、より良い案が出ることは大歓迎です。ともかく日本語である。ですから倭人が付けた表記として理解できる。こんな地名は日本にはないよ。日本語では、まったく分からない。そういう類の話ではない。日本語で類似の音も含めて倭人が付けた国名として理解できる。私は、このことはたいへん大事なことだと考えています。

かつて新井白石が中国文献の研究を行った。それにはわれわれが使っている和臭の発音ではダメだ。現地の中国人の発音を聞かなければダメだ。そのように考えて中国人を呼んできて、『三国志』はもちろんのこと、代々の歴史書を中国語で発音してもらった。この話です。非常に立派な態度である。ですが態度としては立派であるが、方向としては間違っている。

なぜ間違っていたかと申しますと、周・漢・魏・西晋と、みな倭国と交流・関わりを持っていた。皆倭国と関わりを持っていたということは漢字文化に触れて、その読みを学んでいたということです。ところがその後三一六年、夷蛮といわれた鮮卑が南下してきて、洛陽・西安を征服して支配した。そこで北魏という国が出来た。そこで発音も、そこから鮮卑混じりの中国音に変わった。字も、変わった字が次々造られた。有名な羅振玉の『増訂碑別字』が示しているように、異字として変わった漢字が次々造られた。発音もそれ以前と、大きく変わった。

さらに南朝と北朝。南朝のほうは、漢・魏・西晋系列の東晋になった。ところが北朝は鮮卑混じりの発音や漢字が続いた。そして北朝が勝った。唐は北朝系です。ですから中国語は大きく見れば、元は鮮卑混じりの発音や漢字を引き継いで現在に至っている。もちろん元や清の侵略もある。

そういう繰り返し夷蛮系が中国に来る前に、倭人が漢語を学んだ。だから混じりけ以前の発音や漢字は日本語に残っている。ですから日本語の発音は、（古代）中国語を学ぶ時には不可欠の言葉である。

混じりけの中国語で十分だ。本来の中国語・漢字に関心はない、そういう人は、それで結構です。本来の中国語・漢字を知りたい人は日本語を学ばなければ絶対に分からない。もちろん日本語だけではない。ベトナムなどにも残っているだろう。漢字付きで行ったわけですから、固有名詞の表記には残っている。それはすべて意味がある。その中で、特別に大量に、質的にも量的にも残っているのが日本列島であることは間違いがない。だから中国語・漢字を本気で究めようと考える人は、日本語から始めなければならない。別に威張って言っているわけではない。筋から考えればその通りである。

ですから『魏志倭人伝』に関しては、われわれが読めるように読むべきだ。それを新井白石が行ったように、わざわざ中国から人を呼んできて、混じりけ音の中国語で読んでみてもチンプンカンプン。意味がない。明や清など後のものなら意味はありますが。『三国志』や『書経』を江戸時代や現代中国語で読んでみても、残念ながら何の意味もない。ぜんぜんダメなのです。新井白石は、私の尊敬する人物ですが、これではダメなのです。

ですから先ほどよりお聞きになって、古田は固有名詞としての国名を、現在の知っている音で読んでいた。あれで大丈夫なのかと危ぶんで聞かれた方もおられますが、わたしは注意する必要はあるが問題ないと考えています。

（二〇一〇年一月九日、古田史学の会新年賀詞交換会にて）

5　官職名から邪馬壹国を考える

古田武彦

次に官職名を考えてみたい。まず邪馬壹国には四つの官職名がある。

伊支馬《いきま》―この場合伊支《いき》は、明らかに壱岐・対馬の壱岐です。馬は接尾語。邪馬壹国は壱岐から来た軍団が、天孫降臨という名前で支配した。板付や曲り田という縄文水田を支配した。その支配の先頭に立った軍団が、邪馬壹国の官職のトップになっている。露骨ですね。

彌馬升《みまし》―尊敬の意味が「ミ」、真実の意味が「マ」、ですから語幹は「シ」で、これは筑紫の「シ」です。筑紫の「チ」は神様の「チ」。「ク」は神聖な不可思議さの意味。「シ」も「人が生き死にするところ」です。

彌馬獲支《みまかき》―「ミ」は尊敬の意味。「マ」は真実の意味。「カ」は、神聖な水のあるところ。「キ」は城・要害の意味。神聖な水のある要害、これは太宰府の水城のこと。われわれの知っている水城は、七世紀段階で知っているが、七世紀に初めて水城が重要になったのではなくて、それ以前から水は、たいへん大事なものです。博多湾岸に、たくさんの人口を養う場合、水を貯めるのは重要な施設である。太宰府の周りには私たちが知っている水城だけでなく、周りにダムとしてのたくさんの水城がある。その命綱の水を支配するのが彌馬獲支。これは大事なポイントです。

奴佳鞮《ぬかで》—福岡市早良区に、額田《ぬかた》というところがある。水の豊富な沼がたくさんあるこの地に、最古の三種の神器をもつ神殿が吉武高本に存在する。そこを取り巻く奴佳鞮です。

以上、邪馬壹国ではこの場合、長官は壱岐に居て、中心地帯である筑紫を押さえているのが、伊支馬・彌馬升。水城をはじめとして、博多湾岸などに水を供給するところを押さえているのが彌馬獲支。そして最古の三種の神器をもつ神殿の吉武高木を押さえているのが奴佳鞮。皆キーポイントのところを押さえている侵略者集団。

この点、他の国の官職は違っている。たとえば投馬国は、彌彌《みみ》・彌彌那利《みみなり》。「ミ」は女神で、「ミミ」は、南方系のダブリ言語。その副官が彌彌那利という、バランスのとれた官職としての用語です。耳は、日本にはたくさんある。大阪にも「耳原」などがある。同じく倭国側でも長官が卑狗《ひこ》、副官が卑奴母離《ひのもり》。太陽の男という意味の長官が「卑狗　日子　ひこ」。卑奴母離を「ヒナ（鄙）モリ」と呼んだのは天皇家一元主義。宣長などのねじ曲げた読み方。太陽の原野を護るもの。

これが対海国・一大国にある。これも素直な表現として、おそらく縄文からある古くからの名称に対して、新しく侵略者用語で四つとも固めたのが邪馬壹国。そういうことを感じさせます。

ですからあえて言うならば、ここでは国生み神話は肯定的に捉えられている。好ましき古き都から国譲りを受けたという形で表現されている。それに対して神話では、天照は立派な姉さんで、出雲の素戔嗚《すさのお》は乱暴な弟だ。そういうイデオロギーで作られていることはご存じの通りだ。あの話は、三世紀より後に造られたと考えます。

出雲は乱暴な弟の子孫だから、中心の地位を失ったのだ。それで良き姉の子孫である天照の子孫が、正しい王統を伝えている。そういうコマーシャル。

ところが三世紀には、そのコマーシャルは、未だ出ていない。だからあの話は三世紀以後に作られた、筑紫中心主義のイデオロギーで作られた神話なのである。ところが「国譲り」そのものは、三世紀以前すでに存在している。その場合出雲はすばらしい国だ。そのすばらしい国を受け継いだのが、われわれ倭国だ。自己コマーシャルのようなものですが。

そういう神話の編年が、『倭人伝』によって知ることが出来る。そういう副産物もある。

さてキーポイント、「邪馬壹国」とは何かという問題です。「邪馬　やま」が日本語であるということは、皆さんは疑ってはいないと思う。しかも今となって考えてみますと、『倭人伝』で書かれているのは、「山　やま」というか mountain 用語が主である。平野用語が主ではない。七―四章の為吾国と伊邪国がそうです。生駒、剣山がそうです。

考えてみますと当たり前です。縄文が二万年として、その前に旧石器があります。それでは弥生は三世紀までわずか何百年。地名というものは弥生の何百年に、あわてて付けられた名前であるはずはない。縄文だって絶対に地名はあった。旧石器にも地名はあった。そういう何万年の歴史ある地名を元に、『倭人伝』の地名は書かれている。

弥生になって稲作のため平野が大事になって、あわてて付けられた地名ではない。『倭人伝』の「邪馬壹国」の四つの官職名は、弥生になってあわてて付けられた。しかし大部分の地名は縄文地名。縄文時代は、山こそが生産の中心地。一番安全で敵の襲来を防ぐことができる安全な場所です。平野は、泥沼で危ない。だから山岳を中心に付けられた国名が、『倭人伝』の国名の大部分を占めている。

これは考えてみると当たり前の話ですが。私は何を言いたいか。要するに「邪馬壹国」は山が中心地。

山は平野ではない。それでは「壹　いち」とは何か。「イ」は名詞に付けて神聖なものを表す言葉。

先はどの壱岐・伊予・伊勢であり、アイヌ語で残っているような、古い名称の日本語で付けて用いる。「チ」は言うまでもなく、古い神様の名称。「カミ」の前の古い神様が「チ」。そうしますと「壹　いち」というのは神聖な神様。しかも山におられる神聖な神様の意味の国名が「邪馬壹国」。それで不弥国まで来て、ここから南が女王国の中心だと言っています。

それで不弥国。「ミ」は女神の意味で、海岸部が「フミ」。固有名詞は「フ」なのです。そして同類の言葉として、有名な天孫降臨の地として、繰り返し強調されている高祖山連峰にクシフル岳の「フル」がある。「ク」は何回も出てきますが神聖な不可思議さを表す。「シ」も「人が生き死にするところ」「フ」は広がった領域を言い、「ル」は接尾語。「ツル」という言い方が山梨県にあるが、同じように「フ」に「ル」を付けて「フル」。「フル」と言っている、このクシフル岳は原田大六さんに教えてもらった。木が串のようになっている。あそこが「クシフル峰だけ」です。第二峰ですが、現地の中世文書にも出ていたので『盗まれた神話』で紹介しました。

今考えますと、半分ダジャレの混じった話でしたが、それではダメです。「クシ」は不可思議なる人の生き死にするところであり、「フル」はその広がった領域を表している。その「クシフル」の一端が不弥国です。不弥国に来れば、もう女王国の中心に来た。このように山の呼称の形で表現している。

重なりますが、東の板付（博多）と西の曲り田（糸島）という両方の縄文水田を押さえる高祖山連峰のクシフル岳。「邪馬壹国」は、その「山　やま」では一番の国。倭人のダジャレというかこじつけを含む倭人風の漢字使いです。「やま　山」というのは、その土地そのもので決まる。京都だったら「山　やま」と言えば比叡山。

他にも山はあるけれども、それを「山　やま」とは言わない。

親鸞文言で「山を下る」と言えば、比叡山から降りることに決まっています。

太宰府では、宝満山（三笠山）が「やま」である。その地域で、山というものは決まっている。ですから不弥国まで来ました。この地域で「やま」と言えば高祖山。天孫降臨の地が「山　やま」である。

同じことですが、杭州湾からやってきた安日彦、長髄彦が、たとえば「筑紫高千穂山に降臨せし天孫なり」と、そこに陣を置いたと書いています。東の板付（博多）と西の曲り田（糸島）という両方の縄文水田に居た人々は、高祖山連峰を原点にしていた。そこを海上の天族、天照の侵略軍がニニギを派遣して押さえたという話になる。

以上述べましたように、『倭人伝』の話は天孫降臨の話がバックになって、非常に正確に書かれていると考えています。

（二〇一〇年一月九日、古田史学の会新年賀詞交換会より）

6 『魏志倭人伝』伊都国・奴国の官名の起源
――「泄謨觚・柄渠觚・兕馬觚」は周王朝との交流に淵源を持つ――

正木　裕

1　伊都国・奴国の「泄謨觚・柄渠觚・兕馬觚」

『魏志倭人伝』中の伊都国・奴国に「泄謨觚《せもこ》・柄渠觚《へくこ》・兕馬觚《じまこ》」（読みは『邪馬一国への道標』他による）という「一風変わった」難解な文字を使用した官名がある。

《（伊都国）東南陸行五百里、伊都国に至る。官を爾支と曰い、副を泄謨觚・柄渠觚と曰う。（奴国）千余戸有り。世王有るも皆女王国に統属す。郡の使の往来して常に駐る所なり。東南奴国に至ること百里。官を兕馬觚と曰ひ、副を卑奴母離と曰う。二萬余戸有り。》

本稿では、『論衡《ろんこう》』『礼記《らいき》』『周礼《しゅらい》』などの文献や、殷・周代の青銅の祭器と、それらを用いた儀礼の分析を通じて、こうした官名が倭人の周王朝との交流に起源をもつことを述べる。

2　倭人と周王朝との交流の歴史

『論衡』に見える「鬯草《ちょうそう》を献じた倭人」

周王朝は、紀元前十一世紀から同十世紀ごろ、初代の武王によって創建され、春秋・戦国時代を経て徐々に衰退し、最後は名目だけの存在となるが、それでも紀元前二五五年に秦に滅ぼされるまで約八〇〇年間も続く、中国で最も長い歴史を持つ王朝といえる。

この周代について書かれた『論衡』（王充、二七〜九一）に、紀元前十世紀頃、草創期の周王朝に倭人が朝貢し鬯（鬯草・神事に用いる薬用酒または薬用酒を醸す薬草）を献上した記事がある。

《「周の時、天下太平にして、倭人来たりて鬯草を献ず」「成王の時、越裳《えつしょう》（中国南方の民族）雉を献じ、倭人鬯を貢ず。」「周の時天下太平、越裳白雉を献じ、倭人鬯草を貢す。白雉を食し鬯草を服するも、凶を除くあたわず」》（『論衡』）

著者王充の存命中の紀元五七年に「委奴《ゐぬ》国王」が朝貢し、光武帝から金印（「志賀島の金印」とされる）を下賜されており、王充が「倭人」と書くからには、この九州の倭人を想定していたことは疑えない。

「味《まい》・韎《まい》」を奉納した東夷の倭人

また、周代から漢代にかけての儀礼や組織制度等を記した『礼記』『周礼』に、倭人が周の二代目成王の時大臣として王朝を切り盛りしていた周公の墓前に「韎（味）」を奉納し「聲歌」を奉じた、という記事が載っている。

《昧《まい》、東夷の楽なり。任、南蛮の楽なり。夷蛮の楽を大廟に納む》（『礼記』）

《鞮鞻《ていろう》氏、四夷の楽と其の聲歌を掌る。（中略）東夷の楽を韎（昧）と曰い、南方、任《にん》と曰い、西方、侏離《しゅり》と曰い、北方、禁《きん》と曰う》（『周礼』疏）

古来より日本人は、舞踊のことを「まい（舞）」というが、三千年前、東夷がその「昧・韎」を奉納したとある。これは東夷とは今日の私たちにつながる倭人であることを示すものであり、こうした記事から、周王朝と倭人との交流が窺えるのだ。

倭人は周の「官制」を取り入れていた

さらに、倭国は周の「大夫《たいふ》」という官制を用いていたことから、周から色々なことを学び、制度を取り入れたと考えられる。

『後漢書』には「（倭奴国《ゐぬ》の）使人自ら大夫と称す」、『魏志倭人伝』にも「大夫難升米《なんしめ》」とある。「大夫」は、卿・大夫・士という身分の三分法の二番目で、夏王朝、殷王朝、周王朝に用いられ、周王朝をもって断絶したとされる。倭国が漢代も『倭人伝』の時代も「大夫」という位を用いていたことは、倭人は「朝貢」(1)という「一方向の交流」だけでなく、周王朝の制度、官制を学んで使っていたということを示している。

3 周王朝の儀礼・祭祀と青銅の祭器

殷・周代の青銅器

ところで、周王朝やその前の殷王朝の時代は、青銅の祭器の全盛期。つまり、様々な青銅器を祭事に用いて政治を行っていた時代だと言える。

その象徴が「鼎《かなえ》」だ。周王朝を遡る二代ほど前の夏王朝の始祖の禹《う》王が、九州（中国の中の九つの地域）から青銅を集めて「九鼎《きゅうてい》」をつくり、それが殷王朝から周王朝に引き継がれ「王権」を象徴する宝器として周王朝が最も尊重するものとなった。「権威を疑い、地位を奪わんとする事」を「鼎の軽重を問う」というのはこれによる。

次に「爵《しゃく》」は酒を注ぐ為の青銅の酒器で、両端に注ぎ口が突出する独特の形状をし（図1）、古くは位階授与に際し、「爵」を授け、あるいは、「爵」を用いて酒を臣下に与えていた。[2] ここから、「爵」が人物の徳（天爵）とか、身分を示す概念（人爵）となった。この身分制が戦前まで用いられていた「公、侯、伯、子、男」という「爵位」の元とされている。

図1　乳釘紋銅爵
（殷・周代）
H22.5cm, W31.5cm
河南省洛陽博物館蔵

他にも「尊《そん》」は青銅の樽で、上部は酒の意味、下部の「寸」は手で捧げる形。全体で酒を両手で捧げるという文字の成り立ちとなっており、ここから「尊敬」という言葉が出た。「俎《そ》」は神にささげる供物を調理するまな板、「豆《とう》」は供物を乗せる高坏で、こうした青銅器は儀式・神事に用いられる「祭器」といえる。

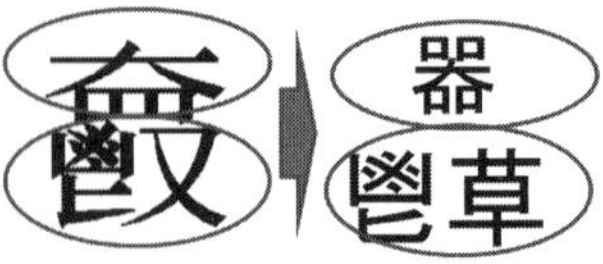

図2 「爵」は鬯草を入れる器

「鬯草」と密接に関連する「爵」

そして、倭人の献上した「鬯草」と爵の儀礼とは、密接に関連していたことが爵の古字「〓」により知られる。この字を分解し、上部の口を四つにして、上下に分けると「器」となり、下部は「鬯」と「又《そう》」で「鬯草」を表している。つまり「爵」とは、元は鬯を入れる器、鬯草を入れた薬用酒を入れる器という意味だったことになる（図2）。

重要な「爵」と「觚《こ》」の儀礼

そして、「注ぐ祭器」の「爵」に対応する「受ける祭器」があった。それが「觚《こ》」（杯・コップ）だ。

『周礼』には、「爵と觚の儀礼」について、

《爵、一升、觚三升、献ずるに爵を以てし、酬《こた》うるに觚を以てす。一献に三酬、則ち一豆なり》

（『周礼』梓人）

とあり、また「爵と觚」は同時に出土することが多く、ワンセットで祭事に用いられていたことが分かる。そして「鬯草」を献じ「大夫」を官職名として用いていた倭人は、「爵と觚の儀礼」を認知していた可能性が高いのではないか。

これを裏付けるのが「三献《さんこん》の儀（三三九度）」だ。

『周礼』に記す「一升」とは「一杯」という意味で、爵一杯が、觚三杯分に当たり、「爵」で一献

（回）「觚」に注いだら、三回に分けて飲む（三酬）、そして、「豆（供物を載せた高坏）」を一口食べる。爵一杯が觚三杯に当たるから、三回觚に注ぎ（三献）、一献毎三口に分けて飲む（三酬）ことになる。これは今日まで残る三献×三酬で計九口飲むという、「三三九度」「三献の儀」にあたる。

また、三酬毎に一口だから供物を計三口食べることになるから、これは三献の儀で「アワビ・栗・昆布」など「三種の供物」を乗せる「三宝（方）」の原型でもあったのだ。これから見て「爵と觚の儀礼」は我が国に古来より伝わっていたと考えられる（図3、4）。

4　伊都国・奴国の官名「泄謨觚・柄渠觚・兕馬觚」

官名に「觚」が用いられている

そして、先述の『魏志倭人伝』の伊都国・奴国の官名「泄謨觚・柄渠觚・兕馬觚」に、青銅器の盃の名称である「觚」の字が使われている。

『倭人伝』の対海国・一大国の官は「卑狗《ひこ》」とか、「卑奴母離《ひぬもり》」、不彌国は「多模《たも》」、投馬国は「彌彌《みみ》」あるいは「彌彌那利《みみなり》」とある。これは「倭人の発音に漢字一字を充てた」と理解できる。

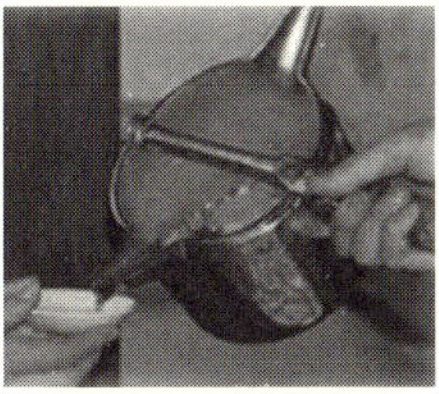
図3　爵の形を伝える「長柄（銚子）」

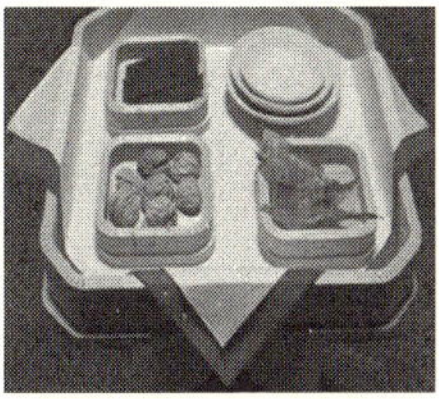
図4　「豆」の形を伝える「三宝（方）」

ところが、この泄謨觚・柄渠觚・兕馬觚という官名では、たとえば、泄謨觚の「泄」は「せち（呉音）・せつ（漢音）」で、柄渠觚の「柄」は「ひょう・へい」、「渠」は「ご・きょ」で一音ではない。他の官名から見て、「音の充て方」

として非常に特殊だ。

また『倭人伝』では、「こ・く」には卑狗《ひこ》、狗古智卑狗《ここちひこ》のように「狗」の字を使っている。なぜ両国の官名にだけ「觚」の字が充てられているのか疑問だった。しかし、これが「爵と觚の儀礼」に由来すると考えれば十分理解できるようになるのだ。

「天子＝鼎」「諸侯＝爵」「その臣下＝觚」と続く「位取り」

中国の天子の象徴は「鼎」、そして配下の王・諸侯に「爵位」を授けた。その由来は「鼎」から酒を汲んで入れる青銅器「爵」だ。

また、周代に諸侯に仕える小領主は大夫とされ、倭人（倭王）の臣下は大夫を名乗っていたから、倭王は「爵位」を授かるべき諸侯に位置づけられていたと考えられる。

そして「爵」から注ぐ先は「觚」だから、「觚」は「爵」に次ぐ位を象徴するものといえる。つまり天子＝「鼎」、諸侯＝「爵」、その臣下＝「觚」という位取りだ。そうであれば倭王は「爵」を用いて臣下の「觚」に酒を注ぐ、あるいは「觚」を与え、これを証する為「觚」の字のついた位階・官名を臣下に授けたのではないか。

5 官名「泄謨觚・柄渠觚・兕馬觚」は「觚」の種類

そして、「泄謨觚・柄渠觚・兕馬觚」の「觚」が、青銅器の「觚」を表すなら、その各々の官名は、以下の通り「觚」の種類・形状・用途に相応しいものとなるのだ。

「泄謨觚《せもこ》」

「泄謨觚」はどんな觚を表すのか。一般に言う「觚」は、上部が「ラッパ型」に広がったコップ状の青銅器を指し、これで酒を飲むと口から溢れてこぼれる形状になっている（図5）。

そして、「泄謨觚」の「泄《せつ》」という字は水が緩やかに外に漏れて流れ出るという意味を持つ（排泄・漏泄など）。また「謨《も》」は、『周礼』に《謨は蜃《しん》（大はまぐり）にあたる》《脩・謨・概・散、皆器の名なり》とあるように古代の「蜃に似た大きな口を開いた器」の意味を持つ。つまり「泄謨觚」とはその字義から、「蜃に似た大きな開いた口を持ち、酒が緩やかに外に漏れ流れ出る觚（コップ）」となり、図示した「一般的な觚」と一致する。

図5　觚（殷・周代）
H25.1cm, 口径14.7cm
奈良国立博物館蔵

「柄渠觚《へくこ》」

次に、「柄渠觚」とは何か。「柄《へい》」は柄《え》、取手のこと。「渠《きょ》」には、「溝」と「頭《かしら》」という意味がある（暗渠、渠魁・渠帥など）。

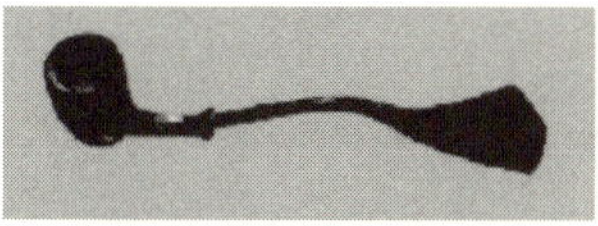

図6　素勺（周代早期）
W19.6cm,　口径 3cm 故宮博物院蔵
（特別展示資料）

そして、周代には青銅器でできた柄杓《ひしゃく》があり「勺《しゃく》」と呼ばれていた（図6）。これは北斗七星を象ったとされ、中国では北斗の柄の三つ星の部分を「杓《しゃく》」と呼び、器に当たる四つ星のところを「魁《かい》」と呼んだ。「魁」は「渠」と同じ「かしら」の意味だ。

したがって、「柄渠觚」というのは、「觚」の種類の内でも特別な、「北斗七星を

図7　司母辛兕觥
（殷代後期）
H36cm　W46.5cm
中国社会科学院考古研究所蔵

象った、柄の頭にある渠（盃）の部分で酒を汲む、柄付きの觚（コップ）」の意味で、これは「勺」を意味する。

「兕馬觚《じまこ》」

「兕馬觚」の「兕《じ》」は、『山海経』に記す想像上の動物で、サイとかウマに似た一角獣をいう。「馬」は当然動物のウマ。したがって「兕馬觚」は、読んで字のごとく「兕馬の形をした觚（コップ）」あるいは「兕（一角獣）に似た馬の觚（コップ）」となる。

実は、これにぴたりとあてはまる形状の杯（觚）があり「兕觥《じこう》」と呼ばれている。「兕觥」は図7のように馬に似た形をしており、かつ角が一本ある酒器だ。『詩経』にも、《「かの高岡に陟《のぼ》れば、わが馬玄黄」（馬が病気になった）、「われ、しばらくかの兕觥を酌み、これ以て永く傷まざらん」（「兕觥」に酒をついで飲んで心を慰めよう）》と歌われているが、「兕馬觚」はこの「兕觥」そのものの形状を表す言葉なのだ。

「泄謨觚・柄渠觚・兕馬觚」は周王朝との交流を示す

以上のように、「泄謨觚・柄渠觚・兕馬觚」は、「爵」同様、周代の青銅器、広義の「觚（コップ）」の様々な種類の名称であり、歴代の倭王は周王朝の爵制に習い、恩賞や身分、位階を示す官名としてこの「觚の名称」を用いていた、と考えられる。

したがって、『倭人伝』の一般の官名が、皆発音に漢字を当てたと思われるのに対し、この官名だけまったく異質になっているのは、『倭人伝』の時代から遥かに古い周代に由来する称号・名称を伝えたものだったからだ。

伊都国・奴国の「泄謨觚・柄渠觚・兕馬觚」という不可解な官名は、周代に九州の倭人が周王朝と交流した、その名残をとどめるものだといえよう。

東夷の倭国に「礼（俎豆之象）」が残っていた

『三国志』の東夷伝序文に《夷狄《いてき》の邦《くに》と雖ども、俎豆《そとう》の象《かたち》存り。中国、礼を失うとも、これを四夷に求むるに、猶信ずるものあり》とある。先述の通り「俎・豆」は殷・周代の青銅の祭器で、「俎豆の象」とは「殷・周代の儀礼」をいう。

東夷伝の主題・主眼は、史書上初めて倭国を実地調査した内容が記される『魏志倭人伝』にあるともいえようから、陳寿は「中国では既に失われた〝殷・周代の儀礼〟が倭人に残っている」と述べていることになる。また、東夷伝夫餘《ふよ》条にも、《食飲するに皆俎豆を用い、會同（集会）するに拝爵・洗爵（爵を拝し、爵を洗い返）し、揖譲《いうじょう》（拱手の礼）して昇降す。》とあり、陳寿の記す通り、東夷諸国には殷・周代の儀礼が広く残っていたと考えられる。これは周代初頭「箕子《きし》」が朝鮮に封じられ周夷を教化したという『論衡』の記述を裏付けるものと言える。

そして「觚」を用いた官名は、『倭人伝』時代、東夷の邪馬壹国に、周代の青銅の祭器由来の「礼（俎豆之象）」が存在したことを示すものといえよう。

6　伊都国と奴国に古き官名が残った

伊都国と奴国は「天孫降臨」以前の倭人の本拠

そして邪馬壹国本体でなく、伊都国と奴国に周代の礼が残ったのは、「天孫降臨以前の周代の倭人の本拠」が、博多湾岸から唐津湾岸にかけての伊都国・奴国一帯だったからだと考えられる。

『日本書紀』や『古事記』の中で、天孫降臨の主役の瓊瓊杵尊《ににぎのみこと》が、最初に天降ったのは「筑紫の日向《ひなた》の高千穂の久士布流多気《くしふるたけ》」と書かれている。古田氏は、

①「天孫降臨」とは「壱岐・対馬を拠点としていた天照・邇邇芸命ら海人《あま》族が、青銅の武器を携え、従来の支配者である大国《おおくに》や在地の旧勢力を排して、水稲栽培が盛んに行われていた豊穣の地（豊芦原瑞穂の国）筑紫に侵攻したこと」を言い(3)、

②また筑紫侵攻の時期は、銅矛・銅戈などの青銅の武器が出土する遺跡の時代、すなわち紀元前二世紀頃とされている。

③さらに、瓊瓊杵の詞に《此地は韓国に向ひ真来通り、笠沙《かささ》の御前《みまえ》にして、朝日の直《ひた》刺す国、夕日の日照る国なり。故、此地は甚だ吉《よ》き地》とあることや、現地に日向山《ひなたやま》、日向峠《ひなたとうげ》、くしふる山、小戸、笠等の地名が遺存すること、三雲・平原等の弥生遺跡・遺物が集積していること他から、降臨の地（瓊瓊杵らが侵略して最初に支配した地）は「筑紫糸島なる怡土平野」とされた。

そしてこれは俾弥呼時代に伊都国・奴国があった地域となる。

したがって、周王朝と交流していたのは、邪馬壹国の祖たる海人族に制圧された「伊都国・奴国等の地域を拠点としていた倭人（旧の現地勢力）」となる。このことは、糸島地域の支石墓《しせきぼ》群から石鏃《せきぞく》（石の

やじり）や勾玉《まがたま》など青銅器以前の「縄文」の武器や宝が出土することからも裏付けられる。その旧勢力の拠点地域に周代由来の官名が残ったのだ。

伊都国では副官、奴国では長官である理由

ただし、伊都国は王が邪馬壹国と「世々統属」している、いわば「直轄国」だ。したがって、在地の旧勢力の官は長官（トップ）にはなれず、現地経営のための「副官」にされていたのではないか。

これに反し、奴国は二万戸の大国であり、かつ伊都国からわずか百里にありながら「傍線経路」として魏使の行程から外されている。「千家」の不弥国は訪問しているのに不可解だ。(4)

この点、『倭人伝』で、奴国には伊都国と違い邪馬壹国に統属する王は記されておらず、かつ地理的にも旧勢力の拠点であった怡土平野に位置している。これは、俾弥呼の時代、奴国は邪馬壹国の勢力下にあっても独立した統治を行っている有力な大国であり、魏使が邪馬壹国と〝並ぶ〟有力国との接触を避けたことを示しているのではないか。奴国の長官名に周代由来の在地側・旧勢力の官名が残ったのは、奴国がそうした旧勢力の拠点地の国であったからだと考えられよう。

7 「泄謨觚・柄渠觚・兕馬觚」は倭人の歴史を物語る

このように『魏志倭人伝』に残る伊都国・奴国の「泄謨觚・柄渠觚・兕馬觚」という官名は、倭人が周王朝と交流していた時代から、「天孫降臨」を経て邪馬壹国俾弥呼へ至るまでの長い歴史を反映するものといえよう。そして、周王朝と交流は「三献の儀・三宝・長柄・大夫」のように今日の日本にもその名残をとどめているのだ。

注

（1）「大夫」の呼称は、古典芸能や神職において「たゆう」と読まれ、今日でも我が国に残っている。

（2）王維の詩に「帰り来たりて天子にまみえ、爵を拝して黄金を賜う」とある。また、両側にとがった注ぎ口があるという独特の形状は今日神事でお神酒を注ぐのに用いる「長柄（銚子）」に伝わっていると考えられる。

（3）これは、博多湾から唐津湾にかけての、菜畑とか板付遺跡に見られるような「縄文」水田が、紀元前六世紀位に盛んに行われていたことから裏付けられる。

（4）『倭人伝』の行程記事で、国への「方位・距離」に「歴・行・渡（度）」などの「動詞」の無い国は、魏使が実際には通らなかった「傍線経路」に位置し、「単に距離・方位を示したのみ」と考えられ、「東南、奴国に至ること百里」とある「奴国」はこれにあたる。

Ⅶ　全ての史学者・考古学者に問う

1　纏向遺跡は卑弥呼の宮殿ではない

古賀達也

纏向遺跡で発掘された弥生時代の住居跡が「邪馬台国」の女王卑弥呼の宮殿であるかのような報道がテレビや新聞でなされましたが、これは学問的に見ればまったくナンセンスなことです。「邪馬壹国」のことが記されている中国の史書『三国志』には、「邪馬壹国」の位置を次のように表記しています。

「郡より女王国に至る、万二千余里」

すなわち、帯方郡（今のソウル付近）から約一二〇〇〇里離れたところに女王卑弥呼の国はあると述べているのです。したがって、『三国志』で使用されている一里が何mかを調べれば、女王国の大まかな位置が分かるように記されているのです。

従来説では漢代の一里四三五mと同じとされてきましたが、古田武彦氏は一里約七五〜七七mとする短里説を唱えられたのは、ご存じの通りです。

一里約七六mの短里説にたてば、一二〇〇〇里は北部九州にピッタリですが、四三五mの長里説にたちますと、九州も纏向遺跡のある大和盆地もはるかに通り越し、太平洋の彼方に「邪馬壹国」はあったことになるのです。したがって、学問的には短里でも長里でも絶対に大和では有り得ないのです。「邪馬壹国」畿内説論者はこの魏志倭人伝の位置表記を百も知っていながら、この単純明快な史料事実を国民には伏せたまま、纏向遺跡の住居跡を卑弥呼の宮殿であるかのように、大騒ぎしているのです。その手口は学問的態度とはかけ離れており、「醜悪」と言うほか有りません。

さらに、別の視点からも同様のことが導き出されます。それは「漢字文明」の痕跡の有無という視点です。

魏志倭人伝には当時の倭国の状況が簡潔ではありますが比較的多く記されています。この古代中国での史書編纂という、自国のみならず周辺諸国の文物をも記録するという一大漢字文明の業績により、わたしたちは弥生時代の日本の様子を知りうることができると言っても過言ではありません。その倭人伝には次のような重要な情報が記されており、「邪馬壹国」を中心とする倭国は、中国の漢字文明圏に属しており、倭国の文字官僚たちは漢字を使用していたことが分かるのです。

「古より以来、其の使い中国に詣るや、皆自ら大夫と称す。」
「詔書して倭の女王に報じて曰く、『親魏倭王卑弥呼に制詔す。（以下略）』」

このように、倭国の使者が古より「大夫」という中国風「官職名」を自称しており、度々詔書を貰っていることなどが随所に記されています。当然のこととして、詔書は漢字漢文で書かれており、倭国側もそれが読めたはずです。この他にも「伝送の文書」「金印」など漢字が記されている文物の記載もあります。

こうした史料事実から、倭国は漢字漢文を使用しており、漢字文明圏に属していたことを疑うことができないのです。それでは弥生時代の大和盆地の遺跡遺物に漢字文明の痕跡はあるでしょうか。纏向遺跡から出土しているのでしょうか。弥生時代の日本列島を代表するほどの出土事実はあるのでしょうか。答えは簡単です。「ノー」です。

考古学が科学であり、学問であるのならば、考古学者はこの倭人伝と纏向遺跡の「完璧な不一致」から目を背けてはなりません。学問的良心があるのなら、この「完璧な不一致」から逃げてはなりません。

他方、目を転ずれば、北部九州の弥生遺跡にこそこの漢字文明の痕跡が集中出土していることは天下の公知事実です。たとえば、「漢委奴国王」という漢字が彫られた志賀島の金印を始め、いわゆる漢鏡と呼ばれる弥生の鏡に記された多数の「銘文」などです。これら漢字文明の痕跡が大量かつ集中出土している筑紫こそが倭国の中心であり、「邪馬壹国」がその地に存在していたことを、倭人伝と考古学事実の「完璧な一致」が証言しているのです。

こうした考古学的事実との一致・不一致という視点からすれば、他にも重要なテーマがあります。それは、弥生時代における二大青銅器文明というテーマです。

弥生時代の日本列島には、北部九州等を中心とする「銅矛・銅戈」等の武器型青銅器文明圏と近畿等を中心とする「銅鐸」文明圏の二大青銅器文明圏が存在していたこと著名です。したがって、「邪馬壹国」を中心とする弥生時代の倭国がこのいずれかの文明圏に属していたことは当然です。そして「邪馬壹国」はそのいずれかの中枢領域に位置していたことも当然でしょう。

そこで問題となるのが、倭国はどちらの文明圏に属していたかということですが、その答えははっきりしています。魏志倭人伝中に記された倭国内の国々の所在地で、殆どの論者で異議のない国がいくつかあります。たとえば対海国（対馬）、一大国（壱岐）、伊都国（糸島半島）、奴国（福岡県北部）などです。そしてこの所在地が明確な国はいずれも銅矛・銅戈文明圏に属しています。したがって、弥生時代の倭国は銅矛・銅戈文明圏の国なのです。ところが、纒向遺跡のある奈良県は銅鐸文明圏に属しています。この一点を見ても、纒向遺跡が「邪馬壹国」ではなく、倭国の中枢領域でもないことは明々白々な考古学的事実なのです。更に言うなら、纒向遺跡は銅鐸圏の中枢領域でさえありません。このような地域が「邪馬壹国」であるはずがないのです。一体、「邪馬台国」畿内説に立つ考古学者の方々には、本当にこうした考古学的事実が見えているのでしょうか。

（二〇一〇年二月一日、『古田史学会報』No.九六号より）

2 邪馬台国畿内説と古田説がすれ違う理由

服部静尚

1 古田説

古田武彦氏は『「邪馬台国」はなかった』（ミネルヴァ書房）で、文献（主に倭人伝）による分析から、邪馬台国は実は邪馬壹国であって、博多湾岸にあったとされました。そして『古代の霧の中から』（ミネルヴァ書房）等で、考古学的出土物からの分析を行って、これが文献分析結果と一致するとされました。この考古学的出土物というのは、当然、魏志倭人伝に出てくる物です。具体的には、

(1)一番目に「鏡」で、弥生期の遺跡から出土する鏡には漢鏡と、その後の古墳時代の三角縁神獣鏡があるが、前者とすると全体の八割が博多湾岸で出土している。後者とすると近畿が中心となる。(1)

(2)二番目は兵が持つ「矛」、これは圧倒的に筑紫中心で、その鋳型は百％博多湾岸に集中している。

(3)三番目は卑弥呼の墓「径百歩の冢《ちょう》」で、これは「墳」と言えるような大きな物でなく、径三〇～三五mの盛り土のような物だと分析されて、一番目の鏡を多く出土する墓とすると、やはり博多湾岸となる。(2)

(4)四番目は「鉄および鉄鏃《やじり》」で、弥生遺跡の鉄器出土数を見ると、筑前が圧倒的に多い。
(5)五番目に「錦」で、日本列島の弥生期出土の絹は、全部で九件、そのうち五件が博多湾岸である。
以上の通り、魏志倭人伝に出てくる全ての物が揃っている、それは博多湾岸だと言う結論です。

魏志倭人伝に出てくる邪馬壹国の位置を検討するのですから、魏志倭人伝に出てくる物で検討するのは当然で、古田氏の方法は、これは誰が見ても妥当な方法です。

ところが、現在においても考古学の専門家の間では、邪馬台国畿内説が大勢を占めています。考古学は遺構遺跡の「物」の研究をする学問であって、科学そのものと私は認識しています。その考古学で、なぜ科学的と思われる古田説が受け入れられていないのか、非常に不思議です。

そこで、邪馬台国畿内説の先生方の論旨を学び、この理由について考えてみました。

2　邪馬台国畿内説

ある先生より、「土器で言えば、（奈良県の）纏向《まきむく》には全国の土器が集まっているが、逆にこの時期に北九州に全国の土器が集まっているという報告はない。また、三世紀前半に、石塚・ホケノ山など纏向型の前方後円墳丘墓があるが、北九州にはない。これらを九州王朝説でうまく説明できるのか。そう言う所を研究されると良い。」とアドバイスをいただきましたので、その方向で検討してみました。

庄内式土器と纏向型前方後円墳

『邪馬台国――唐古・鍵遺跡から箸墓古墳へ』（雄山閣、二〇一〇年）の中で、西川寿勝氏はそのあたりを次のように要約しています。

(1)弥生時代の土器様式（弥生土器）と古墳時代（布留《ふる》式土器）の間をつなぐ。「庄内式土器」の時代が明確になりつつある。およそ三世紀前半であることが年輪年代測定法・放射性炭素年代法などで位置づけられつつある。

(2)「庄内式土器」は瀬戸内地域を中心として、南九州から東海・関東地域におよぶ広範な分布域が認められ、前方後円墳が登場する前段階に、「庄内式土器」を共有する政治連合があったと説く人が多い。

(3)この時期は「纒向型前方後円墳」と呼ばれる前方部が未発達で埴輪の樹立や三角縁神獣鏡の副葬がない墓が造られている。この「纒向型前方後円墳」は、大和地域を中心に全国各地に拡散したことが判りつつある。

(4)魏志倭人伝の時代と「庄内式土器」「纒向型前方後円墳」が重なることから、「庄内式土器」「纒向型前方後円墳」の分布が邪馬台国の政治体制を導く。

庄内式土器と布留式土器の編年

西川氏は同書で、弥生時代の終末期にあたる庄内式土器と、これに続く古墳時代前期にあたる布留式《ふるしき》土器、これを含む土器編年を紹介しています（表1、表2）。

そして次のポイントを指摘しています。

(1)庄内式土器は北部九州で成立した土器ではなく、河内を中心に成立したもので、これが北部九州から瀬戸内沿岸の広範に交易されていた。

(2)この庄内式土器を伴う定型化した古墳はなく、弥生墳墓の時代であった。また、纒向型と呼ぶ前方

表1　土器変遷と時代区分の対応

<table>
<tr><td>弥生式土器</td><td>庄内式土器</td><td>土師器(布留式土器)</td></tr>
<tr><td colspan="2">弥生時代</td><td>古墳時代</td></tr>
</table>

唐古・鍵遺跡　　纒向遺跡　　布留遺跡

弥生式土器と土師器の間に庄内式土器の一群が発見された。北部九州で成立したものが近畿に伝わった可能性が検討されたが，現在は否定されている。

表2　纒向編年

<table>
<tr><td colspan="3">時期区分</td><td colspan="2">土器様式</td><td>纒向編年</td></tr>
<tr><td rowspan="8">弥生時代</td><td rowspan="5">唐古・鍵遺跡</td><td>前期</td><td colspan="2">唐古第Ⅰ様式</td><td rowspan="6">纒向石塚は周溝から纒向２式の土器と測定値177年の木製品。伐採年代は200年頃か。
放射性炭素年代法の測定値により，布留０式は240～260年頃。</td></tr>
<tr><td rowspan="3">中期</td><td colspan="2">唐古第Ⅱ様式</td></tr>
<tr><td colspan="2">唐古第Ⅲ様式</td></tr>
<tr><td colspan="2">唐古第Ⅳ様式</td></tr>
<tr><td>後期</td><td colspan="2">唐古第Ⅴ様式</td></tr>
<tr><td colspan="2" rowspan="3">終末期</td><td colspan="2">Ⅴ様式第一亜式</td></tr>
<tr><td colspan="2">Ⅴ様式第二亜式</td><td rowspan="2">纒向１式
（180～200年頃）</td></tr>
<tr><td>第Ⅵ様式</td><td>庄内式</td></tr>
<tr><td rowspan="3">古墳時代</td><td colspan="2" rowspan="3">前期</td><td colspan="2">布留０式</td><td>纒向２・３式
（200～260年頃）</td></tr>
<tr><td colspan="2" rowspan="2">布留１式</td><td>纒向４式（260～300年頃）</td></tr>
<tr><td>纒向５式（300年～）</td></tr>
</table>

後円墳の起源的な墳墓が発生している。
(3)箸墓《はしはか》古墳の造営時・造営後の期間の土器を布留0式とし、これが古墳時代の開幕段階とされたが、この土器に付着した炭素14測定で、これが卑弥呼没年と重なることが判っている。

弥生土器・庄内式土器・布留式土器の違い

ここで弥生土器・庄内式土器・布留式土器の違いについて触れます。

庄内式甕は、甕の壁が薄く、煮沸したときの熱の通りが良いそうです。弥生後期の甕は四〜五ミリぐらいの厚さですが、庄内式甕・布留式甕になると、一・五〜二ミリぐらいの非常に薄い器壁になるそうです。庄内甕の特徴の一つに内面を削って薄くするという手法があって、これはもともと畿内の弥生後期の甕にはみられなかったのですが、瀬戸内、日本海側の地域ではそれ以前から用いられていた手法のようです。これは播磨・中河内・大和盆地東南部の庄内甕の話です。他の地域を含めて、庄内式土器とは何かと言うと、弥生時代から古墳時代の過渡期の土器という認識のようです。

要するに庄内式の定義と布留式の定義は研究者によって異なり、その境界は曖昧です。口縁端部形状・外面および内面の調整方法・器形・底部形状の総合判断によるようですが、基本は弥生式と布留式の間に庄内式があるというのが、正しい認識のようです。

表3は米田敏幸氏による畿内古式土師器の編年（庄内式土器研究XⅣ、一九九七年）で、左から弥生土器（Ⅴ様式）・庄内式土器・布留式土器で、これらが並行して存立していたことが分かります。

通説での見方

石野博信氏は、「庄内式土器研究XX」（一九九九年）の中で、

表3　中河内編年における各期の指標型式

	Ⅴ様式系甕	庄内甕	布留系甕	小型丸底	小型器台	高杯	その他
庄内式期Ⅰ	A	A	A	A	A	A	
庄内式期Ⅱ	B	B	B	B	B	B	
庄内式期Ⅲ	C	C				C	
庄内式期Ⅳ	D	D	C	C			
庄内式期Ⅴ 布留式期Ⅰ		E	D	D	C	D	
布留式期Ⅱ			E	E	D	E	
布留式期Ⅲ			F	F		F	
布留式期Ⅳ			G	G		G	
布留式期Ⅴ			H	H		I	

(1)纒向遺跡の調査で、三・四世紀に九州から関東に及ぶ広域圏交流があったことが示された。その後この広域交流は大和だけでなく、九州―北陸、九州―東海、東海―関東、関東―東北、サハリン―北陸などの間で継続的に行なわれていたことが明らかとなった。この動きは三世紀前半に始まり、四世紀以降へと続くが、弥生時代にはなかった、という森岡秀人氏（一九八五年『考古学ジャーナル』）の文献を引用しています。

(2)三・四世紀の福岡市西新町《にしじんまち》（博多湾岸）遺跡の出土土器は、在地系六三%、畿内系二五%、山陰系九%、吉備系一%、朝鮮系二%、三七%という極めて高率の外来系土器を持つ。同様な土器組成を持つ集落は、前原市三雲遺跡などにあり、各地の物資を求めて遠隔地の人々が集まる交易拠点が形成されていたのであろうと、溝口孝司氏（一九八八年『考古学研究』）の研究結果を踏まえて、解釈しています。

(3)纒向遺跡では、三世紀前半以降、搬入土器（原産地で製作された土器が他地へ搬入されてきたもの）が増加し、三世紀後半から四世紀前半に盛期を迎える。在地産の外来系土器も存在するけれども圧倒的に搬入土器が多く、しかも広域で多地域にわたる。開始を二二〇年、終末を三四〇年とすると、この一二〇年間にわたって、他地域の土器を多種多量に搬入し続けながら在地化しないという現象は、九州―関東間の各地域から少なくとも数年毎に人々が来ていたことを示している。これは新嘗《にいなめ》儀礼や王の葬儀・即位儀礼など様々であったろう。そのために吉備・伯耆の特殊器台が持ち込まれていた、と解釈しています。

多種多量の搬入土器を持つマチは、各地に存在してであろう。福岡市比恵遺跡や岡山県総社市遺跡などはその候補である、としています。

なお、この点については古墳造営のための労働者の強制移住説もあるのですが、東海地域のパレス壺のような地域（のカミ）を象徴するであろう精製土器まであるのでと言う理由で却下しています。これが「纒向には全国の土器が集まっている→邪馬台国畿内説」の拠り所のようです。

初めて知った「庄内式土器研究会」の成果

一九八七〜二〇〇三年にわたって、全国（釜山〜関東）の研究者が集って「庄内式土器研究会」が開催されていたそうです。その成果が「庄内式土器研究Ⅰ〜ⅩⅠⅩ」で報告されているのですが、これを読むと、どうも先の石野氏の解釈と違っているようです。長くなりますが、代表的な二氏の論文を引用します。

①『庄内式土器研究ⅩⅠⅩ』一九九九年米田敏幸氏の論文より引用

（前略）弥生時代の終末から古墳時代の初頭にかけて、（大阪の）中河内（地域）の環濠《かんごう》集落は姿を消す。しかしそれは、集落遺跡同士の境目がないぐらいに発展した中河内の姿である。庄内式土器の出土範囲は現在の八尾市の市街地の範囲を凌駕する範囲で土器の出土が見られる。即ち東大阪市、柏原市、大阪市の一部を含めて南北一〇km、東西五kmの大遺跡が存在することになる。その規模は纒向遺跡が都市であるとするなら、中河内は大都会といえるだろう。

（中略）中河内の遺跡群には、纒向遺跡と同様各地からもたらされた土器が、各遺跡からかなりの頻度で出土している。特に多いのは吉備や播磨などの山陽地方や山陰地方、四国地方といった西から搬入された土器で、大和の遺跡が東海や近江、北陸といった東の地域からの搬入土器が目立つのとは対照的である。

（中略）河内の庄内式土器は西日本各地に移動が確認されているが、大和の庄内式土器はほとんど移動していない。今まで日本各地から出土する大和の庄内式土器とされていたものは、ほとんど播磨の庄内式土器であって、大和の庄内式土器が移動している例は数えるほどしかない。実は播磨で作られた庄内甕と纒向遺跡の庄内甕とは瓜二つで、纒向遺跡の庄内甕が播磨の庄内甕を真似て作っているか、あるいは播磨の人が纒向で作った庄内甕の可能性がある。

大和盆地で庄内甕が出土するのは東南部だけである。すると庄内式が大和から全国に広がっていたとする従来の考え方を改めなければならなくなった。それは最近の胎土《たいど》研究の進展の成果でもある。庄内甕を製作している播磨西部、大和盆地東南部、中河内の三地域の共通性をみると、いずれの地域も弥生時代後期には畿内第Ⅴ様式のタタキ甕が残存する地域であり、同一の文化圏にあったと理解できる。この範囲の地域においてはいずれの地域においても庄内甕を創造する可能性があったとみてよい。

しかし、今までの研究では、この三地域においてはほぼ同時に庄内甕が出現しており、どこで最初に庄内甕が出現したかについては、未だ決着はついていない。しかし、確実なことは、この伝統的第Ⅴ様式文化圏である大和、山城、摂津、河内、和泉、紀伊、丹波、播磨の内、播磨西部はその西端にあたっており、大和盆地東南部はその東端にあたっている。中河内はこれらの地域のほぼ中央に位置している。

さらに胎土の研究を進めていくと庄内式の次の段階の布留式土器が大和で発生し、初期大和政権の発展とともに全国に広がったとする現在の定説も否定しなければならない。なぜかというと胎土観察の結果、布留甕の原型になるものは畿内のものではなく、北陸地方で作られたものが殆どであることが判ったからである。〜しかも北陸の土器の移動は畿内だけでなく関東から九州に至る広い範囲で行なわれており、その結果として全国各地で布留式と類似する土器が出現すると考えているのである。（中略）したがって、日本各地に散見する布留式土器は畿内の布留式が拡散したのではなく、北陸の土器の移動が各地の布留式に類似する土器を出現させたわけで、初期大和政権の拡張と布留式土器の広がりとは無縁であることが胎土観察の結果はっきりしてきた。我々はあまりにも土器様式と政治史を直接的に結びつけて考えてしまいがちであるが、この誤解によって生じる歴史観の誤りが古代史を歪めてしまう危険すら存在するのである。土器の移動は文化交流によって生じるもので、その交流関係は対等である。

②『庄内式土器研究ＸＸⅢ』二〇〇〇年奥田尚氏の論文より引用

（前略）（釜山の）土器の出土地付近の砂礫《されき》を使用して製作されたと推定される土器（在地）や、明らかに他地の砂礫構成を示す土器（搬入）がある。器形的に山陰系とされる鼓形器台や壷は、釜山市付近の砂礫構成を示すとされることから、出雲から伯耆にかけて住んでいた人が釜山市付近に何かの目的で行き、土器が必要になったので釜山市付近の砂礫を使用して土器を作った為に、山陰地方の器形を示す土器になったと考えられる。同じような現象が日本各地で見られる。

このような現象を確認せずに政権と結び付けた最大の誤認と言えることは、布留傾向甕や布留甕等の布留系甕の大和発生説である。庄内甕から布留傾向甕・布留甕へと口縁部が変化したと形態的に説明がなされているが、庄内甕に含まれる砂礫構成と、布留傾向甕・布留甕に含まれる砂礫構成とは全く異質なものである。同じ砂礫構成を示す胎土であれば、同じ流れをくむ工人の製作による時間的な流れととらえられるが、砂礫の採取地が全く違えば同じ流れをくむ工人による器形の変化とは言えない。

（中略）纒向遺跡から出土する庄内甕は、播磨・河内・大和の砂礫構成を示す。大和や河内以外の地域である吉備そして伊予へは、河内・播磨の甕が運ばれている。大和の砂礫構成を示す庄内甕が運ばれている例は非常に稀である。

纒向遺跡から出土する布留傾向甕や布留甕の砂礫構成には、加賀南部の砂礫構成を示すものと、纒向遺跡付近の砂礫構成を示すものがある。八尾市中田遺跡を始めとする市内の多くの遺跡からも布留傾向甕や布留甕が出土する。これらの甕に見られる砂礫構成はほとんどのものが加賀南部の砂礫構成を示し、わずかの甕が河内平野の砂礫構成を示す。

神奈川県三浦半島大浦洞出土の布留傾向甕、鳥取県秋里遺跡出土の布留傾向甕、福岡県甘木市上々浦遺跡出土の布留甕等も、加賀南部の砂礫構成を示す。各地に出土している布留傾向甕や布留甕の砂礫構成で、奈良盆地東南部の砂礫構成を示すものを確認するに至っていない。

つまり奈良盆地東南部で製作された布留傾向甕や布留甕は、各地に運ばれていないと言える。逆に加賀南部で製作された布留傾向甕や布留甕が各地に運ばれているのである。布留傾向甕や布留甕の発生地と推定される加賀南部の梯川流域では、出土するほとんど全ての甕が月影甕から布留傾向甕に突然変わり、布留甕へと変化している。

（中略）これに比べて纒向遺跡付近では布留甕の時期でも大和型庄内甕が作られている。以上のような現象から布留傾向甕や布留甕は加賀南部で発生し、奈良盆地東南部を始めとする日本各地へ加賀南部に住んでいた人が運んだ甕であると言える。〜

米田氏は「この研究会の十五年にわたる研究成果で、例えば福岡・愛媛・岡山・河内・北陸などの、全国各地に、それぞれ各地から土器が集まってくる交流地点があることが判った。纒向もその中の一つにすぎない。そのそれぞれが倭人伝に出てくる国々の中心地点であろうと考える。」とされます（詳しくはⅦ―3章に）。

私は土器については素人で、実際に各地の庄内式土器・布留式土器を観察したこともないのですが、奥田氏、米田氏の論文を読むと、その科学的な観察眼と論証に敬意を懐きます。纒向＝卑弥呼の墓説は、この成果の都合の良い所を部分的に取り入れた方々の説のように思えます。

3　考古学者が邪馬台国畿内説を支持する理由

前項で検証しましたように、土器も邪馬台国畿内説の直接証拠にならないようです。庄内式土器や布留式土器の交流中心地点であることは、当時の（たくさんあった国々の中の一つの）ある国の中心地点であったことの証明にはなりますが、これが魏志倭人伝に出てくる「邪馬壹国」の証明にはならないことは、賢明なる科学者たる考古学者は判っておられると考えます。

その証拠に、Ⅱ―5章で挙げました「鉄」の話についても、何とか解釈しようと苦労されています。『研究最前線邪馬台国』（朝日新聞出版、二〇一一年）で禰宜田佳男氏は畿内説の紹介の中で、

「畿内説では、倭国の乱を契機として、倭国の中心が北部九州地域から畿内地域に移動したと考えるのです。

その際当時の社会にとって重要であった鉄器についても、それまで流通を掌握していた北部九州地域にかわって畿内地域の勢力が流通を掌握したと考えられています。しかし問題がないわけではありません。畿内地域の遺跡における鉄器の出土量は非常に少ないのです。

従来は、鉄は錆びてなくなってしまったとか、再利用されたため鉄器の出土数が少なくても、鉄器は存在していたと解釈されていました。

しかし、鉄そのものの形がなくなるまで錆びてしまうのかという疑問が示されるとともに、弥生時代には鉄器を再加工する技術はなかったという指摘がおこなわれ、畿内地域でも本来多くの鉄器があったはずだと考えることに疑問を呈する見解が示されています。弥生時代に、北部九州地域に比べ畿内地域の鉄器保有量は少ないと考えるべきでしょう。しかし、あとで触れる奈良県の纒向遺跡でも鉄器の出土が顕著というわけではありません。現在の出土数が当時の実態というわけではないと考えるべきでしょう。鉄器のあり方についてはまだ検討の余地があるのです。」

とされます。

また「鏡」についても、三角縁神獣鏡が五百枚以上も出土していること、中国で出土しないこと、を何とか解釈しようと（詳細は省略しますが）苦労されているのがうかがえます。


では何故、このように苦労してまで、邪馬台国畿内説を唱えるのでしょうか。

この理由は三世紀の考古学における成果でなくて、その後の巨大古墳の畿内への集中、古事記・日本書紀の存在、そしてその延長上の藤原京・平城京の存在ではないかと私は考えます。

ふり返ってみますと、私が初めて古田説に接した時それは、それまで教えられてきた日本史を根源からひっくり返すような、びっくりする話であったわけです。七〇〇年までは九州王朝が日本を代表する政権であって、七〇一年以降現在の近畿天皇家がこれに置き換わったという、とてつもない説だったのですから。

この衝撃は、当時当会員全員が受け止めたものであったと、私は思います。

これを『邪馬台国はなかった』より『失われた九州王朝』『盗まれた神話』（いずれもミネルヴァ書房にて復刊）と順々に受け入れていったと思うのです。それでは、ほとんどの考古学研究者には何故受け入れられなかったのでしょうか。

これは、その際の「立ち位置」が違っていたこと以外に考えられません。既にそれまでに自らの思考の中に構築されている歴史像が明確にあって、これを全て更地にして（まるでデカルトの方法序説の手法で）一から論理的に組み立てていくということを受け入れるのは至難のことと思います。

ただし、科学は「立ち位置」でおこなうものではないと思います。


それでは、邪馬台国畿内説の方々にどうすれば受け止めていただけるかですが、とりあえず三世紀のことは横に置いておいて、六世紀前半から大化（大宝元年七〇一年まで続く）まで連綿と続いた九州年号の存在を理解いただく。

隋書俀国伝・旧唐書日本国伝・倭国伝を先入観無しに読み直していただく。

その上で魏志倭人伝に戻っていただく、これがスタートではないかと考える所です。

注

（1）卑弥呼がもらった鏡百枚に対して、三角縁神獣鏡は五百枚以上出ていますが、これが中国で一切出土していないことより、これがそうだとすると魏が倭国のために特別に作ったことになりますが、三角縁神獣鏡には倭国のためにとか、そのような文言は書かれておらず、それは卑弥呼がもらったものと違うということになります。

（2）　三国志は漢の長里ではなくて、周の短里で書かれていますので、一里＝七五〜七七m、一里＝三〇〇歩です。径百歩は約二五m程度の冢です。箸墓のような後円部径一五六m、前方部幅一三〇mの鍵穴型ではありえない。三国志のあの諸葛亮伝（諸葛孔明伝）に「亮遺命葬漢中定軍山、因山為墳、冢足容棺、斂以時服、不須器物」（諸葛亮は漢中の定軍山に葬るよう遺言し、この山を墳とし、冢は棺を容れるに足る大きさで、季節の服でひつぎにおさめ、器物は副葬させなかった）とあって、冢と墳は異なるものです。

3　庄内式土器の真相
——古式土師器の交流からみた邪馬壹国時代の国々——

米田敏幸

1　庄内式土器とは

庄内式土器は、一九六五年に発表された田中琢氏の論文である「布留式《ふるしき》以前」で提唱されました。布留式土器と、畿内弥生第V様式を繋ぐもので豊中市の庄内遺跡で出土した土器に因む土器様式です。それは、弥生式土器のように平底を持たず、器壁の薄い熱効率のよい煮沸用の庄内甕という土器に象徴されます。

庄内式は当初短い期間であろうと想定されていましたが、今では一〇〇年以上とする説が定説化しています。

この庄内式土器の編年について層位学《そういがく》の立場から最初に取り組んだのが纒向《まきむく》遺跡の庄内甕を含む大溝の資料を整理した石野博信、関川尚功両氏です。氏らは土坑や纒向石塚古墳周濠出土土器資料を含めて編年作業に取り組み、一九七六年に纒向1式から4式までの庄内式土器の編年細分案を提示しました。

大阪府の八尾南遺跡を調査した私は庄内甕の型式変化をもとに纒向遺跡で確立した奈良県の庄内式土器の編年に対応した河内における庄内式を5期に分ける編年案を一九八一年に発表しました。

庄内式期I～Vの設定により現在中河内編年とされるものがそれです。

表1 庄内式土器研究会で導き出した各地土器編年との併行関係

<table>
<tr><td rowspan="2">吉備</td><td rowspan="2">高橋</td><td colspan="2">Ⅸ期</td><td colspan="6">Ⅹ期</td><td rowspan="2">Ⅺ期</td></tr>
<tr><td colspan="2">a b c</td><td colspan="3">a b</td><td colspan="2">c d</td><td>e</td></tr>
<tr><td>河内</td><td>米田</td><td>庄内式期Ⅰ</td><td colspan="2">庄内式期Ⅱ</td><td colspan="2">庄内式期Ⅲ</td><td colspan="2">庄内式期Ⅳ</td><td>布留式期Ⅰ 庄内式期Ⅴ</td><td>布留式期Ⅱ</td></tr>
<tr><td rowspan="3">大和</td><td>寺沢</td><td>庄内0</td><td>庄内1</td><td colspan="2">庄内2</td><td>庄内3</td><td colspan="2">布留0</td><td>布留1</td><td>布留2</td></tr>
<tr><td rowspan="2">石野・関川</td><td>纒向1</td><td colspan="2">纒向2</td><td colspan="2" rowspan="2">纒向3前</td><td colspan="2" rowspan="2">纒向3後</td><td rowspan="2">纒向4</td><td rowspan="2">纒向5</td></tr>
<tr><td></td><td>前</td><td>後</td></tr>
<tr><td rowspan="2">濃尾平野</td><td rowspan="2">赤塚</td><td colspan="2">廻間Ⅰ</td><td colspan="4">廻間Ⅱ</td><td colspan="3">廻間Ⅲ</td></tr>
<tr><td colspan="2">1古 1新 2 3 4</td><td>1</td><td>2</td><td>3</td><td>4</td><td colspan="3">1古 1新 2 3 4古 4新</td></tr>
<tr><td rowspan="2">加賀</td><td rowspan="2">田島</td><td colspan="2">月影</td><td colspan="3">白江</td><td colspan="2">国府クルビ</td><td></td><td>高畠</td></tr>
<tr><td>漆町3</td><td>漆町4</td><td>漆町5</td><td colspan="2">漆町6</td><td colspan="2">漆町7</td><td>漆町8</td><td>漆町9</td></tr>
</table>

（出所）大塚初重「考古学からみた邪馬台国」『必携古代史ハンドブック』（新人物往来社）参照して作成。

寺沢薫氏は奈良県矢部遺跡の発掘調査報告書において、畿内の古式土師器の編年の再構成を行い、庄内0式～布留4式までの土器の編年案を提示しました。

特に布留0式概念の設定はその後の古墳出現と古墳時代の発展段階をめぐる議論に全国的な影響を与え、その存否問題を含め今日まで議論の的となっています。

豊岡卓之氏は纒向遺跡の編年資料の再整理を試み、纒向編年の資料をもとに纒向1～5類を再構成しました。

このような中、我々は一九八七年に庄内式土器研究会を発足させ、二〇〇三年までの十五年にわたる活動を通じて日本各地の土器の移動の実態を明らかにしながら各地の土器研究者と編年の併行関係に

表2　古墳出土土器の編年上の位置づけ

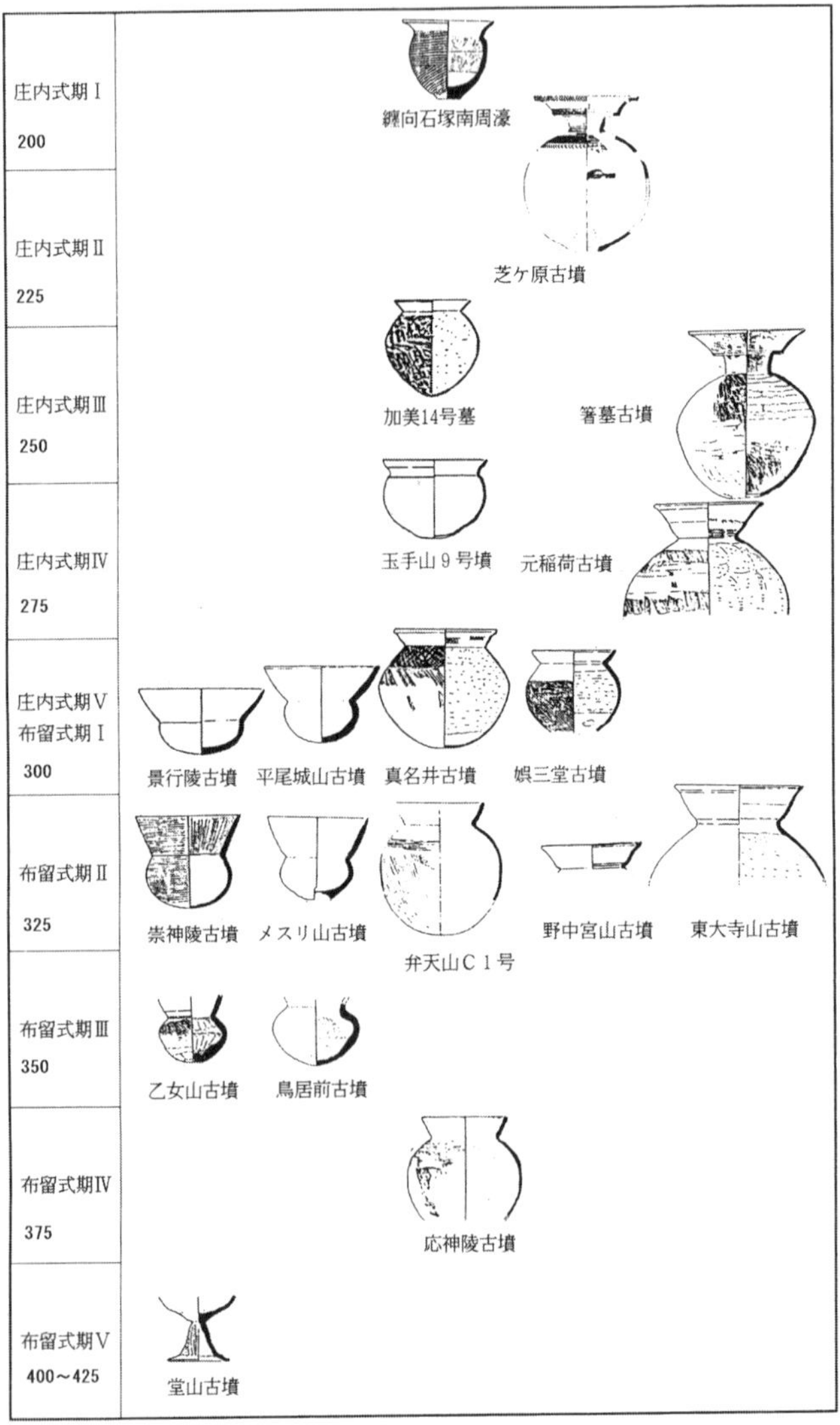
庄内式期Ⅰ
200
纒向石塚南周濠
庄内式期Ⅱ
225
芝ヶ原古墳
庄内式期Ⅲ
250
加美14号墓
箸墓古墳
庄内式期Ⅳ
275
玉手山９号墳
元稲荷古墳
庄内式期Ⅴ
布留式期Ⅰ
300
景行陵古墳
平尾城山古墳
真名井古墳
娯三堂古墳
布留式期Ⅱ
325
崇神陵古墳
メスリ山古墳
弁天山Ｃ１号
野中宮山古墳
東大寺山古墳
布留式期Ⅲ
350
乙女山古墳
鳥居前古墳
布留式期Ⅳ
375
応神陵古墳
布留式期Ⅴ
400～425
堂山古墳

ついて意見交換を行いました。その結果、表1にある通り吉備、東海、北陸で行われてきた編年研究の成果と畿内編年との併行関係のクロスチェックによる併行関係の対応が確立し、庄内式土器と日本全国で行われている古式土師器編年との併行関係の対応が可能になりました。

それらを基盤として二〇〇三年に㈶大阪府文化財センターによってシンポジウムが開催され、その研究成果を集大成したものが二〇〇六年に『古式土師器の年代学』として出版されました。これは庄内式土器研究会に参加していた多くの研究者によって完成されたものです。

2 土師器で実年代を語れるか

古式土師器自体で、実年代を測る方法もそれを示す資料もありませんが、古墳出土資料によっておおよその年代的位置づけが可能です。

私自身は一九九〇年代当初から基準を箸墓《はしはか》古墳墳丘出土土器と誉田御廟山《こんだごびょうやま》古墳外堤出土土器を根拠に箸墓古墳を魏志にいう卑弥呼の墓が径百余歩とされている事や最古の大型前方後円墳であることを根拠に庄内式期Ⅲを三世紀中葉に、誉田御廟山古墳が最古の須恵質の円筒埴輪が用いられている古墳である事で窖窯焼成《あながましょうせい》技術の導入が須恵器出現と関連していると推定できることと朝鮮半島情勢による須恵器技術者の渡来が四世紀末であることを根拠として布留式期Ⅳを四〇〇年前後にしていました。

このことからすると庄内式期Ⅲの時期は箸墓古墳の年代が卑弥呼の墓の築造を二四八〜二六六年を前後する時期として三世紀中葉に置く。二四八年は正始八年、魏志による狗奴国との戦いに際し卑弥呼に詔書と黄幢を授け、卑弥呼に激文を告諭した年、秦始二年（二六六）に、壹与と思われる倭の女王の使者が朝貢した年です。その間に箸墓古墳の築造を考えました。布留式期Ⅳの時期は誉田御廟山古墳を須

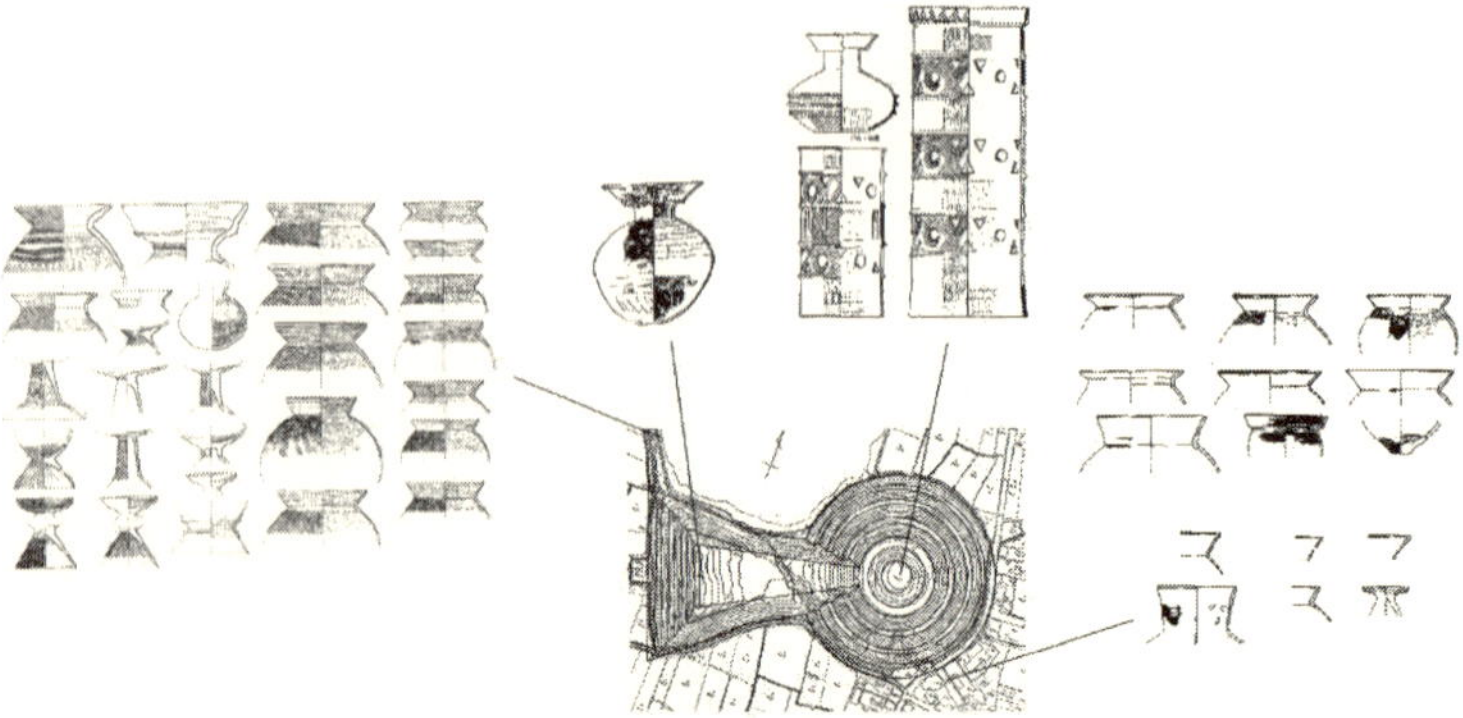

図1　箸墓古墳出土土師器

恵器技術者の渡来以後であり、応神天皇陵としてもおかしくないことから、四〇〇年頃の築造を想定しています。

このことからするとその間の四〇〇年引く二五〇年で一五〇年を庄内式期Ⅲ～布留式期Ⅳまで6形式とみると一型式二十五年となります。したがって庄内Ⅰ式の始まりは二五〇年引く（2形式）五十年で、三世紀初頭前後、布留式の始まりは二五〇年足す（2形式）五十年で、四世紀初頭前後と推定していました。したがって庄内式期は一〇〇年となります。しかし一九九〇年代の通説では箸墓古墳の年代は二八〇年とされており壹与の墓であるとする説が有力でした。

しかし、その後実年代の測定結果が明らかになってきました。纏向石塚古墳（庄内式期Ⅰ）の年輪年代＝一七七年＋αであることが発表され、勝山古墳（庄内式期Ⅱ）の放射性炭素年代＝一九九年＋αであることが明らかとなりました。またホケノ山古墳（庄内式期Ⅲ・Ⅳ）の放射性炭素年代及び画文帯神獣鏡《がもんたいしんじゅうきょう》の年代＝三世紀第2四半期であるとされました。現在では箸墓古墳は二五〇年代の可能性が最も有力となっています。

また宇治市街遺跡で、最古の須恵器とともに出土した板材の伐採年が年輪年代測定法と炭素年代測定法により「三八九年」という測定結果が発表されたことにより、須恵器の出現を布留式期Ⅳとすると私の年代推定に間違いがなかったことが証明されています。

さて、三世紀中頃と推定される箸墓古墳は誰の墓なのでしょうか。

箸墓の造陵記事は日本書紀による。倭迹迹日百襲姫命《やまとととひももそひめのみこと》の陵墓とすれば、「大坂山の石を手伝いに運び積んで造った。」とする記事の大坂山は大和と河内の境の山という意味で箸墓古墳に大和川が河内に流れ込む所で柏原市芝山の石を墳頂に使用していると推定されます。また、墳頂には吉備産の特殊器台・壺を使用しています。これは大和と吉備の連合が成立していることの証です。また、森浩一氏は、ここが大和朝廷にとって始祖王の墓であり、その争奪戦として壬申の乱の時に箸墓の戦いがあった旨を述べられておられます。

最古の古墳、三世紀中葉、始祖王、吉備との関わり、大坂山の石、纏向付近に所在する太田という地名等のキーワードから筆者の考えでは被葬者の候補は六人います。

1、邪馬壹国女王　卑弥呼ＡＤ二四八年以後
2、狗奴国王　卑弥弓呼ＡＤ二五〇年前後
3、邪馬壹国女王　壹与ＡＤ二八〇年前後
4、ミマキイリヒコ　古事記崇神崩年干支三一八または二五八年
5、倭迹迹日百襲姫　古事記崇神崩年干支以前
6、オオタタネコ　古事記崇神崩年干支前後

1〜3は魏志に記載があり、4〜6は記紀崇神紀に記載があります。

3　胎土観察の開始

次に胎土観察による研究の始まりは、寺沢薫氏が六条山遺跡の詳細胎土観察を行った際に鉱物レベルの観察を行ったことに始まります。八尾南遺跡出土土器の観察表作成に際して同レベルの観察をしようと橿原考古学研究所の奥田尚氏に協力を依頼して実体顕微鏡による観察を始めました。その成果が表れたのは中田一丁目三九土坑出土土器の胎土観察を行った時でした。それは、鉱物および岩石片で吉備・山陰土器等様々な地域の胎土組成の違いを発見したことです。その後類系化を進め西日本各地の遺跡を回り、土器の胎土観察を進めました。その類型化のパターンと地域は以下の通りです。

1、花崗岩《かこうがん》組成の地域——大和川流域の沖積地・吉備・北部九州等
2、閃緑岩《せんりょくがん》組成の地域——河内・大和・吉備・讃岐等
3、堆積岩組成の地域——摂津・山城・和泉等
4、流紋岩《りゅうもんがん》組成の地域—山陰・北陸・播磨
5、変成岩組成の地域——紀伊・阿波・伊予

この研究の最も大きな成果は、胎土で土器の移動が証明できたことです。それを可能にしたのが実体鏡による詳細胎土観察という手法でした。

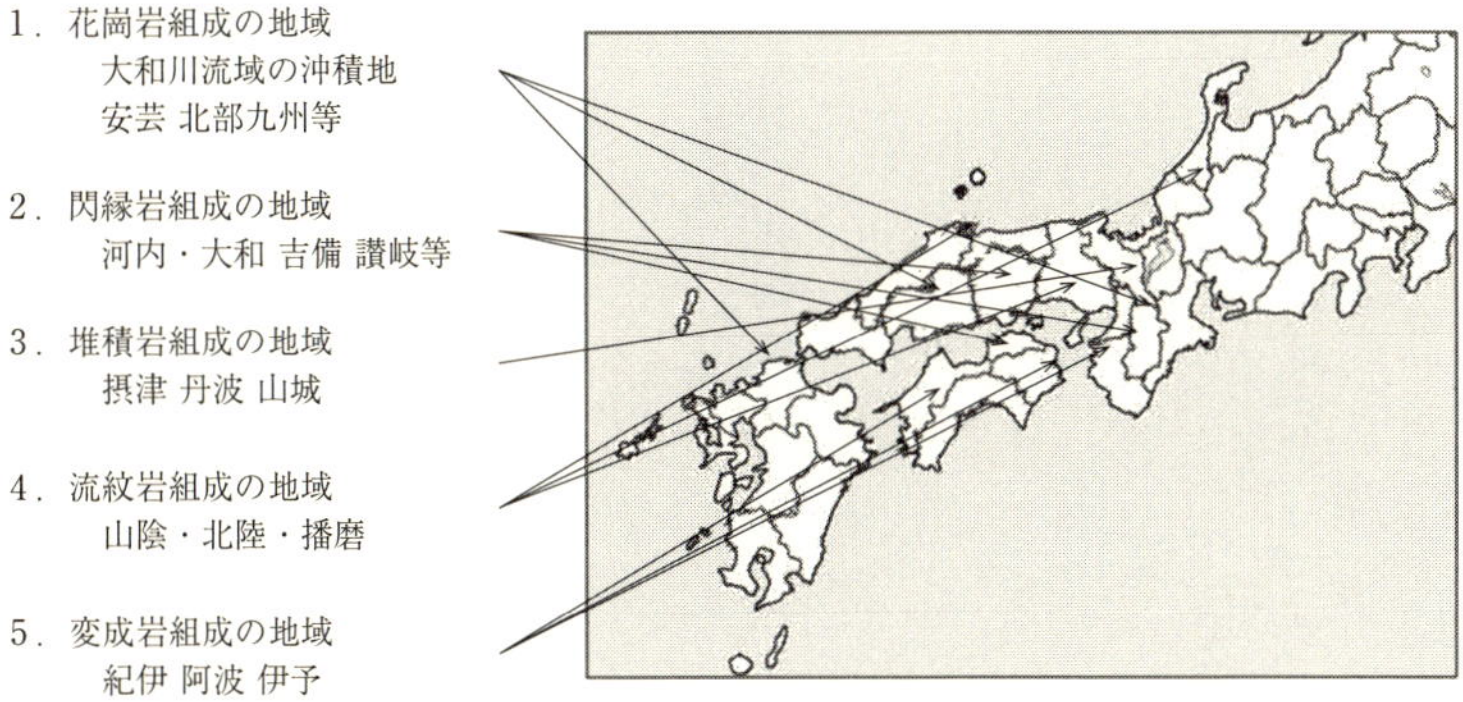

図2　地質分布よりみた土器の胎土組成と地域

4　庄内甕と布留系甕に関する仮説

庄内播磨型甕の問題

播磨の庄内甕は実測図を見る限り大和か河内の庄内甕だろうと当初考えていましたが播磨の庄内甕は畿内の胎土組成とはまったく異なり播磨国内で製作されたものであることが分かりました。

すなわち、播磨地域の庄内式土器は大和や河内の影響を受けて成立したものではなく、播磨国内で自生することがあり得ると思いました。これをもとに仮説を立てると庄内甕畿内起源への疑問が強くなってきました。

庄内甕は畿内の弥生第五様式甕が吉備や讃など等中部瀬戸内地域の影響を受けて大和と河内で別々に成立したとする考え方が一般的でした。

ところが播磨には従来いわれてきた庄内河内型甕と大和型甕が両方とも存在することが明らかになってきました。

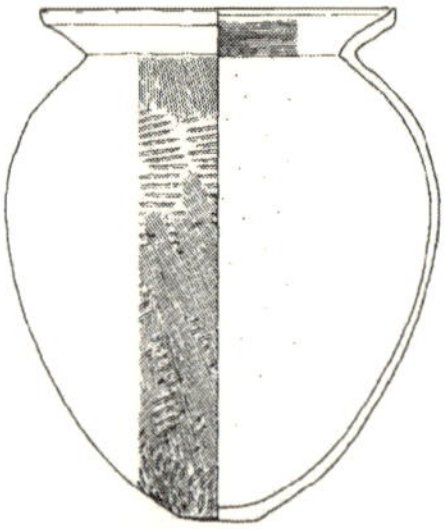

図4　吉備に存在する庄内起源甕

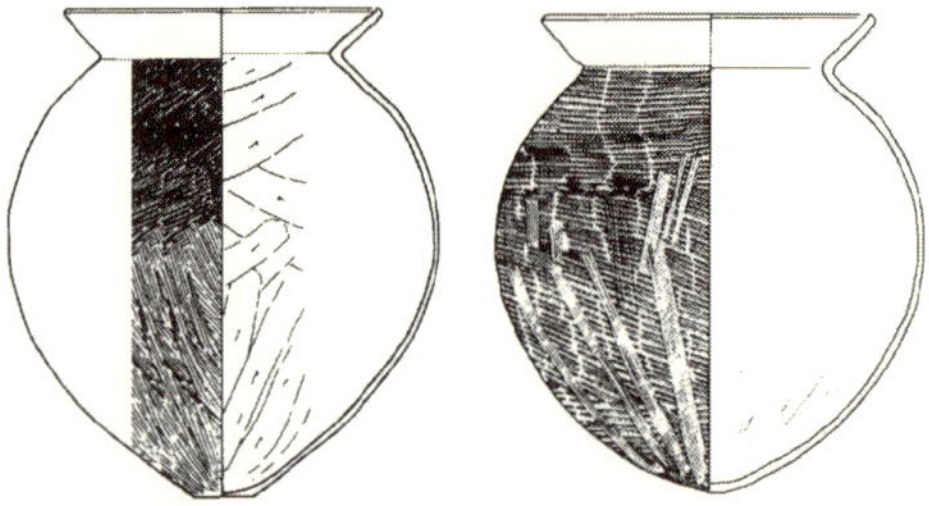

図3　播磨に存在する河内型と大和型→　庄内播磨型甕の存在を確認

吉備地域の庄内甕の祖形

さらに吉備地域には庄内甕に非常に似ている庄内甕の祖形と考える甕が岡山市津寺遺跡から多量に出土していることから、間にある播磨中西部を介して河内と大和に庄内式土器を出現させたという考え方もできると思われます。したがって第五様式末の畿内に突然庄内甕が出現することは、吉備―播磨―河内―大和の広域な地理関係の土器交流が順次庄内甕を生み出していくと考えるのが妥当かもしれません。

布留式甕畿内起源への疑問

そこで布留式甕は北陸加賀南部の土器形式である国府《こふ》クルビ式、すなわち田嶋明人氏提唱の漆町《うるしまち》7群土器が起源ではないかと考えました。これは胎土観察の結果中田遺跡だけでなく大和の纏向遺跡も在地の土器はあくまでも庄内甕であって、布留系とされる甕はやはり北陸からの搬入品であることが分かってきました。すなわち布留系甕の成立は北陸が畿内に先行することは明らかです。同時期の畿内には庄内甕という在地の甕を生産使用しているからです。したがって畿内の庄内併行期の布留系甕の殆どが北陸からの搬入品であるとすると、布留0式の西日本への拡散という論理が成り立たなくなります。むしろ庄内式期Ⅳに併行する時期に西日本全域に活発化した土器交流によって、山陰や阿波や東海の土器などとともに北陸の漆町7群土器も西日本に広く移動している実態が明らかになっています。布留0式甕が拡散したというのは、現在の所未だ仮説にすぎません。これに対する私の考えは、漆町7群の甕が西日本各地へ移動した結果各地で布留式に類似する土器が出現するというものです。それを多くの研究者たちは土器の産地を無視して畿内系土器と誤認しているのが今の通説の実態です。

5　土器の交流拠点

各地の古式土師器を出土した遺跡をみていくと旧国単位ごとに土器の交流拠点となる遺跡ないし遺跡群が存在することが明らかになってきました。

そしてそれらの地域も独自に特徴ある土器を製作し、各地の交流拠点と交易を行っていることが次頁の図のように分かってきました。

したがって、大和の纏向遺跡だけに日本各地の土器が集まっているのではなく、日本各地の交流拠点で同様の現象がみられることを明らかにしておきたいと思います。

畿内（河内）を中心とする土器の交流

中田遺跡や東郷遺跡、萱振《かやふり》遺跡、久宝寺加美遺跡等の諸遺跡からなる中河内遺跡群の庄内式期には北陸、東海、四国東部、吉備、山陰東部の因幡からの土器が搬入されています。まず庄内式期Ⅰ～Ⅲに北陸、吉備、讃岐の土器が搬入され、庄内式期Ⅳに遅れて阿波や山陰地方の土器が搬入されています。

おおよそ中河内を中心に三〇〇km圏範囲内との地域交流が中心ですが、特筆すべきことは加美一号墓

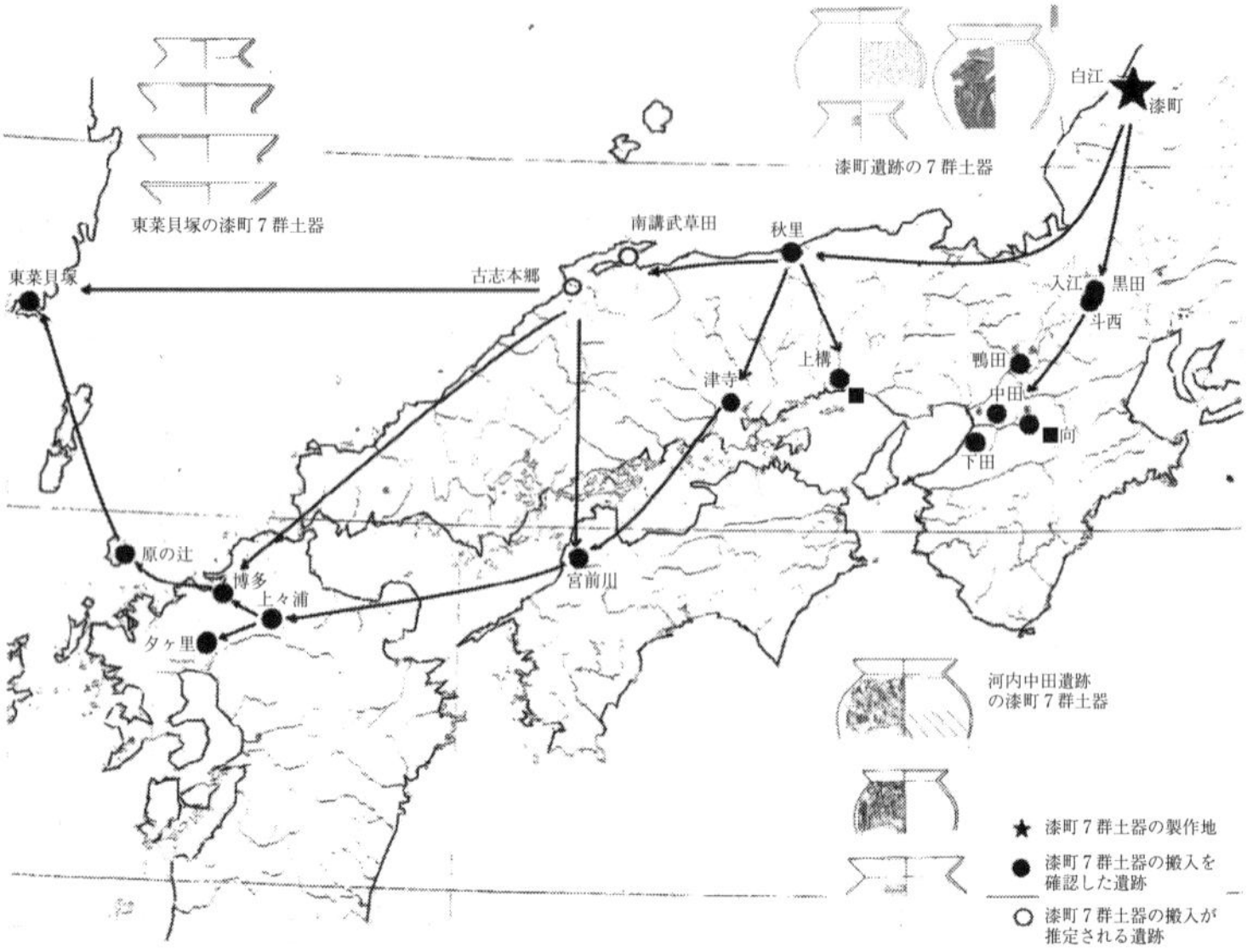

図５　庄内甕の製作地と移動

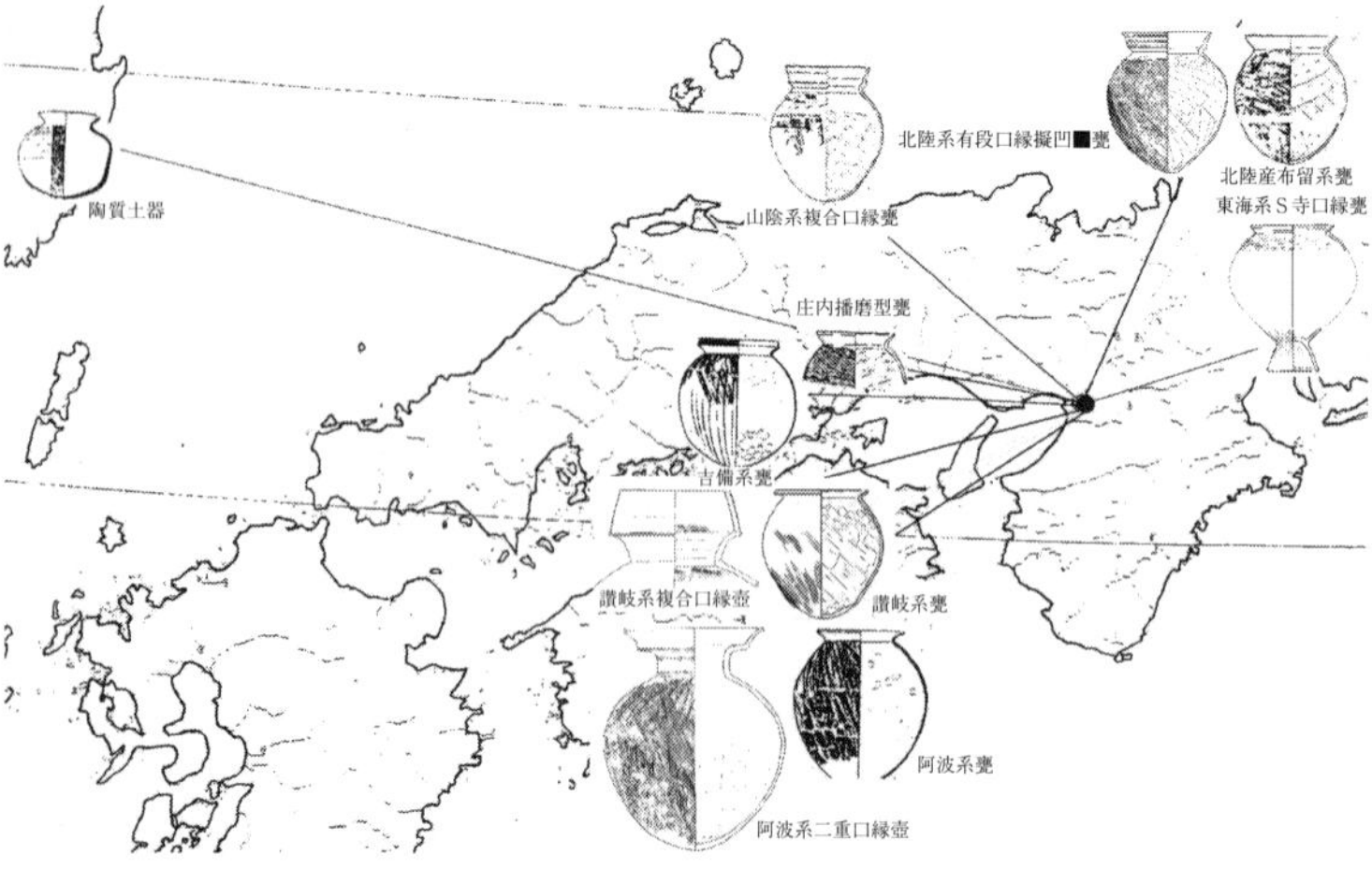

図６　畿内（河内）を中心とする土器の交流

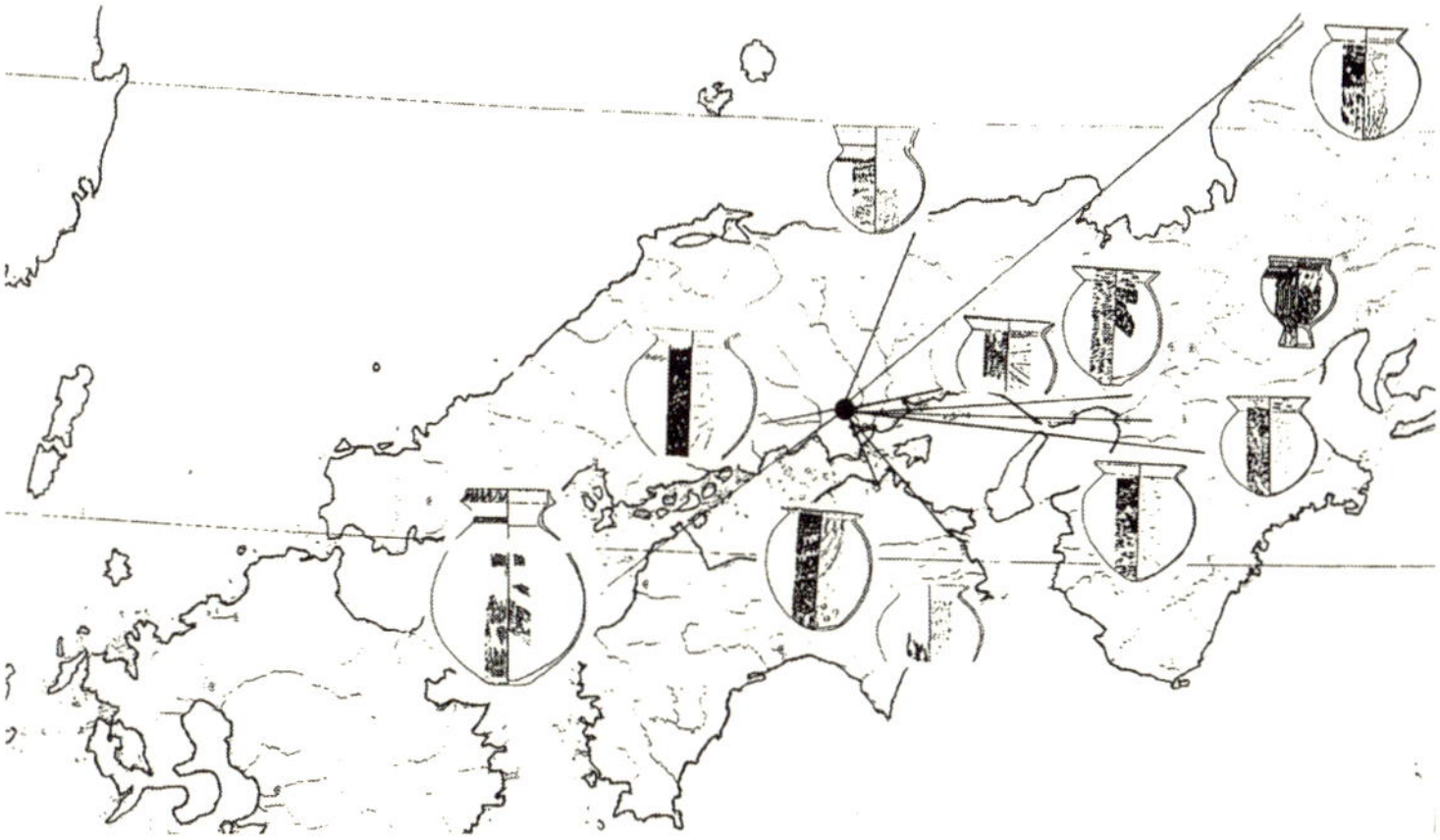

図７　吉備（備中）を中心とする土器の交流

や久宝寺遺跡の溝や土坑から韓国嶺南《れいなん》地域の陶質土器や三韓時代系土器が出土しています。直線距離にしておおよそ六〇〇㎞となります。

吉備（備中）を中心とする土器の交流

岡山市の津寺遺跡では、庄内式期Ⅰ併行期の溝一六や庄内式期Ⅳの溝四を中心に北陸、東海、河内、大和、讃岐、阿波、播磨、山陰、九州の土器が搬入されていることを確認しています。これは吉備の土器の移動が確認されている範囲に類似しています。移動が確認できる時期は庄内式期Ⅰ〜Ⅱに併行する時期の遺構と庄内式期Ⅳに併行する時期の遺構です。交流範囲北陸や東海、九州はおおよそ四〇〇㎞圏内となり、交流範囲は畿内圏より広くなります。

北部九州を中心とする土器の交流

北部九州でももちろん西新町遺跡や福岡市藤崎遺跡、博多遺跡、雀居《ささい》遺跡、宗像《むなかた》郡今川遺跡、糸島市三雲遺跡等から北陸、東海、河内、播磨、吉備、山陰の土器が搬入されていることを確認しています。また、三韓時代の

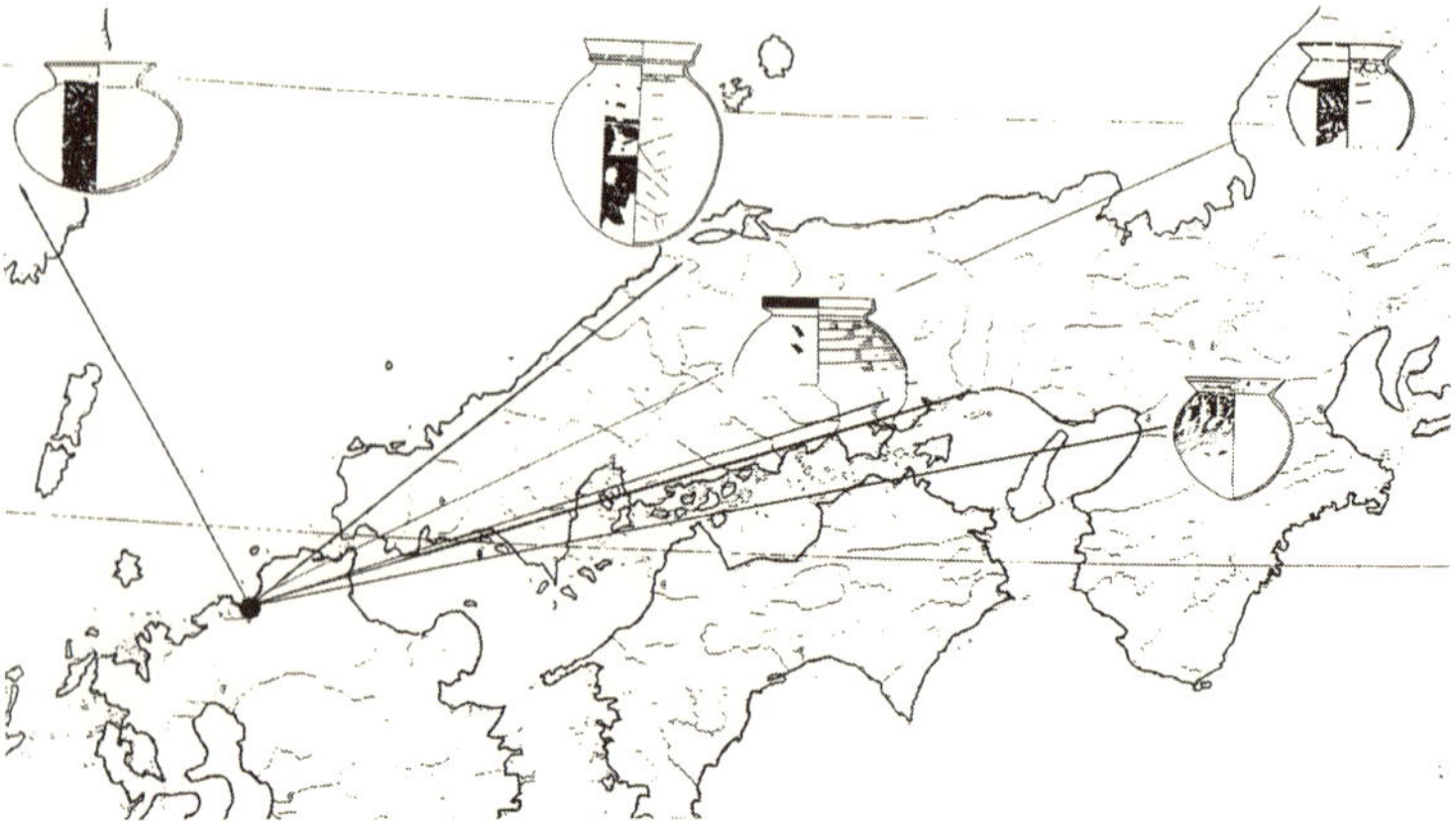

図８　北部九州を中心とする土器の交流

朝鮮半島との交流も盛んです。山陰地方との交流は最も活発ですが、主として山陰西部の出雲地域の土器がもたらされていることが特徴です。また、九州にもたらされている北陸の土器は漆町７群土器であることが分かります。

また、庄内河内型甕は庄内式期Ⅲ～Ⅳのものです。交流圏は最大で八〇〇㎞を越え、韓半島南部を含め遠距離との交流が目立っています。

６　庄内甕の移動

庄内甕の胎土研究により製作地は中河内、大和盆地東南部、播磨中西部であることは明らかです。大和の庄内甕は、西側は岡山県の津寺遺跡、東は静岡県の富士宮市への移動を確認しています。ただし移動している土器の量はごく少数です。河内の庄内甕は、東は滋賀県米原市の黒田遺跡、入江内湖《いりえないこ》遺跡。西は佐賀県土師本村《はじほんむら》遺跡で出土しています。愛媛県の宮前川遺跡をはじめ阿波や土佐の遺跡からも河内型甕の出土が報告されているため四国での出土が多く、播磨の庄内甕とは別のルートで移動しているのではないかと考えています。

播磨の庄内甕については、九州では福岡県糸島市の三雲遺跡、佐賀県神埼郡《かんざきぐん》夕ケ里《ゆうがり》遺跡、大分県安国寺遺跡等多くの遺跡で出土が確認されています。岡山県の津寺遺跡では三地域の庄内甕が同じ地区の遺構で出土しており、この遺跡が庄内式土器の西方展開にハブ的な役割を果たしたのではないかと考えています。

7　土器の移動は文化交流

土器は武器、武具などの鉄製品や銅鏡、玉類といった威信財としての性格がありません。土器交流は人の動きであり、そこに存在するのはどのように人が動いているかといった社会背景が存在するのみです。これを見る限り、北部九州には北陸や畿内、東海といった遠隔地より最も多くの国々の人が半島の鉄や大陸からの交易品を求めて集まってきていると言えます。だからそこに北部九州で西新式という庄内筑前型甕を含む外来色が強い独自の文化を生み出すことができたと思います。また岡山の津寺遺跡には北陸、畿内の国々と九州の国々を結ぶ広域の交流拠点としての役割を果たしています。畿内は東海、北陸、山陰、山陽、四国といった近畿隣接地域の国々と交流して社会的統合を図っていたと同時に瀬戸内や山陰のルートを通じて半島や大陸文化の受入れていたことが窺えるのです。

（二〇一五年六月二十一日、大阪府立大学 I-site なんば「古田史学の会」記念講演に加筆したものです）

参考文献

石野博信・関川尚功『纏向』一九七六年。

奥田尚「砂礫観察から見た土器胎土分析の現況」『庄内式土器研究15』庄内式土器研究会、一九九八年。

奥田尚・米田敏幸「古式土師器の製作地と移動について」『3・4世紀日韓土器の諸問題』釜山考古学研究会、二〇〇一年。

久住猛雄「北部九州における庄内式併行期の土器様相」『庄内式土器研究19』庄内式土器研究会、一九九九年。

田嶋明人『漆町遺跡Ⅰ』石川県埋蔵文化財センター、一九八六年。

田中琢「布留式以前」『考古学研究』第十二巻二号、一九六五年。

寺沢薫「畿内古式土師器の編年と二・三の問題」『矢部遺跡――国道24号線橿原バイパス建設に伴う遺跡調査報告』奈良県立橿原考古学研究所、一九八六年。

豊岡卓之「纒向遺跡出土品の再整理」『纒向遺跡』新泉社、二〇〇八年。

森岡秀人・西村歩他『古式土師器の年代学』大阪府文化財センター、二〇〇三年。

山本昭・米田敏幸編『八尾南遺跡』八尾南遺跡調査会、一九八一年。

米田敏幸「庄内播磨型甕の提唱」『庄内式土器研究Ⅲ』庄内式土器研究会、一九九二年。

4 「邪馬台国」畿内説は学説に非ず

古賀達也

1 畿内説は「研究不正」

世にいう「邪馬台国」論争は、古田武彦氏の邪馬壹国博多湾岸説の登場により、学問的には決着がついているはずですが、マスコミや一元史観の学者・研究者では、あいも変らず「邪馬台国」論争が続けられています。中でも困ったものが「邪馬台国」畿内説という非学問的な「臆説」「珍説」です。そもそも畿内説というものが学問的仮説、すなわち「学説」と言うに値するでしょうか。わたしは畿内説は学説ではないと考えていますが、なぜ学説ではないかということを説明することにします。

たとえば理系の新発見や研究について、新たな仮説を発表する場合、実験データや観測データ、測定データ等の提示が不可欠です。さらにそれらの再現性を担保するために、実験方法や測定・分析方法も開示します。

企業研究の場合は、それらデータも含めて「発見・発明」そのものを隠します。そもそも企業が自らの経営資源（ヒト・モノ・カネ）を投入して得た新知見を発表（無償で教える）して公知にすることは普通しません（特許出願は例外）。

しかし、学者や研究者は人類の幸福や社会の発展のために自らの発見や仮説・アイデアを公知（論文発表など）にします。そしてその仮説が他の研究者による追試や利用（コピペもＯＫです。理系論文には著作権が発生しません）されながら、広く公知となり、真理であればやがて安定した学説として認められます。

その際、各種データの改竄や捏造は「研究不正」としてやがては明らかとなり、そのような学者・研究者は省みられなくなり学界から淘汰されます。意図的な改竄や捏造ではなく、単純ミスやデータの取り違えは、残念ながら完全には無くなりませんので、その場合は訂正するか、訂正により仮説そのものが成立しなくなった場合は仮説が撤回されます。悪意のないミスであれば、信頼感は揺らぎますが、学界はそのこと自体をそれほど神経質にとがめることはありませんでした。それよりも、少々不完全・未熟であっても様々な仮説やアイデアを自由に発表しあえる環境のほうが科学の発展にプラスと受け止められてきたものです。ですから、学生や若い研究者の不慣れで未熟な発表でも、温かい目で許容し、ほめたり、励ましたり、助言を与えたりしたものです。こうした研究環境の中で、若い研究者は成長し、荒削りだけども若さゆえの既成概念にとらわれない画期的な仮説が発表され、そうした青年からの刺激を受けて科学は発展してきたのです。ノーベル賞受賞研究の多くが二十代三十代の頃の研究成果であることも、このことを裏付けています。

ところが近年では、学者や研究者が「お金」や自らの「出世」「地位」のために研究するという変な時代になってしまいましたので、「お金」「出世」「地位」に目がくらんで、研究不正（悪意のある意図的なデータ改竄・捏造）を行うケースが発生するようになりました。その結果、科学や研究は大きく傷つきました。それに追い打ちをかけたのがマスコミによる無分別なバッシング報道です。悪意のない単純ミスまでもを「研究不正」としてバッシングし始めたのです。小保方さんはその犠牲者だと、わたしは思います。先日も、ある化学系学会の集まりでご年輩の化学者（その分野では日本を代表する方。わたしは若い頃、その方が書いた本や論文で有機合成化学を学びました）が、「あんなにマスコミや理研がバッシングしたら、若い研究者が育たない。才能を潰してしまう」と嘆いておられました。わたしも同感です。

それでは「邪馬台国」論争のような文献史学ではどうでしょうか。『三国志』倭人伝を基礎史料（データ）として仮説や論理を組み立て、その優劣を競うわけですが、その場合でも学問としては理系と同様ですから、必要にして十分な調査・証明なしでの史料（データ）の意図的な改竄・捏造は許されません。結論そのものに影響する改竄などもってのほかです。このことは容易にご理解いただけることでしょう。

ところが「邪馬台国」畿内説はこのデータの改竄を平然と行い、しかも結論（女王国の所在地）そのものに影響をあたえる改竄を行っています。たとえば倭人伝には「南、邪馬壹国に至る」とあるのを「東、邪馬台国に至る」というように、「南」を「東」に、「壹」を「台（臺）」に改竄し、「邪馬台国」なるものをでっち上げ、方向を南ではなく東として、むりやりに「邪馬台国」畿内説を提起しているのです。もし、これと同じことを理系の研究論文で行ったら、即アウト、レッドカード（退場）です。それ以前に、論文掲載を拒否されるでしょう。ところが、一元史観の日本古代史学界は「集団」でこの研究不正を行い、「集団」でこの研究不正を容認しているのです。この一点だけでも、「邪馬台国」畿内説は研究不正の所産であり、学説（学問的仮説・学問的態度）に値しないことは明白です。マスコミがなぜこの研究不正をバッシングしないのか「不思議」ですね。

2 行程データの改竄

「邪馬台国」畿内説が「研究不正」の上で成り立っていることを指摘しましたが、畿内説論者がなぜ

『三国志』倭人伝の「南、至る邪馬壹国。女王の都する所」という記事の「南」を「東」に、「壹」を「台（臺）」に改竄（研究不正）したのか、その「動機」について解説します。

倭人伝には邪馬壹国の位置情報としていくつかの記述がありますが、行程記事の概要は朝鮮半島から対馬・壱岐・松浦半島・糸島平野・博多湾岸と進み、その南、邪馬壹国に至るとあります。したがって、どのように考えても邪馬壹国（女王国）は博多湾岸の南方向にあることは明確ですから、「南」を「東」に改竄しなければ、方角的に奈良県に邪馬壹国を比定することは不可能です。そこで、「南」を「東」とする改竄（研究不正）に走ったのです。

しかし、それだけでは畿内説にとっては不十分です。というのも、改竄（研究不正）により、邪馬壹国を博多湾岸よりも「東」方向にできても、それだけでは四国や本州島全域が対象地域となってしまい、「畿内」（奈良県）に限定することはできないからです。そこで、畿内説論者はもう一つの改竄（研究不正）を強行しました。

3　国名データの改竄

「邪馬台国」畿内説論者が『三国志』倭人伝の原文（基礎データ）の文字を「南」から「東」に改竄（研究不正）していることを指摘しましたが、彼らはもう一つの改竄（研究不正）にも手を染めています。それはより悪質で本質的な改竄で、こともあろうに倭国の中心である女王国の名称を原文の邪馬壹国から邪馬台国（邪馬臺国）にするというもので、理系の人間には信じられないような大胆な改竄（研究不正）です。今回はこの研究不正の動機について解説します。

既に述べましたように、邪馬壹国の位置を博多湾岸の東方向とするために、「南」を「東」に改竄しただけでは畿内説「成立」には不十分なので、畿内説論者は女王国の国名をヤマトにしたかったのです。実は改竄（研究不正）はこの国名改竄の方が先になされました。畿内説論者の研究不正の順序はおおよそ次のようなものでした。

(1)倭国の中心国は古代より天皇家がいたヤマトでなければならない。（皇国史観という「信仰」による）
(2)ところが倭人伝には邪馬壹国とあり、ヤマトとは読めない。（「信仰」と史料事実が異なる）
(3)「壹」とあるのは誤りであり、「壹」の字に似た「臺（台）」が正しく、中国人が間違ったことにする。（証拠もなく古代中国人に責任転嫁する。「歴史冤罪」発生）
(4)「邪馬臺国」を正しいと、皆で決める。（集団による改竄容認・研究不正容認）
(5)しかしそれでも「邪馬臺国」ではヤマトとは読めない。（改竄・研究不正してもまだ畿内説は成立しない）
(6)「臺」は「タイ」と発音するが、同じタ行の「ト」と発音してもよいと、論証抜きで決める。
(7)「臺」を「ト」と読むことにするが、同じタ行の「タ」「チ」「ツ」「テ」とは、この場合読まないことにする。（これも論証抜きの断定）
(8)こうしてようやく「邪馬臺国」を「ヤマト国」と読むことに「成功」する。
(9)この「ヤマト国」は奈良県のヤマトのことと、論証抜きで決める。（自らの「信仰」に合うように断定する）

これだけの非学問的な改竄や論証抜きの断定を繰り返した結果、「邪馬台国」畿内説という研究不正が「完成」したのです。ですから、畿内説は学説ではありません。学問的手続きを経たものではなく、研究不正の所産なのです。
　ここまでやったら、「毒を食らわば皿まで」で、先の「南」を「東」に改竄することぐらい平気です。しかも集団（古代史学界）でやっていますから、恐いものなしでした。ところが、「信仰」よりも歴史の真実を大切にする古田武彦という歴史学者の登場により、彼らの研究不正が白日の下にさらされたのです。

4　総里程データの無視

「邪馬台国」畿内説論者による研究不正は他にもあります。それは自説にとって決定的に不利な記事（基礎データ）を無視（拒絶）するという研究不正です。この方法が許されると、たとえば裁判などでは冤罪が続出することでしょう。学問としては絶対にとってはならない手法です。理系論文で自説を否定する実験データを故意に無視したり、隠したりしたら、これも即アウト、レッドカード（退場）ですが、日本古代史学界では集団で研究不正を黙認していますから、「古代史村」から追放される心配はなさそうです。
　倭人伝には、行程記事以外にも女王国の所在地を示す総里程記事（距離情報）が明確に記されています。次の通りです。

「郡より女王国に至る万二千余里」

「郡」とは帯方郡（ソウル付近と考えられています）のこと、女王国は邪馬壹国のことですが、その距離が一万二千里余りとありますから、一里が何mか分かれば、単純計算で女王国の位置の検討がつきます。少なくとも、北部九州か奈良県のどちらであるかは分かります。「古代中国の里」の研究によれば、倭人伝の「里」は漢代の約四三五mとする「長里」説と、周代の約七六mとする「短里」説の二説があり、それ以外の有力説はありません。それでは倭人伝の記事（基礎データ）に基づいて単純計算してみましょう。

短里　七六m×一万二千里＝九一二〇〇〇m＝九一二km
長里　四三五m×一万二千里＝五二二〇〇〇〇m＝五二二〇km

短里の場合は北部九州（博多湾岸付近）となりますが、長里の場合は博多湾岸はおろか奈良県（畿内）もはるかに通り越し、太平洋の彼方に女王国はあることになってしまいます。従いまして、倭人伝の総里程記事（基礎データ）に基づくのであれば、倭人伝は短里を採用しており、女王国の位置は北部九州（博多湾岸付近）と見なさざるを得ません。短里であろうと長里であろうと、間違っても奈良県（畿内）ではありません。

この基礎データに基づく小学生でもできるかけ算が、少なくとも義務教育を終えたはずの畿内説論者にできないはずはありませんから、彼らは自説を否定する基礎データ（万二千余里）を無視・拒絶するという、非学問的な態度をとっていることは明白です。これは研究不正であり、「邪馬台国」畿内説が学説（学問的仮説・学問的態度）ではない証拠の一つなのです。

5　地勢データの無視

『三国志』倭人伝には行程記事・総里程記事以外にも女王国の所在地を推定できる記事があります。この記事も畿内説論者は知ってか知らずか、古田武彦氏からの指摘があるにもかかわらず無視していま す。こうした無視も学問的態度とは言い難いものです。

倭人伝冒頭には畿内説を否定する記事がいきなり記されています。次の記事です。

「倭人は帯方の東南大海の中にあり、山島に依りて国邑をなす。」

倭人の国、倭国は帯方（ソウル付近とされる）の東南の大海の中にある島国であると記されています。中国人は倭国を島国と認識していたのですが、九州島は文字通り「山島」でぴったりですが、本州島はこの時代には島なのか半島なのかを認識されていた痕跡はありません。本州島を島と認識するためには津軽海峡の存在を知っていることが不可欠ですが、『三国志』の時代に中国人が津軽海峡を認識していた痕跡はないのです。

したがって、倭人伝冒頭のこの記事を素直に理解すれば、倭国の中心国である女王国（邪馬壹国）が九州島内にあったとされていることは明白です。ですから、倭人伝は冒頭から畿内説が成立しないことを示しているのです。畿内説論者は自説の成立を否定するこの記事の存在を、古田武彦氏が指摘してきたにもかかわらず、無視してきました。こうした態度も学問的とは言えません。ですから、「邪馬台国」畿内説が学説（学問的仮説・学問的態度）ではないことを、倭人伝冒頭の記事も指し示しているのです。

6　考古学データの無視

「邪馬台国」畿内説が学説の体をなしていないことは、これまでの説明でご理解いただけたものと思いますが、文献史学では成立しない畿内説に対して、物（出土物・遺跡）を研究対象とする、ある意味では「理系」に近い考古学の分野では、どういうわけか畿内説論者が少なくありません。これは一体どういうことでしょうか。

『三国志』倭人伝を基礎史料とする文献史学の結論として、畿内説は学説として成立しない場合でも、考古学的に畿内説が成立するケースが無いわけではありません。それは、倭人伝に記された倭国の文物の考古学的出土分布が畿内が中心となっていれば、畿内を倭国の中心とする理解は考古学的には成立します。このケースに限り、考古学者が畿内説に立つのは理解できますが、考古学的事実はどうでしょうか。

まず倭人伝に記された倭国の文物には次のようなものがあります。

（金属）「銅鏡百枚」「兵には矛・盾」「鉄鏃」
（シルク）「倭錦」「異文雑錦」

遺物として残りやすい金属器として、中国から贈られた「銅鏡百枚」について、弥生時代の遺跡からの銅鏡の出土分布の中心は糸島・博多湾岸です。「鉄鏃」を含む鉄器や製鉄遺構も弥生時代では北部九州が分布の中心です。畿内（奈良県）の弥生時代の遺跡からはこれらの金属器はほとんど出土が知られていません。シルクの出土も弥生時代の出土は北部九州が中心です。

このように考古学的事実も畿内説は成立しないのです。「邪馬台国」論争の基礎史料である倭人伝の記述と考古学的出土事実が畿内説では一致しないのに、畿内説を支持する考古学者が少なくないという考古学界の状況はまったく理解に苦しみます。物（遺物・遺跡）を研究対象とする考古学は、近畿天皇家一元史観（戦後型皇国史観）ではなく、「自然科学」としての観測事実や出土事実にのみ忠実であるべきだと思うのですが、畿内説を支持しなければならない、何か特別な事情でもあるのでしょうか。わたしは、それを学問的態度とは思いません。

7　考古学は科学か「神学」か

最後に、『三国志』倭人伝に記された女王国（邪馬壹国）の所在地を考える上で、倭国の「文字文化」という視点を紹介したいと思います。

倭人伝には次のような記事が見え、この時代既に倭国は文字による外交や政治を行っていたことがうかがえます。

「文書・賜遣の物を伝送して女王に詣らしめ」

「詔書して倭の女王に報じていわく、親魏倭王卑弥呼に制詔す。」

「今汝を以て親魏倭王となし、金印紫綬を仮し」

「銀印青綬を仮し」

「詔書・印綬を奉じて、倭国に詣《いた》り、倭王に拝仮し、ならびに詔をもたらし」

「倭王、使によって上表し、詔恩を答謝す。」
「因って詔書・黄幢をもたらし、難升米に拝仮せしめ、檄を為《つく》りてこれを告喩す。」
「檄を以て壹与を告喩す。」

以上のように倭人伝には繰り返し中国から「詔・詔書」が出され、「印綬」が下賜されたことが記され、それに対して倭国からは「上表」文が出されていることが分かります。したがって、弥生時代の倭国は詔書や印に記された文字を理解し、上表文を書くこともできたのです。おそらく日本列島内で最も早く文字（漢字）を受容し、外交・政治に利用していたことを疑えません。したがって、日本列島内で弥生時代の遺跡や遺物から最も「文字」の痕跡が出現する地域が女王国（邪馬壹国）の最有力候補と考えるのが、理性的・学問的態度であり、学問的仮説「学説」に値します。そうした地域はどこでしょうか。やはり、北部九州・糸島博多湾岸（筑前中域）なのです。

筑前中域には次のような「文字」受容の痕跡である遺物が出土しています。

志賀島の金印「漢委奴国王」（五七年）
室見川の銘版「高暘左　王作永宮齊鬲　延光四年五」（一二五年）
井原・平原出土の銘文を持つ漢式鏡多数

これらに代表されるように、日本列島内の弥生遺跡中、最も濃厚な「文字」の痕跡を有すのは糸島博多湾岸（筑前中域）なのです。この地域を邪馬壹国に比定せずに、他のどこに文字による外交・政治を行った中心王国があったというのでしょうか。

最後に、「邪馬台国」畿内説論者をはじめとする筑前中域説以外の考古学者へ発せられた古田武彦氏の次の一文を紹介して、本稿を締めくくります。

あの筑前中域の出土物、その質量ともの豊富さ、多様さは、日本列島の全弥生遺跡中、空前絶後だ。そして倭人伝に記述された「もの」と驚くほどピッタリ一致して齟齬をもたなかったのである。

（中略）

そうすればわたしは、その〝信念の人〟の前に、静かに次の言葉を呈しよう。〝あなたのは、考古学という科学ではない。考古学という「神学」にすぎぬ〟と。

（古田武彦『ここに古代王朝ありき』ミネルヴァ書房）

※本稿は「古田史学の会」ホームページの「洛中洛外日記」に連載したものを加筆修正し、転載しました。

編集後記

古田武彦氏が昭和四十六年（一九七一）に朝日新聞社より刊行した『「邪馬台国」はなかった』（二〇一〇年、ミネルヴァ書房より復刻）で、いかに多くの新事実を発見されたのか、本書の編集を担当させていただき、あらためて驚いています。これは本書の目次を見ていただくと分かります。「邪馬壹国」「短里」「考古学遺物と史書の一致」「史書学者による原文改定」「二倍年暦」「太平洋を渡った倭人」等々。しかし皆さんは、古田氏がその後現在に至るまで、さらに研究を発展させていることに驚かれたのではないでしょうか。

今回収録のなった、「『三国志』のハイライトは倭人伝だった」という研究、そして邪馬壹国には漢字が伝来しており、その時既にあった倭語（ヤマト言葉でなくて、チクシ言葉と言うべきか）を漢字で表していたという研究がそれですが。

前者は、中国では漢の時代に安息国（ペルシャ）のさらに西方にアメリカ大陸の東海岸があることを（伝聞ですが）認識していて、そして、あの魏の曹操の時代に邪馬壹国（の足摺）の長老に聞いて、アメリカ大陸の西海岸を認識していたということです。おそらく三国志が書かれた中国の方でもここまで研究は及んでいないと思います。

当初私達は、魏志倭人伝や邪馬壹国の研究の集大成という位置づけで編集を始めたのですが、古田氏自身が止むことなく研究を進めておられ、日々新発見を重ねられているわけですから、本書で集大成とはならないでしょう。

しかしこれだけは言えます。本書の発刊日からは、関連研究をされる方は、まずは本書各論考を参考にするなり、論破するなり、目をそらさずに引用・踏み台にして研究を行ってください。さもなくば、あなたの研究はいずれ意味の無いものになってしまうでしょう。

服部静尚

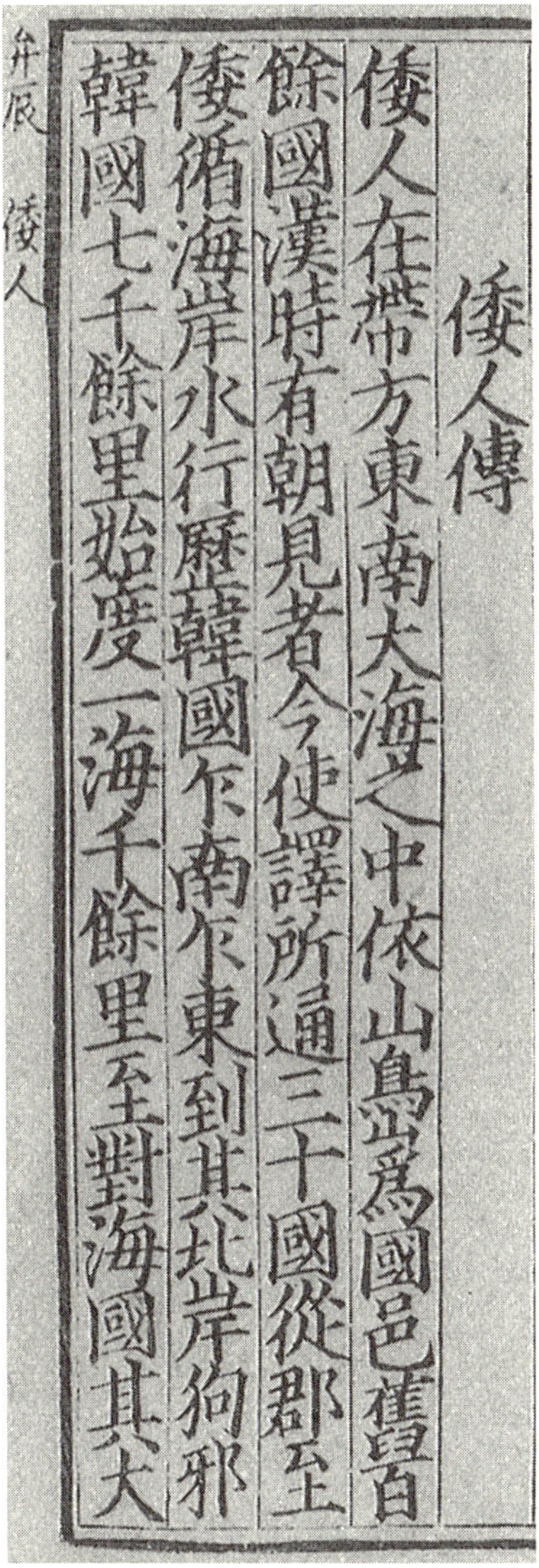

倭人傳

倭人在帶方東南大海之中依山島爲國邑舊百
餘國漢時有朝見者今使譯所通三十國從郡至
倭循海岸水行歷韓國乍南乍東到其北岸狗邪
韓國七千餘里始度一海千餘里至對海國其大

弁辰　倭人

官曰卑狗副曰卑奴母離所居絶島方可四百餘
里土地山險多深林道路如禽鹿徑有千餘戸無
良田食海物自活乗船南北市糴又南渡一海千
餘里名曰瀚海至一大國官亦曰卑狗副曰卑奴
母離方可三百里多竹木叢林有三千許家差有
田地耕田猶不足食亦南北市糴又渡一海千餘
里至末盧國有四千餘戸濵山海居草木茂盛行
不見前人好捕魚鰒水無深淺皆沈没取之東南
陸行五百里到伊都國官曰爾支副曰泄謨觚柄
渠觚有千餘戸世有王皆統屬女王國郡使往來

倭人

常所駐東南至奴國百里官曰兕馬觚副曰卑奴
母離有二萬餘戸東行至不彌國百里官曰多模
副曰卑奴母離有千餘家南至投馬國水行二十
日官曰彌彌副曰彌彌那利可五萬餘戸南至邪
馬壹國女王之所都水行十日陸行一月官有伊
支馬次曰彌馬升次曰彌馬獲支次曰奴佳鞮可
七萬餘戸自女王國以北其戸數道里可得略載
其餘旁國遠絶不可得詳次有斯馬國次有已百
支國次有伊邪國次有郡支國次有彌奴國次有
好古都國次有不呼國次有姐奴國次有對蘇國

次有蘇奴國次有呼邑國次有華奴蘇奴國次有
鬼國次有爲吾國次有鬼奴國次有邪馬國次有
躬臣國次有巴利國次有支惟國次有烏奴國次
有奴國此女王境界所盡其南有狗奴國男子爲
王其官有狗古智卑狗不屬女王自郡至女王國
萬二千餘里男子無大小皆黥面文身自古以來
其使詣中國皆自稱大夫夏后少康之子封於會
稽斷髮文身以避蛟龍之害今倭水人好沈没捕
魚蛤文身亦以厭大魚水禽後稍以爲飾諸國文
身各異或左或右或大或小尊卑有差計其道里

倭人

當在會稽東治之東其風俗不淫男子皆露紒以
木緜招頭其衣橫幅但結束相連略無縫婦人被
髮屈紒作衣如單被穿其中央貫頭衣之種禾稻
紵麻蠶桑緝績出細紵縑緜其地無牛馬虎豹羊
鵲兵用矛楯木弓木弓短下長上竹箭或鐵鏃或
骨鏃所有無與儋耳朱崖同倭地溫暖冬夏食生
菜皆徒跣有屋室父母兄弟臥息異處以朱丹塗
其身體如中國用粉也食飲用籩豆手食其死有
棺無槨封土作冢始死停喪十餘日當時不食肉
喪主哭泣他人就歌舞飲酒已葬舉家詣水中澡

浴以如練沐其行來渡海詣中國恒使一人不梳
頭不去蟣蝨衣服垢汚不食肉不近婦人如喪人
名之爲持衰若行者吉善共顧其生口財物若有
疾病遭暴害便欲殺之謂其持衰不謹出真珠青
玉其山有丹其木有柟杼豫樟楺櫪投橿烏號楓
香其竹篠簳桃支有薑橘椒蘘荷不知以爲滋味
有獮猴黒雉其俗舉事行來有所云爲輒灼骨而
卜以占吉凶先告所卜其辭如令龜法視火坼占
兆其會同坐起父子男女無別人性嗜酒魏略曰其俗不
知正歳四節但計春耕秋收爲年紀見大人所敬但搏手以當跪拜其

倭人

人壽考或百年或八九十年其俗國大人皆四五
婦下戶或二三婦婦人不淫不妒忌不盜竊少諍
訟其犯法輕者沒其妻子重者沒其門戶及宗族
尊卑各有差序足相臣服收租賦有邸閣國國有市
交易有無使大倭監之自女王國以北特置一大
率檢察諸國畏憚之常治伊都國於國中有如刺
史王遣使詣京都帶方郡諸韓國及郡使倭國皆
臨津搜露傳送文書賜遺之物詣女王不得差錯
下戶與大人相逢道路逡巡入草傳辭說事或蹲
或跪兩手據地為之恭敬對應聲曰噫比如然諾

其國本亦以男子爲王住七八十年倭國亂相攻
伐歷年乃共立一女子爲王名曰卑彌呼事鬼道
能惑衆年已長大無夫壻有男弟佐治國自爲王
以來少有見者以婢千人自侍唯有男子一人給
飲食傳辭出入居處宮室樓觀城柵嚴設常有人
持兵守衛女王國東渡海千餘里復有國皆倭種
又有侏儒國在其南人長三四尺去女王四千餘
里又有裸國黒齒國復在其東南船行一年可至
參問倭地絶在海中洲島之上或絶或連周旋可
五千餘里景初二年六月倭女王遣大夫難升米

等詣郡求詣天子朝獻太守劉夏遣吏將送詣京都其年十二月詔書報倭女王曰制詔親魏倭王卑彌呼帶方太守劉夏遣使送汝大夫難升米次使都市牛利奉汝所獻男生口四人女生口六人班布二匹二丈以到汝所在踰遠乃遣使貢獻是汝之忠孝我甚哀汝今以汝為親魏倭王假金印紫綬裝封付帶方太守假授汝其綏撫種人勉為孝順汝來使難升米牛利涉遠道路勤勞今以難升米為率善中郎將牛利為率善校尉假銀印青綬引見勞賜遣還今以絳地交龍錦五匹臣松之以為地

應為綈漢文帝著皁衣謂之弋綈是也此字不體非魏朝之失則傳寫者誤也絳地縐粟罽十張蒨絳五十匹紺青五十匹荅汝所獻貢直又特賜汝紺地句文錦三匹細班華罽五張白絹五十匹金八兩五尺刀二口銅鏡百枚眞珠鉛丹各五十斤皆裝封付難升米牛利還到錄受悉可以示汝國中人使知國家哀汝故鄭重賜汝好物也正始元年太守弓遵遣建中校尉梯儁等奉詔書印綬詣倭國拜假倭王并齎詔賜金帛錦罽刀鏡采物倭王因使上表荅謝詔恩其四年倭王復遣使大夫伊聲耆掖邪狗等八人上獻生口倭錦絳青

縑緜衣帛布丹木𤝔短弓矢掖邪狗等壹拜率善
中郎將印綬其六年詔賜倭難升米黃幢付郡假
授其八年太守王頎到官倭女王卑彌呼與狗奴
國男王卑彌弓呼素不和遣倭載斯烏越等詣郡
說相攻擊狀遣塞曹掾史張政等因齎詔書黃幢
拜假難升米爲檄告喻之卑彌呼以死大作冢徑
百餘步徇葬者奴婢百餘人更立男王國中不服
更相誅殺當時殺千餘人復立卑彌呼宗女壹與
年十三爲王國中遂定政等以檄告喻壹與壹與
遣倭大夫率善中郎將掖邪狗等二十人送政等

還因詣臺獻上男女生口三十人貢白珠五千孔
青大句珠二枚異文雜錦二十匹

（南宋紹熙本　宮内庁書陵部蔵）

巻末資料2　倭人伝（紹熙本三国志）読み下し文（古田武彦）

倭人《い(ゐ)じん》は帯方の東南大海の中に在り、山島に依りて国邑《こくゆう》を為す。旧《もと》百余国。漢の時朝見する者有り、今、使訳通ずる所、三十国。

郡より倭に至るには、海岸に循《したが》いて水行し、韓国を歴《ふ》るに、乍《たちま》ち南し、乍《たちま》ち東し、其の北岸、狗《こ》邪韓国《やかんこく》に到る、七千余里。始めて一海を度《わた》る、千余里、対海《たいかい》国に至る。其の大官を卑狗《ひこ》と曰《い》い、副を卑《ひ》奴母離《ぬもり》と曰う。居る所絶島、方四百余里なる可し。土地は山険しく、深林多く、道路は禽鹿《きんろく》の径《けい》の如し。千余戸有り。良田無く、海物を食して自活し、船に乗りて南北に市糴《してき》す。又、南、一海を渡る、千余里、名づけて瀚海《かんかい》と曰う。一大《いちだい》国に至る。官を亦《また》卑狗《ひこ》と曰い、副を卑奴母離《ひぬもり》と曰う。方三百里なる可し。竹木・叢林多く、三千許《ばか》りの家有り。差《やや》田地有り、田を耕せども猶《なお》食するに足らず、亦、南北に市糴す。

又、一海を渡る、千余里、末盧《まつろ》国に至る。四千余戸有り。山海に浜《そ》うて居る。草木茂盛し、行くに前人を見ず。好んで魚鰒《ぎょふく》を捕え、水深浅と無く、皆沈没して之《これ》を取る。東南陸行、五百里、伊都《いと》国に到る。官を爾支《(にし)》と曰い、副を泄謨觚《(せもく)》・柄渠觚《(へこく)》と曰う。千余戸有り。世に王有るも、皆女王国に統属す。郡使の往来、常に駐まる所なり。東南奴《ぬ》国に至ること、百里。官を兕馬觚《(じまく)》と曰い、副を卑奴母離と曰う。二万余戸有り。東行不弥《ふみ》国に至ること、百里。官を多模《(たも)》と曰い、副を卑奴母離と曰う。千余家有り。

南、投馬《つま》国に至ること、水行二十日。官を弥弥《みみ》と曰い、副を弥弥那利《みみなり》と曰う。五万余戸なる可し。南、邪馬壹国《やまいちこく》に至る、女王の都する所、水行十日・陸行一月。官に伊支馬《(いきま)》有り、次を弥馬升《(みまし)》と曰い、次を弥《(み)》馬獲支《(まかき)》と曰い、次を奴佳鞮《(ぬかて)》と曰う。七万余戸なる可し。女王国自《よ》り以北、其の戸数・道里、得《え》て略載す可《べ》し。其の余の旁国《ぼうこく》は遠絶にして、得て詳《つまびら》かにす可からず。

次に斯馬《(しま)》国有り、次に已百支《(いはき)》国有り、次に伊邪《(いや)》国有り、次に郡支《(ぐんき)》国有り、次に弥奴《(みぬ)》国有り、次に好《(こう)》

古都《こと》国有り、次に不呼《（ふか）》国有り、次に姐奴《（せぬ）》国有り、次に対蘇《（たいそ）》国有り、次に蘇奴《（そぬ）》国有り、次に呼邑《（かいふ）》国有り、次に華奴蘇奴《（かぬそぬ）》国有り、次に鬼《（き）》国有り、次に為吾《（ゐご）》国有り、次に鬼奴《（きぬ）》国有り、次に邪馬《（やま）》国有り、次に躬臣《（くし）》国有り、次に巴利《（はり）》国有り、次に支惟《（きゐ）》国有り、次に烏奴《（うぬ）》国有り、次に奴《（ぬ）》国有り、此れ女王の境界の尽くる所なり。

其の南、狗奴《（こぬ）》国有り、男子王為《た》り。其の官に狗古智卑狗《（ここちひこ）》有り。女王に属せず。郡より女王国に至る、万二千余里。

男子は大小と無く、皆黥面《げいめん》・文身す。古《いにしえ》自《よ》り以来、其の使中国に詣《いた》るや、皆自《みずか》ら大夫《たいふ》と称す。夏《か》后少康《こうしょうこう》の子、会稽《かいけい》に封《ほう》ぜられ、断髪・文身、以て蛟龍《こうりゅう》の害を避けしむ。今倭の水人、好んで沈没して魚蛤《ぎょこう》を捕え、文身し亦以て大魚・水禽《すいきん》を厭《はら》う。後稍《やや》以て飾りと為《な》す。諸国の文身各《おのおの》異なり、或は左にし或は右にし、或は大に或は小に、尊卑差《さ》有り。其の道里を計るに、当《まさ》に会稽東治《とうち》の東に在るべし。

其の風俗淫《いん》ならず。男子は皆露紒《ろかい》し、木緜《もめん》を以て頭に招《か》け、其の衣は横幅、但《ただ》結束して相連《あいつら》ね、略《ほぼ》縫うこと無し。婦人は被髪屈紒《ひはつくっかい》し、衣を作ること単被《たんぴ》の如く、其の中央を穿《うが》ち、頭を貫きて之を衣《き》る。禾《か》稲《とう》・紵麻《ちょま》を種《う》え、蚕桑《さんそう》・緝績《しゅうせき》し、細紵《さいちょ》・縑緜《けんめん》を出だす。其の地には牛・馬・虎・豹《ひょう》・羊・鵲《じゃく》無し。兵に矛・楯《たて》・木弓を用う。木弓は下を短く上を長くし、竹箭《ちくせん》は或は鉄鏃《てつぞく》、或は骨鏃なり。有無《ゆうむ》する所、儋耳《たんじ》・朱崖《しゅがい》と同じ。

倭地は温暖、冬夏生菜を食す。皆徒跣《とせん》。屋室有り、父母兄弟、臥息《がそく》処を異にす。朱丹を以て其の身体に塗る、中国の粉を用うるが如きなり。食飲には籩豆《へんとう》を用い手食す。其の死には棺有るも槨《かく》無く、土を封《ほう》じて冢《ちょう》を作る。始め死するや停喪《ていそう》十余日、時に当りて肉を食わず、喪主《そうしゅ》哭泣し、他人就いて歌舞飲酒す。已《すで》に葬れば、挙家水中に詣《いた》りて澡浴《そうよく》し、以て練沐《れんもく》の如くす。其の行来・渡海、中国に詣《いた》るには、恒《つね》に一人をして頭を梳《くしけず》らず、蟣蝨《きしつ》を去らず、衣服垢汚《こうお》、肉を食わず、婦人を近づけず、喪人《そうじん》の如くせしむ。之を名づけて持衰《じさい》と為す。若《も》し行く者吉善《きつぜん》なれば、共に其の生口《せいこう》・財物を顧《こ》し、若し疾病有り、暴害に遭《あ》えば、便《すなわ》ち之を殺さんと欲す。其の持衰謹《つつし》まず、と謂《い》えばなり。真珠・青玉を出す。其の山に丹有り。其の木には柟《だん》・杼《ちょ》・予樟・楺《ほう》・櫪《れき》・投・橿《きょう》・烏号《うごう》・楓香有り。其の竹には篠・簳《かん》・桃支。薑《きょう》・橘・椒《しょう》・蘘荷《じょうか》有るも、以て滋味となすを知らず。獮猴《びこう》・黒雉《こくち》有り。其の俗挙事行来に、云為《うんい》する所有れば、輒《すなわ》ち骨を灼《や》きて卜し、以て吉凶を占い、先ず卜する所を告ぐ。其の辞は令亀《れいき》の法の如く、火坼《かたく》を視て兆を占う。

其の会同・坐起には、父子・男女別無し。人性酒を嗜《たしな》む。（魏略に曰《い》う。「其の俗、正歳、四節を知らず。但春耕・秋収を計りて年紀と為す。」）大人の敬する所を見れば、但《ただ》手を搏《う》ち以て跪拝《きはい》に当つ。其の人の寿考、或《あるい》は百年、或は八・九十年。其の俗、国の大人《たいじん》は皆四・五婦、下戸《げこ》も或は二・三婦。婦人淫せず、妬忌《とき》せず、盗窃《とうせつ》せず、諍訟《そうしょう》少なし。其の法を犯すに、軽き者は其の妻子を没し、重き者は其の門戸及び宗族を没す。尊卑各《おのおの》差序有り、相臣服するに足る。租賦《そふ》を収む。邸閣有り。国国市有り。有無を交易す。使大倭《したいい(ゐ)》之を監す。

女王国自《よ》り以北には、特に一大率《いちだいそつ》を置き、検察せしむ。諸国之を畏憚《いたん》す。常に伊都《いと》国に治《ち》す。国中に於て刺史《しし》の如き有り。王の使を遣わして京都・帯方郡・諸韓国に詣《いた》らしめ、郡の倭国に使するに及ぶや、皆津に臨みて捜露す。伝送の文書・賜遺《しけん》の物、女王に詣るに、差錯《ささく》するを得ざらしむ。

下戸、大人と道路に相逢えば、逡巡《しゅんじゅん》して草に入り、辞を伝え事を説くには、或は蹲《うずくま》り或は跪《ひざまず》き、両手は地に拠り、之が恭敬を為す。対応の声を噫《あい》と曰う。比するに然諾《ぜんだく》の如し。

其の国、本亦男子を以て王と為し、住《とど》まること七・八十年。倭国乱れ、相攻伐すること歴年、乃《すなわ》ち一女子を共立して王と為す。名づけて卑弥呼《ひみか》と曰う。鬼道に事《つか》え、能《よ》く衆を惑《まど》わす。年已《すで》に長大なるも、夫壻《ふせい》無く、男弟《だんてい》有り、佐《たす》けて国を治む。王と為りしより以来、見る有る者少なく、婢《ひ》千人を以て自ら侍せしむ。唯《ただ》男子一人有り、飲食を給し、辞を伝え居処に出入す。宮室・楼観・城柵、厳《おごそ》かに設け、常に人有り、兵を持して、女王国を守衛す。

東、海を渡ること千余里。復《ま》た国有り、皆倭種。又侏儒《しゅじゅ》国有り。其の南に在り。人長三・四尺。女王を去る、四千余里。又裸《ら》国・黒歯《こくし》国有り。復《ま》た其の東南に在り。船行一年にして至る可《べ》し。倭地を参問するに、海中洲島の上に絶在し、或は絶え或は連なること、周旋《しゅうせん》五千余里なる可し。

景初二年六月、倭の女王、大夫難升米《なしめ》等を遣わし、郡に詣《いた》り、天子に詣りて朝献せんことを求む。太守劉夏《りゅうか》、吏を遣わし、将《ひき》いて送りて京都に詣らしむ。

其の年十二月、詔書して倭の女王に報じて曰く、「親魏倭王卑弥呼に制詔す。帯方の太守劉夏、使を遣わし、汝の大夫難升米・次使都市《といち》牛利《ごり（ぎゅうり）》を送り、汝献ずる所の男生口四人、女生口六人、班布《はんぷ》二匹二丈を奉じ、以て到る。汝の在る所遠きを踰《こ》え、乃《すなわ》ち使を遣わして貢献せしむ。是《こ》れ汝の忠孝、我甚《はなは》だ汝を哀れむ。今、汝を以て親魏倭王と為す。金印紫綬《きんいんしじゅ》を仮し、装封《そうふう》して帯方太守に付して仮授す。汝、其《そ》れ種人を綏撫《すいぶ》し、勉《つと》めて孝順を為せ。汝が来使難升米・牛利、遠きを渉《わた》り、道路勤労す。今、難升米を以て率善《そつぜん》中郎将と為し、牛利を率善校尉と為し、銀印青綬を仮し、引見労賜《ろうし》して遣わし還す。今、絳《こう》地《ち》交龍錦五匹（臣松之、以為《おもえ》らく、地は応《まさ》に綈《てい》と為すべし。漢の文帝、皁衣《そうい》を著す。之を弋綈《よくてい》と謂《い》うは是《ぜ》なり。此の字、体ならず。魏朝の失に非んば、則ち伝写者の誤なり。）・絳地縐粟罽《しゅうぞくけい》十張・蒨絳《せんこう》五十匹・紺青《こんじょう》五十匹を以て、汝が献ずる所の貢直に答う。又特に汝に紺地句文錦《こんじこうもんきん》三匹・細班華罽《さいはんかけい》五張・白絹五十匹・金八両・五尺刀二口・銅鏡百枚・真珠・鉛丹各《おのおの》五十斤を賜い、皆装封して難升米・牛利に付す。還り到らば録受し、悉《ことごと》く以て汝が国中の人に示し、国家汝を哀れむを知らしむ可し。故に鄭重に汝に好物を賜うなり」と。

正始元年、太守弓遵《きゅうじゅん》、建中校尉梯儁《ていしゅん》等を遣わし、詔書・印綬を奉じて、倭国に詣り、倭王に拝仮し、并《なら》びに詔を齎《もたら》し、金帛・錦罽《きんけい》・刀・鏡・采物《さいぶつ》を賜う。倭王、使に因《よ》って上表し、詔恩を答謝す。

其の四年、倭王、復《ま》た使大夫伊声耆《(いせいき)》・掖邪狗《(えきやこ)》等八人を遣わし、生口・倭錦《い(ゐ)きん》・絳青縑《こうせいけん》・緜衣《めんい》・帛布《はくふ》・丹《たん》・木𤝔《もくふ》・短弓矢《たんきゅうし》を上献せしむ。掖邪狗等、率善中郎将の印綬を壹拝《いちはい》す。

其の六年、詔して倭の難升米に黄幢《こうどう》を賜い、郡に付して仮授せしむ。

其の八年、太守王頎《おうき》官に到る。倭の女王卑弥呼、狗奴国の男王卑弥弓呼と素《もと》より和せず。倭載《(ゐさい)》、斯《(し》烏越《おえつ)》等を遣わして郡に詣り、相攻撃することを説かしむ。塞曹掾史《さいそうえんし》張政等を遣わし、因りて詔書・黄幢を齎《もたら》し、難升米に拝仮し、檄を為して之を告喩《こくゆ》せしむ。

卑弥呼、死するを以て、大いに冢《ちょう》を作る、径《けい》百余歩。徇葬《じゅんそう》する者、奴婢百余人。更に男王を立てしも、国中服せず。更《こもごも》相誅殺し、当時千余人を殺す。復《ま》た卑弥呼の宗女、壹与《いちよ》年十三なるを立てて王と為し、国中遂に定まる。政等、檄を以て壹与を告喩す。壹与、倭の大夫率善中郎将掖邪狗等二十人を遣わし、政等を送りて還らしむ。因りて臺に詣り、男女生口三十人を献上し、白珠五千孔、青大句珠《こうしゅ》二枚、異文《いもん》雑錦二十匹を貢す。

人名索引

事項索引

※「邪馬壹国」「邪馬台国」は頻出するため省略した。

あ 行

か 行

さ 行

た　行

な　行

は　行

ま　行

や　行

ら・わ行

米田敏幸（よねだ・としゆき）

1955年　大阪市生まれ。
1978年　大谷大学文学部史学科卒。
現　在　八尾市職員。古田史学の会会員。古代学研究会会員。
著　作　「会明臨見西方について——高安城と大津丹比両道」『河内古文化研究論集』和泉書院，2015年。
「物部氏と蘇我氏——丁未の乱をめぐる遺跡と古墳」『河内学の世界』清文堂出版，2015年，ほか論文多数。

野田利郎（のだ・としろう）

1946年　福岡県生まれ。
1969年　埼玉大学経済学部卒業。
同　年　住友海上火災保険株式会社（現・三井住友海上火災保険株式会社）に入社。定年退職。
現　在　古田史学の会会員。『古代に真実を求めて』『古田史学会報』に論文。

服部静尚（はっとり・しずなお）

1952年　大阪市生まれ。
1974年　大阪大学工学部冶金学科卒。
同　年　光洋精工株式会社（現ジェイテクト）入社。
1983年　象印マホービン株式会社入社。
2012年　退職後，古田史学の会入会。
現　在　同会全国世話人，会誌編集責任者。

《執筆者紹介》

古田武彦（ふるた・たけひこ）

1926年　福島県生まれ。

旧制広島高校を経て，東北大学法文学部日本思想史科において村岡典嗣に学ぶ。

長野県立松本深志高校教諭，神戸森高校，神戸市立湊川高校，京都市立洛陽高校教諭，昭和薬科大学教授を経て，2015年10月14日逝去。

著　作　『「邪馬台国」はなかった——解読された倭人伝の謎』朝日新聞社，1971年。

『失われた九州王朝——天皇家以前の古代史』朝日新聞社，1973年。

『盗まれた神話——記・紀神話の秘密』朝日新聞社，1975年，ほか多数。

古賀達也（こが・たつや）

1955年　福岡県生まれ。
1975年　久留米工業高等専門学校工業化学科卒。
同　年　山田化学工業株式会社入社。市民の古代研究会事務局長などを歴任。
1994年　古田史学の会を創立，事務局長に就任。
2015年～　同会代表に就任。
『「君が代」うずまく源流』共著，新泉社，1991年，『古代に真実を求めて』明石書店，『九州年号の研究』ミネルヴァ書房，2012年，ほか論文多数。

正木　裕（まさき・ひろし）

1952年　徳島県生まれ。
1974年　京都大学法学部卒。大阪府部長，大阪府立大学理事，千里サイエンス振興財団専務理事を歴任。
2014年～　大阪府立大学講師。
2015年～　古田史学の会全国世話人事務局長。
『古代に真実を求めて』『九州年号の研究』等に論文多数。

西村秀己（にしむら・ひでみ）

1953年　香川県生まれ。
1972年　香川県立高松高等学校卒。
同　年　『「邪馬台国」はなかった』と出会う。
1998年　古田史学の会入会。
現　在　同会全国世話人，会計，会報編集担当。

大下隆司（おおした・たかし）

1945年　京都市生まれ。
1968年　大阪外国語大学イスパニア語科卒。
光洋精工株式会社（現・ジェイテクト）入社。
海外勤務中に日本・日本人に興味を持ち古田説に出合う。
2003年　古田史学の会入会。『古代に真実を求めて』『古田史学会報』に論文。

シリーズ〈古代史の探求〉⑬
邪馬壹国の歴史学
——「邪馬台国」論争を超えて——

2016年3月30日　初版第1刷発行　〈検印省略〉

定価はカバーに
表示しています

編　者　古田史学の会
発行者　杉田啓三
印刷者　江戸孝典

発行所　株式会社　ミネルヴァ書房
607-8494 京都市山科区日ノ岡堤谷町1
電話（075）581-5191（代表）
振替口座　01020-0-8076番

共同印刷工業・新生製本

ISBN978-4-623-07595-9
Printed in Japan